川南古镇
老坝场

李秋香 著

上海三联书店

图书在版编目（CIP）数据

川南古镇：尧坝场 / 李秋香著. —2版 —上海：上海三联书店，2013.9

ISBN 978-7-5426-4333-9

Ⅰ.①川… Ⅱ.①李… Ⅲ.①乡镇－概况－合江县 Ⅳ.①K927.15

中国版本图书馆CIP数据核字（2013）第188015号

川南古镇：尧坝场

著 者 / 李秋香

责任编辑 / 彭毅文

装帧设计 / 沈细乾

图文排版 / 桑吉芳 马茉莉

监 制 / 李 敏

责任校对 / 张大伟

出版发行 / 上海三联书店

(201199) 中国上海市闵行区都市路4855号2座10楼

网 址 / www.sjpc1932.com

印 刷 / 山东人民印刷厂

版 次 / 2013年9月第2版

印 次 / 2013年9月第1次印刷

开 本 / 787×960 1/16

字 数 / 280 千字

印 张 / 18

书 号 / ISBN 978-7-5426-4333-9 / G · 1280

定 价 / 62.00元

总 序

陈志华

中国有一个非常漫长的自然农业的历史，中国的农民至今还占着人口的绝大多数。五千年的中华文明，基本上是农业文明。农业文明的基础是乡村的社会生活。在广阔的乡土社会里，以农民为主，加上小手工业者、在乡知识分子和明末清初从农村兴起的各地商人，一起创造了像海洋般深厚瑰丽的乡土文化。庙堂文化、士大夫文化和市井文化，虽然给乡土文化以巨大的影响，但它们的根扎在乡土文化里。比起庙堂文化、士大夫文化和市井文化来，乡土文化是最大多数人创造的文化，为最大多数人服务。它最朴实、最真率、最生活化，因此最富有人情味。乡土文化依赖于土地，是一种地域性文化，它不像庙堂文化、士大夫文化和市井文化那样有强烈的趋同性，它千变万化，更丰富多彩。乡土文化是中华民族文化遗产中至今还没有被充分开发的宝藏，没有乡土文化的中国文化史是残缺不全的，不研究乡土文化就不能真正了解我们这个民族。

乡土建筑是乡土生活的舞台和物质环境，它也是乡土文化最普遍存在的、信息含量最大的组成部分。它的综合度最高，紧密联系着许多其他乡土文化要素或者甚至是它们重要的载体。不研究乡土建筑就不能完整地认识乡土文化。甚至可以说，乡土建筑研究是乡土文化系统研究的基础。

乡土建筑当然也是中国传统建筑最朴实、最真率、最生活化、最富有人情味的一部分。它们不仅有很高的历史文化的认识价值，对建筑工作者来说，还可能有一些直接的借鉴价值。没有乡土建筑的中国建筑史也是残缺不全的。

但是，乡土建筑优秀遗产的价值远远没有被正确而充分地认识。一个物种的灭绝是巨大的损失，一种文化的灭绝岂不是更大的损失？大熊猫、金丝猴的保护已经是全人类关注的大事，乡土建筑却在以极快的速度、极大的规模被愚昧而专横地破坏着，我们正无可奈何地失去它们。

我们无力回天。但我们决心用全部的精力立即抢救性地做些乡土建筑的研究工作。

我们的乡土建筑研究从聚落下手。这是因为，绝大多数的乡民生活在特定的封建宗法制的社区中，所以，乡土建筑的基本存在方式是形成聚落。和乡民们社会生活的各个侧面相对应，作为它们的物质条件，聚落中的乡土建筑包含着许多种类，有居住建筑，有礼制建筑，有崇祀建筑，有商业建筑，有公益建筑，也有文教建筑，等等。每一种建筑都是一个系统。例如宗庙，有总祠、房祠、支祠、香火堂和祖屋；例如文教建筑，有家塾、义塾、私塾、书院、文馆、文庙、文昌阁、奎星楼、文峰塔、文笔、仕进牌楼、功名桅杆等等。这些建筑系统在聚落中形成一个有机的大系统，这个大系统规定着聚落的结构，使它成为功能完备的整体，满足一定社会历史条件下乡民们物质的、文化的和精神的生活需求，以及社会的制度性需求。打个比方，聚落好像物质的分子，分子是具备了某种物质的全部性质的最小的单元，聚落是社会的这种最小单元。而个体建筑则是构成聚落的原子。个体建筑只有形成聚落才能充分获得它们的意义和价值。聚落失去了个体建筑便不能形成功能和形态齐全的整体。我们因此以完整的聚落作为研究乡土建筑的对象。

乡土生活赋予乡土建筑丰富的文化内涵，我们力求把乡土建筑与乡土生活联系起来研究，因此便是把乡土建筑当做乡土文化的基本部分来研究。聚落的建筑大系统是一个有机整体，我们力求把研究的重点放在聚落的整体上，放在各种建筑与整体的关系以及它们之间的相互关系上，放在聚落整体以及它的各个部分与自然环境和历史环境的关系上。乡土文化不是孤立的，它是庙堂文化、士大夫文化、市井文化的共同基础，和它们都有千丝万缕的关系。乡土生活也不是完全封闭的，它和一个时代整个社会的各个生活领域也都有千丝万缕的关系。我们力求在这些关系中研究乡土建筑。例如明代初年“九边”的乡土建筑随军事形势的张弛而变化，例如江南和晋中的乡土建筑在明代末年随着商品经济的发展所发生的变化历历可见，等等。聚落是在一个比较长的时期里趋向定形的，这个发展过程蕴含着丰富的历史文化内容，我们也希望有足够的资料可以让我们对聚落作动态的研究。总之，我们的研究方法综合了建筑学的、历史学的、民俗学的、社会学的、文化人类学的各种方法。方法的综合性是由乡土固有的复杂性和外部联系的多方位性决定的。

从一个系列化的研究来说，我们希望选作研究课题的聚落在各个层次上都有类型性的变化：有纯农业村，有从农业向商业、手工业转化的村；有窑洞村，有雕梁画栋的村；有山村，有海滨村；有马头墙参差的，也有吊脚楼错落的，还有不同地区不同民族的，等等。这样才能一步步接近中国乡土建筑的全貌，虽然这个路程非常漫长。在区分乡土聚落在各个层次上的类别和选择典型的时候，我们使用了细致的比较法。就是要找出各个聚落的特征性因子，这些因子相互之间要有可比性，要在聚落内部有本质性，要在类型之间或类型内部有普遍性。

因为我们的研究是抢救性的，所以我们不选已经闻名天下的聚落作研究课题，而去发掘一些默默无闻但很有价值的聚落。这样的选题很难：聚落要发育得成熟一些，建筑类型比较完全，建筑质量好，有家谱、碑铭之类的文献资料。当然聚落还得保存得相当完整，老的没有太大的损坏，新的又没有太多。但是，近半个世纪来许多极精致的或者极有典型性的村子都已经被破坏，而且我们选择的自由度很小，有经费原因，有交通原因，甚至还会遇到一些有意的阻挠。我们只能尽心竭力而已。

因为是丛书，我们尽量避免各本之间的重复，很注意每本的特色。特色主要来自聚落本身，在选题的时候，我们加意留心它们的特色，在研究过程中，我们再加深发掘。其次来自我们的写法，不仅尽可能选取不同的角度和重点，甚至变换文字的体裁风格。有些一般性的概括，我们放在某一本书里，其他几本里就不再反复多写。至于究竟在哪一本书里写，还要看各种条件。条件之一，虽然并不是主要条件，便是篇幅。有一些已经屡屡见于过去的民居调查报告或者研究论文里的描述、分析、议论，例如“因地制宜”、“就地取材”之类，大多读者早就很熟悉，我们便不再啰嗦。我们追求的是写出每个聚落的特殊性，而不是去把它纳入一般化的模子里。只有写题材的特殊性，才能多少写出一点点中国乡土建筑的丰富性和多样性。所以，挖掘题材的特殊性，是我们着手研究的切入点，必需下比较大的功夫。类型性特殊性和个体性特殊性的挖掘，也都要靠细致运用比较的方法。

这套丛书里每一本的写作时间很短，因为我们不敢在一个题材里多耽搁，怕的是这里花功夫精雕细刻，那里已拆毁了多少个极有价值的村子。为了和拆毁比速度，我们只好贪快贪多，抢一个是一个，好在调查研究永远只能嫌少而不会嫌多。工作有点浅简，但我们还是认真地做了工作的，我们决不草率从事。

虽然我们只能从汪洋大海中取得小小一勺水，这勺水毕竟带着海洋的全部滋味。希望我们的这套丛书能够引起读者们对乡土建筑的兴趣，有更多的人也乐于来研究它们，进而能有选择地保护其中最有价值的一部分，使它们免于彻底干净地毁灭。

目 录

序 言

2002年11月底为了核实福宝场的测绘图，我与陈志华老师一起来到了四川合江县。[①]初到福宝场，川南地区特有的自然环境，独特的建筑韵味，浓郁的地域风情，都让我感到新鲜。那天正巧是赶场日，街上格外热闹，置身在熙熙攘攘的人群中，我恍如一下子被拉回到了儿时，我熟悉的北方集镇中。看我这样高兴，陈老师告诉我，福宝场南侧翻过一道山梁还有一个"尧坝场"，老街的建筑格局，人们的生活习惯和穿戴基本上还保持着传统样式。这不正是研究乡土建筑的一个极好的课题吗，于是决定福宝工作结束后，我们去看一看那个"尧坝场"。

一天，我在福宝街上的一家小茶馆核对测绘图，图纸铺在空闲的茶桌上，茶馆里喝茶的乡民便纷纷凑上来看图纸，一边比画，一边问画这些图作啥子用？听说是为了要保护福宝老街，乡民们的情绪激动起来，抢着告诉我福宝场曾经辉煌的历史：民国以前福宝是贵州通往重庆的重要水上码头，清末民国时期这里的商业异常繁华，九宫八庙的香火也是最兴盛红火的，而错落的木构吊脚楼与自然山势的完美结合使福宝格外秀美。乡民们说，川南1949年以前像福宝一样老场坝多得很，可惜都毁坏掉了。他们一边唏嘘地喝着盖碗

① 陈志华、楼庆西老师2002年3月曾带学生到福宝场进行测绘和调研，2002年11月底笔者为核对福宝场的测绘图，与陈老师一起来到福宝。

茶，一边叹息地摇着头，脸上露出的是惋惜和无奈。我问：听说合江县还有一处尧坝保存不错。“要得”，“要得”，一位老茶客接过话茬，接着用浓重的四川普通话，与我摆起了尧坝场。

随着他对尧坝场不断的描述，我脑海中有了一幕幕尧坝零星的画面，高大的进士牌坊，长而蜿蜒的街道，鳞次栉比的茶馆和铺面，飞阁凌空的东岳庙，和集市上身着靛蓝衣裤、头包白帕、脚穿草鞋、身背箩篼的乡民们。

茶馆里聚拢的人越来越多，你一言我一语的插话，声音杂乱，既听不清，又不知该听哪位说。即使这样，耳朵里还是不断飘进了具有震撼的，令人心动的信息：……遥远的夜郎古道，……大移民与湖广填四川，……袍哥大爷与茶馆、豆花店，……等等。尽管都是些片段，但我似乎已经被带入了那个二十世纪初期熙攘鲜活，有着众多传说故事又充满神秘趣事的尧坝场了。

福宝场白色溪沿岸吊脚楼建筑

福宝场西侧沿溪立面

那天，茶馆里的人散去后，尧坝和它的故事就已深深地印在了我的心里。本来计划福宝工作完成后，去尧坝场看看，但最后几天连降大雨，交通不便，尧坝场没有去成，只好带着遗憾离开了合江。

说来也巧，刚刚转过年，尧坝镇政府请我们为尧坝古街制定一个保护规划。2003年3月初，我们教师、学生一行十人，便来到了这个古老的、充满神奇魅力的尧坝场。

在泸州下了火车，我们坐上镇里派来的吉普和小轿车奔向尧坝。从泸州到合江路途较为平坦，窗外川南的春色格外秀媚，一片片浓黄的菜花，镶嵌在绿野之中，一弯弯梯田、水塘层叠错落，反射着天光的色彩，芬芳清新的空气中，夹带着刚刚复苏的泥土的气息，让人陶醉。路上平缓的小丘半腰，冈坡下零星散建着三间、五间的农家，板壁青瓦，草房茅舍，四周围裹着的是浓浓的竹木。一声声狗吠鸡鸣，给一幅乡间安逸的田园风景更添活力。

接近合江县境后，公路进入了弯多坡陡的山路，坡连冈，冈接山，尽管

山地丘陵间层层梯田，气势如虹

初春，尧坝一带水映天光，油菜花黄

丘陵相簇，山冈相连，梯田层层

司机把车已开得很慢，但依旧是左忽右闪，车子如小舟跌宕在波涛汹涌的海上。见我们被颠得东倒西歪，司机歉意地说，四川盆地南缘与大娄山脉相接，泸州至合江处在浅丘山地，进入合江境内，从浅丘进入到深丘山地，尧坝就在典型的“地无三尺平”的深丘陵地带。

逢场日，尧坝街上热闹异常

车在路上行，小丘一座接一座地闪过，已接近尧坝了，也没有见到过一个想象中的村子，途中有几处人烟聚集的地方，每当问及是什么村时，回答是商业街，四川称为“场”。怎么没有村子呢？司机师傅很健谈，见我们有些诧异，便接着前面的话题聊了起来。川南一带没有聚族而居的村落，农家都散建在小丘上，一路上看到的，小丘四周是自家的农田。“场”是乡村农贸活动的中心，方圆十几里就会有一个，是过去古驿道上打尖、吃饭、过夜的地方。旧时农家需要换点油、盐什么的，或者要买些日常生活用品，到了一定的“场日”，就去“赶场”，日长地久，“场”形成了商业街。经这么一解释，我们才恍然大悟，为什么一路上没见到村子，只有零散的农舍。

赶场的老人多着传统装束，靛蓝衣裤，头缠白包头，身上背一只竹篓

上街赶场的老人

但是问题又出来了，是什么原因形成了这样的乡土建筑的存在方式呢？仅仅是因为地形的特殊吗？我想起在福宝场时，人们谈论的“湖广填四川”，是否与这个历史件事也有关呢？司机师傅没能回答上来，看来是要我们自己去寻找答案了。天黑下来时到达了尧坝。

街南口的进士牌坊

第二天吃过早饭，开始了调研前的参观，走出小旅店，满眼看到的是平整宽阔的水泥大街，整齐漂亮的楼房，堂皇的商店门面，往来的卡车和长途车，俨然是一座现代化的小镇。我不由得有些紧张起来，生怕那个梦想中的“尧坝”被打碎。当小店主告诉我这是前些年才建的新街，原来充满传奇故事的古街就躲在它的身后，我这才长长舒了一口气。

尧坝的新街与老街并行，大体为南北方向，新街在西侧，老街在东侧。老街的南口，矗立着一座高大庄严的石牌坊，牌坊上有石匾，上赫然刻着“圣旨”二字，匾下的石额枋上是“赐进士第”四个大字。穿过牌坊，沿石阶一层层地向下，走进石板铺就的古街道，街上人来人往，两边是高低错落的木结构老铺面，挤挤挨挨地向深处蜿蜒伸展而去。到老街中段，一片灰瓦屋顶之上，忽然高高翘起重重叠叠的飞檐翼角，在一带土红墙体衬托下十分庄严辉煌，那应该就是尧坝场著名的东岳庙了。

由于历史的久远，进士牌坊已经处处风化，石柱、石枋上斑斑驳驳，但它壮观的气势未减，岁月的侵蚀，使它像一位暮年老者在等待着，为我们去讲述他身后那条古街，以及古街所经历的悠远的故事。在牌坊下我们走进古街，也就走进了古街那久远的历史。

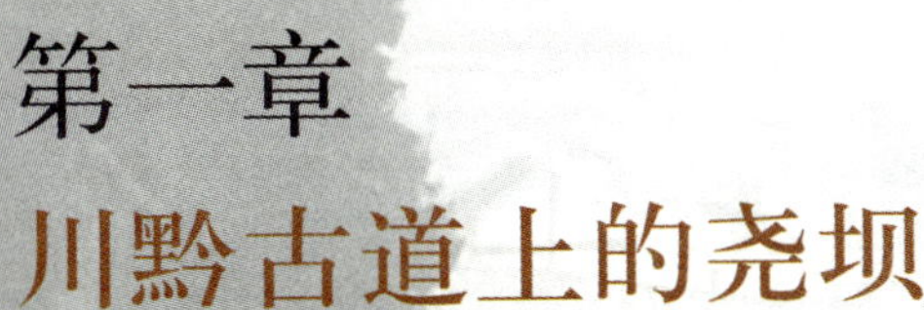

第一章

川黔古道上的尧坝

合江县在四川盆地的南缘，赤水、习水两条河分别由正南和东南流来，注入由西向东的长江，合江县便因这三条水在这里汇合而得名。尧坝就在合江县城西南38公里，是古代重庆、泸州通向贵州夜郎古道上的一个重要的驿站。

第一节　夜郎古道催生尧坝场

秦汉时期，称今云南、贵州的居民为西南夷，合江与贵州接壤，旧属西南夷范围。秦统一六国后，对西南夷有所经营，《史记·西南夷列传》载："秦

四川省合江县行政区划图

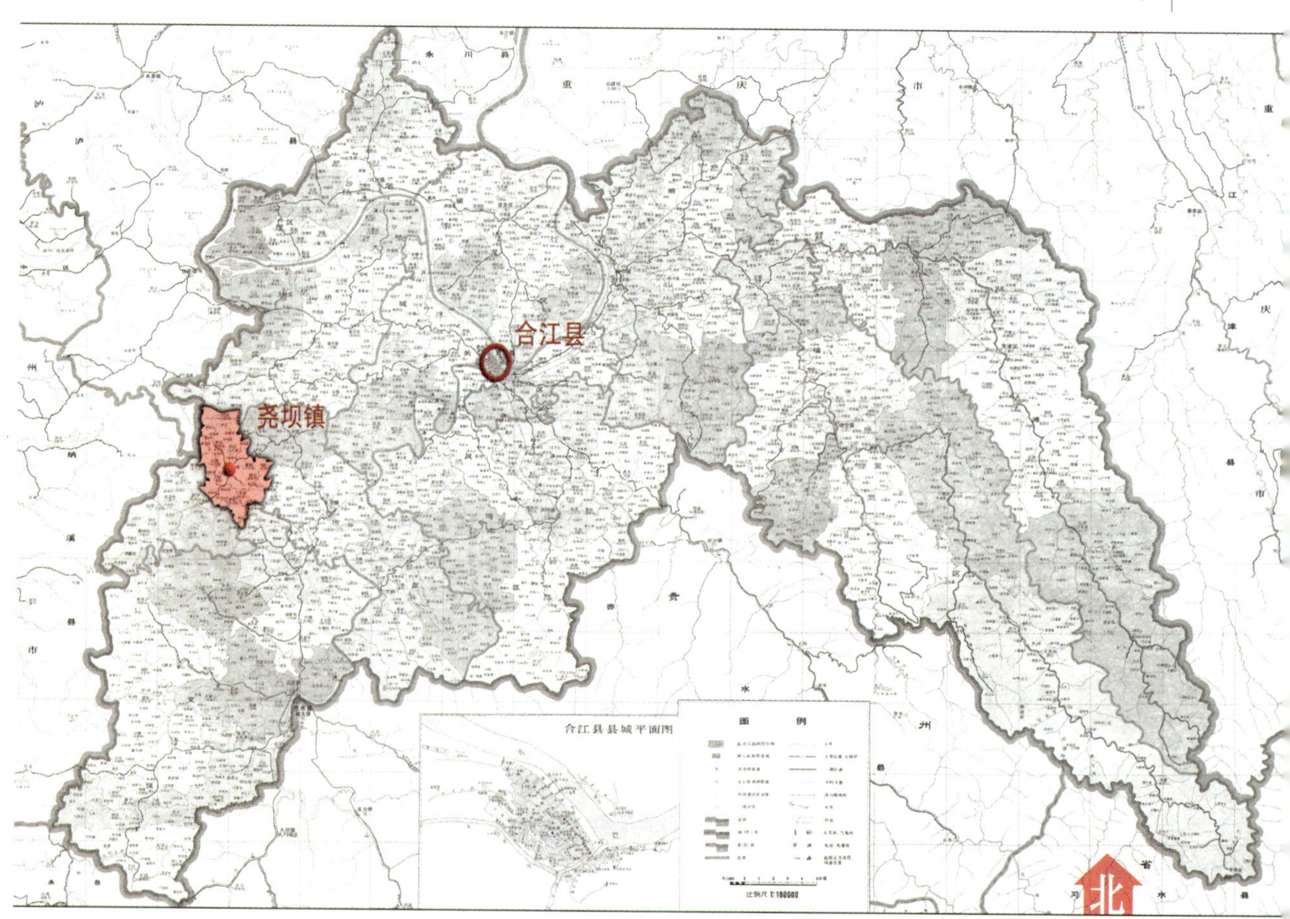

时，常頞略通五尺道，诸此国颇置吏焉。”十几年后，由于秦的灭亡，道路没能修通。西汉武帝时期开始对“西南夷”地区进行了大规模的开发，先后派唐蒙、张骞、司马相如等官员前往活动和调查。建元六年（前135年）番阳令唐蒙受命出使岭南的南越王国，了解到蜀地之南夜郎国有江名“牂牁”，顺流而下可通南越，蜀商便由此道贩运枸酱等货物至南越。唐蒙归，建议汉武帝开通夜郎道，备击南越。汉武帝接受了唐蒙的建议，于建元六年（前135年），“乃拜蒙为郎中将，将千人，食重万余人，从巴符关入”，[①]奉币帛见夜郎侯。唐蒙从巴符关（今四川合江）[②]出发，沿赤水河而上，然后翻越大娄山进入贵州，进入夜郎地区，收编了夜郎周边的小国，与夜郎侯多次会见，“蒙厚赐，喻以威德，约为置吏，使其子为令。夜郎旁小邑皆贪汉锦，以为汉道险，终不能有也，乃且听蒙约”[③]，遂在夜郎辖境置“犍为郡”。据《汉书·地理志上》载，犍为郡分巴、蜀，范围十二县，其中包括符关，即合江，相当于今四川宜宾、资中、泸州以南至贵州北部、云南东北部[④]。

这条石板路，旧时是尧坝通向贵州古夜郎国方向的重要驿道，被称为夜郎古道

不久，唐蒙又受命征集巴蜀民夫，历尽艰辛，在五尺道的基础上扩建这条南北通道，后因各种原因暂停，尽管道路没有修通，但这是中原王朝与巴蜀以南地区相连的第一条通道，十分重要。公元前130年，汉武帝再派司马相如继续修路，最终完成了对西南夷的开发，使南越诸地纳入了中原王朝政权统治的范围。自此，夜郎道上山间铃响马帮来，商贾不断，形成盐、马、

①《史记·西南夷列传》。
② 此时，合江县尚未建治。
③《史记·西南夷列传》。
④《汉书·地理志上》。

田间路上的马帮

夜郎古道上至今马帮不断

粮、药、皮货等物资的流通，西南地区经济、文化得到了发展，和中原交流，也使本来并不起眼的夜郎国从此名声大振。然而，至今人们对夜郎国的了解最初来自“夜郎自大”的成语，那么夜郎真的自大吗？其实这不过是个历史的误会。

古夜郎是战国时期发展起来的一个小国，鼎盛时期在汉代。那时汉统治者为了从西南打通往西域的道路，派使者王南于、柏始昌、吕越人等去西南探寻通往印度（身毒）的道路。在途经云南几个小国时，拜访了当时的滇王，并与滇王和有夜郎侯在内的西南几个小国的王侯们会晤。这些偏远小国不知汉朝国土有多大，滇王便问汉使者：汉朝和我的国相比哪个大呢？在座的夜郎侯也这样问道。汉朝的使者回朝后，将此事禀告了汉王。后人将此事误传，将“滇王”传成夜郎侯“竹王”，至今两千多年来，夜郎侯便背上了“自大”的名声，真是很冤枉。

在唐蒙开发夜郎道之初，合江县尚未建置。但随着夜郎古道商贸活动以官贸为主体逐渐退为民间经营时，古道便随着商贸的需求，逐渐向中原各地延伸。宋代以后，夜郎古道已形成多条路线。向东可达湖南怀化，向南可到

赤水河上至今航运繁多

广东番禺等地的入海口，向西南可通过云南直通印度之路，向北可从贵阳翻越大娄山，过赤水河，到达古江阳（泸州），合江县的尧坝就在这条北上旱路的中段。

唐蒙、司马相如开通夜郎二十年之后，过赤水到泸州旱路日渐成熟，长江沿岸的水路码头也不断发展起来，西汉武帝元鼎二年（公元前115年）合江始建县治，称“符关”。由于它位于长江与赤水、习水两河交汇处，北周保定四年（564年）改县名为“合江”。今天合江县的“马街”就是从汉时起，将四川自流井的川盐顺长江而下，在此起岸的重要码头。马街就是因马帮兴起、街上马号林立而得名。自贡的盐在马街起岸后，一部分在合江批发及零售，另一部分再装船，逆赤水、习水、大漕河南行运而至贵州等地。

赤水河古称涉水、安乐水、赤虺河。明代以前，赤水河上溪壑纵横、滩险水急，不能全程通航。明人吴国伦《赤虺河》这样描写：“万里赤虺河，山深毒雾多；遥疑驱象马，真欲捣岷峨。筏趁飞流下，樯穿怒石过；劝郎今莫

现存的赤水城老城门之一

渡，不止为风波。”为此，从赤水县到泸州一段，只能靠人背和马驮的旱路运输。马帮、背夫长途贩运，长时间负重，翻山过河，一天的脚程通常在三、四十公里上下就要休息、住宿，第二天再继续赶路，老百姓俗称休息点为“栈口”。尧坝就恰恰“当泸县（泸州）、赤水交通孔道”的中段上，它南距赤水20公里（老石板驿道），北距泸州35公里（老石板驿道），两头正好都是一天的脚程，而这里又处在合江、纳溪、泸县三县的交界处，因此这里是最合适设立栈口的地点，是最重要的栈口。正是这些特殊而重要的因素，古道最终催生出了尧坝场。

距尧坝6、7公里有个先市水码头。旧时赤水的部分货物先用船运到先市，上岸后再转为陆路运输，尧坝是必经之路

明代以后，对赤水河的河道不断进行疏通和整治，通航漕运。清乾隆十年（1745年）十月，贵州总督张广泗请准疏通赤水河，河上可航行一些窄而长的牯牛船，河道两岸的车辋、先市、实录等处形成了三个水码头，船可通过赤水河直达合江县，转乘大船经长江向下到达重庆，或逆水到泸州，使贵州的铅、铜入京，川盐入黔。尽管如此，旱路运输并没有因水路的兴盛而衰落，旱路运输依旧长久而稳定。因为首先水上航运的费用较高，一条船上人员配备至少要三到六个。船工要支付工资，为保证正常航行，船要经常修补、维护，这些都在运输成本预算之内。因此每一次航运都要争取最大的利润，货物满载才启运。其次，水路弯曲，航运速度慢，往来所需时间要比陆路长得多。从赤水到合江县航行一趟的时间，是走旱路所需的二倍，因此一些小宗的或急需转运的货物都由人背运，走旱路，有时也用马来驮运。

清光绪四年（1878年），四川总督丁宝桢[①]请准对川盐四大口岸的航道进行再次疏通，到光绪六年（1880年）从赤水河茅台县至合江县一段三十多处险滩得到整治，上下往来船只载重量普遍增加。此时赤水码头大小船已达到160多条，其中有小型的，只能载运几千斤货物的牯牛船，及装载30吨货物的大木船。民国年间河上还通了机帆船。从赤水码头到合江的马街，水路中段为先市，它距尧坝东约15公里，自赤水县至合江县通航后，贵州大宗货物可从水路一直漕运到先市码头，上岸后转由人背及牲口驮运抵尧坝场，再转运到泸州，缩短了以往单程水路或单程旱路的运输时间，大大增加了尧坝场货物的过载量。尧坝成了一个举足轻重的栈口，人多货多，铺面也不断增多，市场繁荣热闹起来，成为合江县西部最大的一个场坝。

第二节　合江县的富足与沧桑

合江县今属泸州，泸州建置早于合江县。西汉景帝六年（151年）在长江与沱江交汇处设置了江阳县（今泸州），长江、沱江如两条彩带，绕城而形成三面环水、一面靠山，“肘江负山，襟带双流”，成为“锁匙沱江门户，屏障西川”的边陲重镇。隋炀帝大业三年（607年）改为泸州郡，合江便归属泸州管辖。

隋唐时期，合江县位居四川剑南道前列，其农业、手工业、交通运输业、药材、水果、编织等商品互市丰盈，尤为突出。

宋代，《宋会要辑稿·方域》记载：宋徽宗颁诏书云：“泸州，西南要会，边阃之寄付非轻，可升为节度，仍赐名泸州军。”同年，泸州升为军事州，设泸州军事节度使。明代，全国33个商业都会之中，有四川成、渝、泸三个城市。由于泸州自然地理条件优越，沃野千里，土植五谷，牲具六畜，商贾辐辏，五方杂处，又生产盐、茶、马、煤等，经济文化均在全蜀占有重要位置，是川南极为富庶的经济中心，被称为“天府粮仓”。泸州经济、文化繁荣，极

① 丁宝桢原籍贵州，清咸丰年间进士，曾任山东巡抚，后调任四川总督。光绪年间下令整饬川盐，川盐入黔一律官运，减轻了黔人吃盐过重的负担。

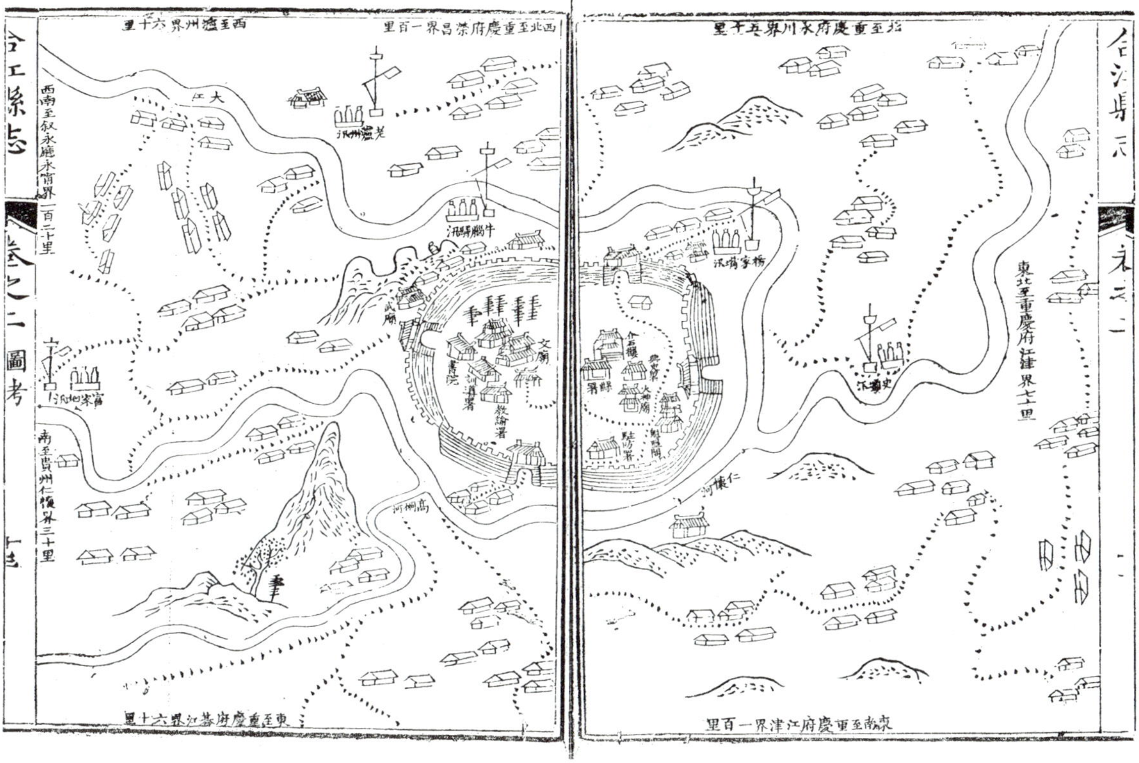

合江县域图　清同治10年《合江县志》

大地促进了四川与贵州夜郎国少数民族的贸易互市，号称“汉夷门户”。贵州的药材、皮毛、山货、土纸被频频通过夜郎古道贩运进泸州。泸州的盐巴、茶叶、烟酒、百货等物资又转运到贵州，满足了南北两地人民的生活需求。清代时，实行移民入川，进一步促进了泸州经济和文化的发展，泸州成为川滇黔接合部的政治、经济、军事、文化、商贸中心。

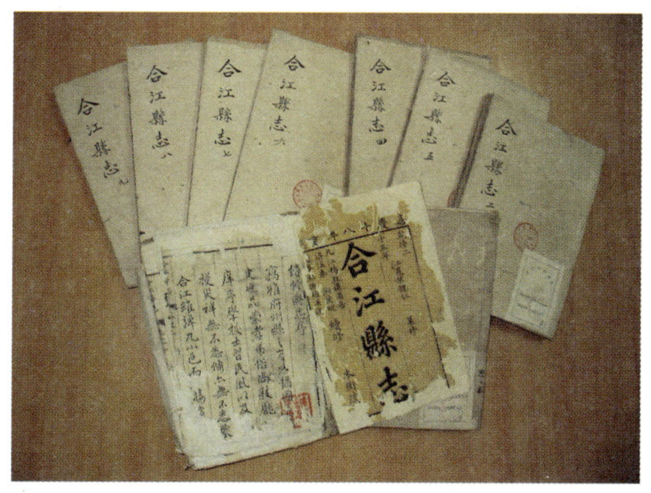

《合江县志》清嘉庆十八年重修

合江县比邻贵州，有丰富的林木资源。民国十四年

(1925年)《合江县志·食货篇》载："西区（尧坝属西区）……亦竹木之薮也。"赤水河疏通后，大量的原木、竹子通过赤水河放排至合江县城，再连成大排顺长江放到下游的重庆等地，或逆长江而上运至泸州。尧坝西部的鼓楼山也是重要的林木产地，历史上不少木材都是由人工从尧坝扛运到先市，再入赤水河放排。尧坝虽小，它却为泸州、合江的发展起了重要的作用。

合江县凭借优越的江河川坝的地理位置及环境，经济文化得到发展，清光绪十九年（1893年）王应镐在离任合江县令时写下一首七律诗，赞美了合江的特产：

玉版参禅味有余，肥鳜下酒美群鱼。
经霜冻果甘于蔗，带露荔枝嫩胜蔬。
远道古船珍佛手，深山木叶篆仙书。
江乡物产清腴甚，欲卜田园赋遂初。

其实早在唐代，合江所产的水果就已远近闻名，其中荔枝、青果、柚子被称为合江"三绝"。合江的荔枝系秦汉时期由岭南传入，盛唐时，因杨贵妃特别喜爱，唐明皇曾颁诏作为贡品。唐人杜牧的那首《过华清宫》绝句："长安回望绣成堆，山顶千门次第开。一骑红尘妃子笑，无人知是荔枝来。"再现了千里迢迢、日夜兼程送果入京的情况。后人就把荔枝中的上品称为"妃子笑"。南宋人罗大经《鹤林玉露》中有："所谓'一匹红尘妃子笑'者，谓泸戎产也。"与荔枝齐名的青果、柚子，既是美味的水果又可入药治病，因此一到水果成熟时节，客商们纷纷涌入合江。

尧坝场种植荔枝的历史很晚，传说尧坝李姓祖先清初曾在广东做小官，第一次吃到荔枝，滑润甜香给他留下了深刻的印象，待他谢任还乡时，想到尧坝家中没有荔枝，就特地用竹筒带回了三株荔枝苗。到家时，正巧碰上亲家来串门，于是送了一株给亲家，剩下两株就种在了尧坝。这棵树苗后来又繁育出许多，尧坝人也能品尝到美味的荔枝。今天尧坝四周的山上荔枝树已随处可见了。

合江气候温和，水利资源丰富，非常适合农作物的生长，宋神宗时期，在泸州设置帅府，利用军屯来扩大耕地，农业得到广泛的开发，尧坝一带为合江县重要粮食产地之一，主要生产水稻、小麦、红苕、玉米、油菜和豆类等。

宋代末年，蒙古军为了灭宋而入蜀，战争波及到整个巴蜀长达半个世纪。“江阳（泸州）失险，泸叙以往，穷幽极远，搜杀不遗。僵尸满野，良为心寒。”[①]合江境内战事不断，为避蒙古骑兵锋芒，合江县几度迁移县治，旧县治则在兵火中被摧毁。合江人口锐减，全县不足千户，总人口仅五千人左右。

明洪武朝，为迅速恢复巴蜀的生机，当朝有意识地组织移民入川，发展生产，休养生息。到明代中叶的万历六年（1587年），合江人口比元末时大约增加了三分之一左右，百姓的生活趋于稳定，开始与贵州进行农产品的互换。民国十四年（1925年）《合江县志》有：明代尧坝“商务以米、豆为大宗，多运销赤水”的记载。夜郎古道上马帮匆匆，背夫不断，有不少是专门从事尧坝至赤水运粮的。尧坝繁荣了，继而带动了赤水至泸州孔道上二里、新殿、十字等小场镇，形成一个沿交通线的线形聚落群。

正当经济逐渐好转之时，四川却连遭战火。先是明末张献忠三次入川，清军的围剿，继而是南明同清军及南明将领内部之间的争斗攻杀。清顺治二年至十四年（1645—1657年），张献忠余部孙可望军与南明军在川南、黔北作战，战事反复拉锯，长达十二年之久。再后是清军平“三藩之乱”。直到清康熙二十年（1681年）战争结束，兵祸在巴蜀延续了四十几年，“民之存者百不一人，若能完其家室者，千万中不一见也。鸡豚绝种已数年，斗米数十金，耕牛一头售银三百两，……数年断绝人烟，虎豹生殖转盛，昼夜群游城郭村墟之内，不见一人驰逐之……”，“满目只有荒芜，百里竟无半灶，……困苦已极。”“民不安于耕种，粮食缺乏，酿成饥荒，迨于食人。”一些土匪也“侵入县境，东西南北各乡并罹荼毒”。[②]在遭遇战祸的同时，全蜀自然灾害接踵而至，先是大旱，百里无人烟。大旱过后合江县又遭重大水灾，“川南大水，民登高阜者免，余尽没”。此时的合江，全县仅余一百多户，人口不足一千。县域内大小场镇破坏殆尽，人迹罕见。

明末清初的战乱、瘟疫、饥馑将整个四川摧残得破败不堪，土著人口已不足原有的五分之一。清顺治六年（1649年），朝廷颁布了《垦耕令》，康熙二十九年（1690年）平定三藩之乱后制定了《入籍四川例》。采取了部分强行移民和鼓励外省人自愿移民的两项重点举措，以便四川省尽快恢复经济，

① 宋阳枋《字溪集·上宣谕余谯隐(余玠书》载。 ② 转引陶宏《浅析西秦会馆建造背景》文。

发展生产，巩固西南。民国十四年《合江县志》的“状况”里写道：“巨创之后，百里为墟，楚粤闽赣之民，次第移垦。邑中土著最少，外省入籍者湖广人约占十之六七，广东、福建、江西诸省次之。”由于此次大移民以湖广人为多，人们称这个历史事件为“湖广填四川”。

经过清代康、雍、乾三代的恢复发展，一度萧条的夜郎古道上的商贸活动，又重新恢复了生机。清末、民国尽管仍有战乱，劫难不断，但合江县及尧坝场特殊的地理位置，使他们的生命力依旧旺盛。

第三节　湖广移民与尧坝

明末清初，为鼓励“湖广填四川”的大移民，清政府采取了一系列宽松政策，尤其是在赋税上给予了极大的优惠，曾先后20多次蠲免和降低各种赋税及赋税征收额度。清嘉庆《四川通志》原序五中载：清初“其民则鲜土著，率多湖广、陕西、江西、广东等处迁居之人”。民国《泸县志·艺文志》载，崇祯时任泸州分巡佥事的吴登启在《招民榜文示》中称：“迨我国初，亦移麻城孝感之民，以实富、荣二邑。”湖广、黔、粤等地移民的迁入，为迅速恢复

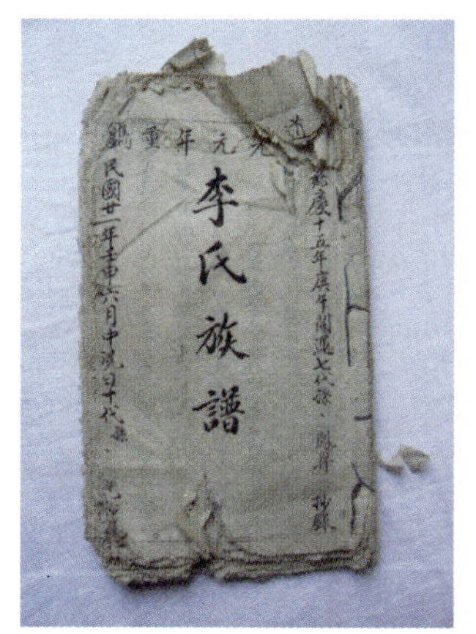

尧坝现存的《李氏族谱》民国二十一年重修

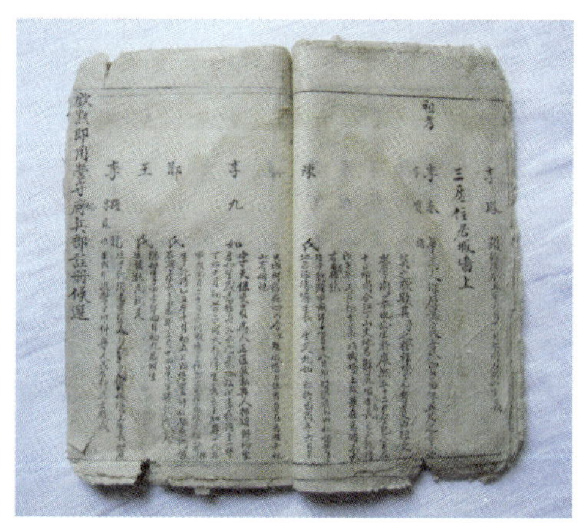

尧坝《李氏族谱》民国二十一年重修。宗谱中记载了尧坝李氏家族的渊源以及出资修建尧坝场的重要人物——李跃龙

尧坝《周氏族谱》。周氏是尧坝场上的大姓，周其斌清道光年间与李跃龙一起共同捐资修尧坝街，因此尧坝街有周半场和李半场之称

四川经济作出了巨大的贡献，给尧坝带来的则是商贸发展的机遇。

尧坝周边乡村景观

其实早在元末明初，形成第一次大移民时，就有为了避乱或由于军屯疏散将部分外省百姓移民迁到尧坝定居的情况。尧坝1996年新编《周氏族谱》载："本支原籍由湖广麻城县至蜀川，避红巾军之跳梁，由梯山航江，悲成祖篡位，更姓改名。至元末明初，实播迁之始，江津巴县为落业之乡。启贤离宗别祖，另徙符江（泸州），方来合江尧坝支。"[①]清道光元年（1821年）重镌的尧坝《李氏族谱》载："祖原籍湖广省麻城县孝感乡李家塆昝家桥，大明迁川创业合江县西乡尧坝支，地名大杉塆。居住以来克勤克俭，垂统后人。"

尧坝喻姓的始祖则是由军屯之后落籍于此，据2005年重编的《中华喻氏

① 此时的尧坝归属为"尧坝支"。

族谱》“前代宗谱源流”序载：“喻氏尧坝支始祖秀轻公，……明初由黄州麻城随军驻南川白土里牛迁乡，洪武二十四年屯田窑（尧）坝。”始祖秀轻公立有军功，但无品级，领军田，后定居尧坝。其他一些姓氏也说他们的祖上是元代末年来此定居的，这足以说明尧坝在第一次大移民中，已经是一处重要的移民迁入地。移民的迁入为尧坝的发展及时创造了条件，为后来的繁荣打下了基础，使尧坝成为南北移民杂处，南腔北调共存的重要地缘性聚集场镇。

第二次的湖广大移民，多是响应清初政府号召“奉旨入川”的，比起第一次移民，数量要大得多。他们多为兄弟结伴，或举家而迁。民国二十一年（1932年）重修的尧坝《李氏族谱》中载：“……迁川，创业合江县西乡尧坝支，地名大杉塝”。又如现尧坝的王姓主要有两大支，一支称为“蚂蚁王”，清初康熙年间从湖广麻城孝感乡迁泸州，再到尧坝，另一支称为“豪猪王”，由江西迁入四川，再到尧坝。民国二十二年（1934年）尧坝《周姓家谱》载：“明末，流寇入境，人民失业多户，仕登，孤独畏惧，不分星夜，搬至合江县尧坝支人家”，迁出地也是麻城县孝感乡。另外有些小姓是从云南、贵州等地长途贩运到此，落脚在尧坝的。目前在尧坝现有的七十几个姓氏中多一半自称来自湖广麻城孝感乡，而在合江县，甚至在整个

尧坝周边散建的乡间住宅

分散居住的农家宅院多隐在浓密的竹木之中

四川，移民们也大都称先祖来自湖广麻城孝感乡。那么，湖广麻城孝感乡到底是个什么地方？何以乡人迁出不绝呢？

实际上，麻城孝感乡是中国古代八大移民集散地之一。南宋初年，孝感乡作为编户移民站点之一，已零星集聚并向外播迁，而大规模组织移民，是在元末明初和明末清初两个时期。明洪武年间，朱元璋曾推行大规模移民措施，全国有许多移民点，如著名的山西洪洞、河南陈留、福建宁化县石壁村等。

由于编户移民以麻城孝感乡的成效显著，便以此为点，将零散人口源源不断迁至麻城孝感乡，再将迁入的人口经编制后不断迁徙至四川。如民国简阳《汪氏族谱》称："汪氏世居江南徽州府黔(黟)县，地名猪市街竹林嘴。后迁湖广黄州府黄冈县高河坎汪家集，后又分迁麻城县孝感乡蒿枝坝大松树。至明朝洪武四年，我远祖兄弟四人奉旨入川。"咸丰年间编撰的仁寿县《戴氏族谱·序》记载：始祖保什公、妣谭氏，明太祖时自麻城孝感乡来川，后又迁于仁邑回龙场戴家山。这说明孝感乡的移民不断被补充，且又不断移向四

老街生活（贾大戎摄）

背着箩篼赶场

川各地，保持着一种人口的动态平衡。这就是为什么移民都来自孝感乡的原因了。

尧坝场的客家人，他们从广东辗转迁徙至川东垦殖落户，后到达沱江流域，清初迁至尧坝一带定居。至今入川客家人中的绝大部分都落户在以隆昌为中心的川南和以成都为中心的川西，这两个中心构成了闻名巴山蜀水的客家聚居区。合江、尧坝一带的客家人不很多，没有形成群体。

经过第二次大移民，清道光年间，尧坝成为合江南乡规模最大的场镇。

赶场天街上的茶馆内人挤得满满的

位于尧坝古街中部的东岳庙主体建筑

从清道光十五年（1835年）《修东岳庙城隍碑序》所记载的捐修人名单上统计，清中期，尧坝街上住户约六百来人，却有70多个姓氏。由于人员太杂，尧坝很早就设置了官方行政管理机构。商业街上有私家经营的各种铺子，有行帮组织，有哥老会、天地会等，三教九流，无所不有。至今每逢尧坝场期，街上还是操着不同乡音的人在叫卖、经营，这些都是“湖广填四川”大量移民迁入形成的特有现象。

合江一带山多丘陵密，地形起伏变化大，平坝地十分难得，集中聚集的村落不易形成，但是尧坝在“湖广填四川”之前，多少还有些规模不大的，聚族而居的小村落，例如：尧坝场向西一公里有个叫“仁湾头”的小村，就曾是一个明初形成的六七栋房屋聚集的小村落。小村北靠小山，东、南、西三面建寨墙维护，寨门朝南称朝门。后经战乱，小村落烧毁，但仍保留着一些痕迹。清代初年，为恢复生产，鼓励农耕，移民入蜀，自行占地几乎没有限制，一家人可占几亩、十几亩、上百亩，近山及深丘陵区政策更加宽松，可“插杖为界”。地占大了，要耕种管理，农户集中居住十分不便，一家兄弟便分散居住，各自维护自己的那片田地，于是形成了四川境内农户分散不成村落的特点。传说尧坝场现在的周、李、王等大姓，初来时都是靠“插杖为界”圈到了大片土地，后来周、李两姓人家出门经商，很自豪地称出入百里“不踩旁姓的地界”，一路都住在自家经营的店号里。

分散居住的方式虽然有利一家一户的农业生产，但给商品交易带来了极大的不便，于是几十里一处的“栈口”，除了满足过往路人的需要外，另外承担起农产品及日用商品贸易的场所，有了场墟日和稳定的商业街。为此，四川的乡村形成了分散的农舍与集中场镇所构成的特殊的乡村结构形式，尧坝就是这样一个场镇。

第二章

尧坝遥远的记忆

关于尧坝，清以前的文献仅以地名的形式出现过几次，清嘉庆十八年（1813年）《合江县志》有："《宋史·地理志》：遥坝、青山、安溪、小溪、带头、使君六砦。"的记载。而与尧坝相关的其他方面，如商贸、人口、规模等都没有记述。虽然尧坝的文字记载不多，但关于尧坝的口传及民间故事却很多很丰富，这多少为我们追寻那个遥远的尧坝提供了一些线索，有些还成了那些简略文献的重要旁证资料。

第一节　传说与记载

一、瑶王数山话尧坝

关于尧坝一名的来历没有正史资料，众多的是传说、故事和民谣，其中“瑶王数山”的故事在尧坝一带传之久远，家喻户晓。

相传很久以前，尧坝一带生活着瑶、苗、回一些少数民族部落，为争夺水源，各部落之间发生过长年不断的争斗，后来苗、回两姓族人战败，迁徙至川南、黔北的边地和大山中去了。

瑶人取得了胜利，拥有了大片的地盘。一次瑶族的首领瑶王出游，返乡途经今尧坝地方，见山脉从黔北蜿蜒而来，四周是几座高高耸立的山峰：龙挂山、方基石山、仙顶山、鼓楼山、白崖山、灯杆山、铜罐山等重峦叠嶂，围合如一座宏大的城廓，人们将被环抱在中央的一座小山称为“九龙聚宝山”。[①]在九龙聚宝山与周围大山之间地势较低缓，分布着一座座小丘，林木葱茏。居高向下看那些被大山围拢在中间的小丘，犹如奔腾的万马，朝向九龙聚宝山。这种气势让瑶王不禁惊叹，遂萌生在此若数得一百个山头，建一座大都城以永久称帝的念头。瑶王心里规划穿城四十八里，以现在合江县为东门，赤水县为南门，纳溪县为西门，弥陀镇为北门，九龙聚宝山上建宫殿。但他站在九龙聚宝山上点数群山时，漏数了自己脚下的山头，连数三遍都是九十九座山头，帝都没有建成，便郁郁而终。

① 见附录一，“尧坝的山”。

后来就有了民谣：

尧坝场九龙聚宝，东岳庙万马归槽。
站在山顶八方看，百个小山聚城环。
瑶王想要立帝都，连数三遍九十九。
脚下一个未曾数，传至而今佳话多。

瑶王死后，人们将他及他的生前所用之物分葬在尧坝东北的大路边，共有八座大坟，称“瑶坟”、“瑶对门”、“瑶厂斗”、“瑶春子”和四处叫“瑶大坟”的。当地百姓爱戴这位瑶王，于是每逢清明，尧坝一带的百姓都会上瑶坟除草、培土、烧纸祭奠，[①]每年民间还要举行盛大的盘王节。而瑶王脚下漏数的那座山，便被百姓称为“瑶山”。当地语言把山间平坦地称为“坝子”，瑶山下的坝子则自然叫为“瑶坝”了。后来讹传为“尧坝”。

在四川历史上，泸州、叙永始终被称为“西南边地”。清乾隆二十五年

鼓楼山初春

① 1980年代，修公路，紧靠路边的几座瑶大坟被推平了，其他坟包还保留着。

(1760 年)《合江县志》载："西蜀三面环夷，自松茂、建昌、叙永、重夔所辖之境山㱔、犹、山猺，屈指不一。明范守仁《九夷考》，撰次颇详：一曰西番、二曰棘人、三曰摆夷、四曰么些、五曰狢獾、六曰咱哩、七曰渔人、八曰猓猡、九曰狪狪 ……"。这里所说的山猺，就是尧坝一带传说的"瑶人"。二十世纪二十年代以前，尧坝一带除了瑶族，还有少量苗族、回族。合江五通镇、锁口乡，及与贵州接壤的九支边区，苗族至今依旧很多。毗邻的贵州赤水市苗族为梳梳苗，头上插一把梳子，合江的苗族为纠纠苗，头上缠白帕，拴红线，两地的苗族语言、习俗大体相同。后来留居此地的少数民族与汉族居民逐渐融合，难以分辨，泸州、合江一带留下了许多少数民族的遗风遗俗。尧坝一带成年男子至今用白布包头帕的习俗，据说就是受纠纠苗和回族少数民族的影响形成的。

宋《太平寰宇记》卷八八载"泸州风俗"云："其夷僚则与汉不同，……巢居岩谷，因险凭高。……夫亡，妇不归家，葬之崖穴。"合江境内今能看到

尧坝周围连绵的梯田

许多汉代崖墓，合江县文化馆内现保存着一些崖墓里的汉代石棺，石棺上刻着带有中原衣冠的人物、建筑、马匹的浮雕。尧坝场附近也有一些利用山岩凿出的崖穴墓，有单室墓和双室墓，里面放石棺。2005年春，我在尧坝场北面4、5里的一个小村附近，看到一座被炸药炸开的单室墓穴①，墓制为长方形，高近2米，顶部成拱券形。墓室后壁有石台做为条案，供奉神主。条案前放石棺，崖墓的墓壁两边凿有低矮的石台，估计是用来置祭器和祭品的。住在黄荆树村的方姓人说，《方氏族谱》中曾记载：明末张献忠剿四川时，当地土著人就在这些墓穴中居住躲藏，直到战乱过去才出来。方姓人还告诉我，丘陵地区的墓穴所剩不多了，距尧坝不远的井桥村，西部的鼓楼山上，南面的识字镇、仙岭山区还有人居住在如“水帘洞”祐般的岩居里。民谚有：“云在脚下飞，人在山腰走；伸手摘山泉，太阳挂笆蔸”，就是岩居生活的生动写照。岩居是利用天然岩洞，外部用石块垒砌成墙来保温、防御，墙上有小洞洞，采光通风，做火枪孔。为了居住方便，大穴居里面用墙分隔出卧室、储藏间。厨房里有灶、磨、碓等设施，还饲养着猪犬鸡鸭。现在这些岩居中，居住的都是汉人，但当地人说以前居住的有汉人，有“瑶人”，而瑶人更多，因此岩居又称“蛮子洞”。

合江县境内汉棺拓片——双阙图

二十世纪七十年代人民公社时期，坝子里修公路、溪流上建小水电需用大量石料，丘陵地带的崖穴、石棺的石料整齐好开，也好使用，就成为资源重点开采，致使许多集中的崖墓穴被毁，破坏惨重。到了1980年以后，农村经济好转，农民为建新房，目标又对准了所剩不多的零星墓穴，除了取好开采的石头做建筑材料，还炸

合江县汉画像石

①当地农民为建房，开岩墓石头来烧石灰。当地这种情况十分普遍。

鼓楼山上的岩居依旧住人

岩居人家

毁不易开采的石穴，用以烧制石灰。丘陵地段内的崖穴遭到了彻底的毁灭，这个大破坏的势头至今不减。瑶人一定不会相信，他们曾居住或葬身几百年的穴居和墓穴，竟这样轻而易举地消失殆尽。

瑶王数山得来的“瑶坝”是个悠远美丽的传说，真实的尧坝第一次堂堂正正地的出现是在宋代，是一座重要的军事要塞，民国十四年（1925 年）《合江县志》载：“古砦见于宋史者凡六：青山、安溪、遥坝（即尧坝）、小溪、带头、使君，皆皇祐（北宋1049－1054年）以后所置。”当时的尧坝两字写为“遥坝”。那么，这个“遥坝”与传说中的“瑶坝”是不是一个呢？它们又是怎样一个关系呢？

二、古老的军事要塞遥坝砦

晋末以来，巴蜀地区僚夷大盛，当朝政府失去了对一些州县的直接掌管，据《僰国与泸夷－民族迁徙、冲突与融合》[①]一书研究，唐宋史籍多记这些州县为“没于夷僚”，或以“空废”视之。唐宋时代的泸州、叙永地区在隋代分属泸川郡和犍为郡范围之内，是少数民族聚居区，即蜀之“边野”夷僚之地。

① 《僰国与泸夷－民族迁徙、冲突与融合》刘复生著，巴蜀书社 2000 年出版。

隋文帝仁寿元年（601年）十一月，在泸州、叙永之北邻近地区，因“山僚作乱”，“僚方攻大牢镇”，卫玄说以利害，使“群僚”解兵，归附者十余万口。僚人之盛十分惊人。为控制边地，隋代采取“镇抚”的同时，开皇六年（586年）开边县，加强管理。据《隋书·地理志（上）》载，隋时泸州郡统县五：泸川、富世、江安、合江、绵水。唐代时，僚夷活动依旧频繁，难以控制，泸、叙地区只好继续开边，又增设置了泸州和戎州（叙永）两县，同时也纷纷建起一些羁縻州县[①]。

尧坝南3里的张店子村边岩墓

尧坝东南黄桷树附近被炸毁的岩墓

宋代延续了羁縻州制，但实际鞭长莫及，许多羁縻州与当朝政府已联系甚少，成为“空废”之地，泸、叙地区尤其如此。庆历四年（1044年）谏官余靖上书：“臣窃闻戎、泸二郡，旧管羁縻四十余州，皆以土豪累世承袭，为其刺史。今之听朝命者，十不存一。”[②]在这种情况下，当朝者在泸州设置安抚司，以掌管边地之事，于是安抚使沿边地置建起堡砦，并

---

① 中央封建王朝虽然已经在一些少数民族或边远地区置州设县，但多半属“羁縻”州县，即“入版图而无实利”。

② 引自《僰国与泸夷－民族迁徙、冲突与融合》刘复生著，巴蜀书社2000年出版。

沿喻嘴河岸的川黔古道

设堡砦官来管理。北宋皇佑（1049－1053年）年间，属泸州管辖的合江县内建起六个重要的军事堡砦，即青山砦、安溪砦、小溪砦、遥坝砦、带头砦和使君砦。瑶坝即尧坝，当时属边地，距县城较为遥远，便用遥远的“遥”字，代替了瑶王的“瑶”，起名“遥坝砦”。

其实瑶王数山的瑶坝到底在哪里，也没人确切地知道，但作为军事要塞的遥坝砦由于它真实地存在过，九龙聚宝山下又实实在在地存在过一个古老的街市，上百年来老百姓世代相传，那就是曾经的“瑶坝”。民谣也唱道：“尧坝原址街基坎，客商不便再重搬。九龙聚宝东岳庙，三门面对鼓楼山”[①]。称为“街基坎”的地方留有街市和堡砦的遗迹，人们认定这就是古老的“瑶坝砦”的基址。

“瑶坝砦”（街基坎）的基址位于尧坝场西一公里处，这里有一条野兰溪，从北向南，汇入赤水河，溪的河叉上住着喻姓人家，人们便俗称野兰溪为“喻嘴河”。宋元之前，沿喻嘴河西侧，是从贵州赤水通往泸州最近的旱路

① 万国扬提供。万国扬尧坝人，1949年生。

必经之地，其中有很长一段旱路是贴着喻嘴河岸而行，直走到尧坝下游4、5里的鱼箭滩，才离开河岸转上山路，待翻过山即到了泸州。今天的喻嘴河西岸有一处平坦的地段，就是“街基坎”[①]。人们传说很早的时候，沿溪边旱路常有背夫、马帮往来，在这里的小街市上休息、吃饭、住宿在客栈，是旱路上重要的站点，又称“栈口”。

现在的“街基坎”遗址上早已建起一座小村，叫仁湾村。小村背靠鼓楼山余脉的山脚而建，村前是喻嘴河，在河与村之间是一块平展的田坝，南北宽约200多米，东西长约500米，是小村里目前最好的水田。仁湾村现有9户，共有30来口人，60岁以上的老人现有6、7位。80岁的刘国明[②]大娘是1946年嫁到这里的，在采访时，老人说：她嫁到仁湾村，在深耕这片水田时，常耕出碎瓦片来，有时做半天地里活就能捡出一两兜兜碎瓦片。碎瓦片上黑黢黢的，有明显火烧过的痕迹。地里还挖出不少整齐的石条，多埋在距地面两、三尺的深处，规格相差不大，多为40厘米长，120厘米宽，铺设整齐。其中条石沿溪方向有规律的铺砌，约有100多米长的一段，很像现在尧坝老

距尧坝西1公里的“街基坎”，称仁湾村

① 因“尧坝砦”毁后保留的老街道的基础痕迹而得名。
② 刘国明1926年生，22岁从先市嫁到仁湾头村。

街上铺砌的条石。老人说：她当时耕地时心里还奇怪呢，这是啥子事吗？后来听上辈人说这里原来是条街，遭火灾毁了。听了老人的叙述，看挖出的条石，有经验的泥水匠说，这不是一般的房屋地基，应该是街道上的条石。再看那些有火烧痕迹的瓦片，街市在废弃之前曾遭火灾这个说法应该成立。这些情况与历史上的尧坝寨的情况十分接近。

街基坎是人们所说的原尧坝砦的位置，村民说，当年作为军事防御的"遥坝砦"就在小山包的山腰上

听说我要了解老“遥坝砦”，仁湾村的老人们聚拢来，原来除了水田里的石条外，仁湾村后的靠山，不高的小山包“山顶上”山上，在造坟时，曾发现有石头垒筑的建筑痕迹，深挖时，里面有许多青砖和瓦片，其中一位村民家中还保存着一块山上挖出来的瓦片，他拿给我看，并用秤称了一下，一片瓦40厘米长，有四斤多重。他一边大声告诉我瓦片的重量，一边解释说，尧坝一带多少代人都没有见过，没有造过这种大号瓦。这瓦是什么时期的？使用这样大的瓦，建筑应该也很高大才是，说着就将我带到了后山。

2006年3月是刘国明阿婆80岁大寿。老人说，她18岁嫁到仁湾村，那时种地每次都能在田地里检出一篓瓦片

仁湾村乡民为80岁的老祖母刘国明祝寿，老祖母自嫁过来一直居住在这里，见证着这里发生的一切

此时正值清明，砖石砌筑的坟墓前都插满了各色的旗幡，村民指着脚边上的一座老坟说，这是我们始迁祖的坟，建有100多年了。据祖上传，这坟就是挖山上废弃的砖建的。小山不高，上到山顶向下望，居高临下视野十分开阔，“喻嘴河”上游及下游三、四里范围一览无余，在这里建造一座防御碉堡，镇守古道要隘真是再合适不过了。也许，这里就是当年作为军事防御的碉楼所在。

据清嘉庆十八年（1813年）《合江县志》记载，“遥坝砦”作为军事要塞的设置是在北宋嘉佑到南宋嘉定（1208 – 1224年）年间。《合江县志》的行政区划表上，已改“遥坝砦”为“遥坝寨市”了，这与尧坝“街基坎”的传说和遗存的大量石条、砖瓦，以及小山顶上可能的堡垒建筑痕迹均非常吻合。

街基坎水田里的这些大块石条人们搬不动，因此一直留在水田中。它成为尧坝"街基坎"的又一佐证

看来"街基坎"就是古老的军事要塞"遥坝砦"。至今在仁湾村的田里还有搬不动的大石头，他们矗立在田间成为历史最好的见证。

古"遥坝寨市"为什么会废弃呢？村民说，道理很简单。位于喻嘴河西岸的遥坝寨市为"栈口"，主要接待的是往返于贵州与泸州之间的贩运脚夫。为了抄近道少绕路，脚夫们在行到河湾时常要涉水过河，一般时节问题不大，但到了冬季，水中有冰冰喳，冷得

今日的马帮队走在古驿路上

仁湾村的老人说：从小住在仁湾村，听到看到的都是与“街基坎”有关的故事

扎人，每逢过河胳膊上、腿上都会被割出许多血口子。体格强健的人都难以忍受，体质稍弱的只好绕路而行，两天的路要三、四天或更长时间才能赶到，因此跑一趟买卖只能赚微薄的一点钱。宋元以后，一些背夫们为减少涉水过河的麻烦，不再沿河走，而是改贴山脚而行，尧坝的九龙聚宝山下地势较平坦，贩运的脚夫及马帮晚上就靠山脚吃饭，露天休息。遥坝寨市上的人也随着贩运人流，在山下建起茅草房，将部分生意移到山脚下。遥坝寨市过往的人渐渐少了，后来街市遇到火灾无力恢复，“街基坎栈口”也就慢慢废弃了。

三、从“瑶坝”到“遥坝”再到“尧坝”

尧坝在边地，是瑶族居住之地，于是取名“瑶坝”，后设置遥坝砦时，因距县城很远，便取了遥远的“遥”字。以后又出现了尧舜的“尧”和烧窑的“窑”两种。据2006年重编的《中华喻氏家谱》载：元代末年，第一次湖广填四川时，“喻氏遥坝支始祖秀轻公，元末追随朱元璋起兵，明初，以校尉大军由湖北孝感进军四川，驻川南留下长子，洪武二十四年带兵征剿纳溪、九支，奉令屯田遥坝。”秀轻公落脚遥坝支后，决心为了开创一番事业，以古代圣贤“唐尧”为典范和榜样。秀轻公希望通过他的努力使后代人过上如传说的“唐尧“时期的太平生活。他告诫族人“亲九族而黎民时雍。舜惟克谐而四方风动，是以伦明而民亲，而臻天下于至治之盛也”[①]，于是改“遥坝”为“尧坝”。

至于为什么又出现了烧窑的“窑”字，当地另有一种说法。在今尧坝场的西大田中间，原有一个小圆丘，顶平而土质很硬，高出四周水田1米多，样子很像烧砖用的小窑子，百姓称它为“窑坝”。平时人们在田里劳动，就把水

① 据2006年重编的《中华喻氏家谱》载。

罐、家什等放在小丘上面，劳动累了就在小圆丘上休息打个瞌睡，直到1982年以后这个小丘才被平整掉。乡民们说其实“尧坝”和“窑坝”两种写法在很长时间内都交叉使用，由于老百姓整体文化水平有限，以前识字的人不多，只要声音讲对了就行，并不在乎这两个字怎么写，因此也就弄不清到底该是哪两个字。

第二节　行政区划的更迭与尧坝街的繁荣

一、尧坝场镇行政区划的更迭

合江县尧坝场与长江、泸州、成都、重庆的地理关系

北宋皇佑（1049 – 1053年）年间，始建的“遥坝砦”，是合江县设置的六大重要“边地”军事要塞之一。南宋嘉定年间（1208 – 1224年），合江县重新划分行政区域时，全县分为一乡七里二十都、六寨十九集市，尧坝属白马里第十三都。

元代以后，尧坝已兼容少量商业及居住的职能。明代中期形成商业街，称尧坝场。

清雍正七年（1729年），合江县改编，辖4甲42所，“分为东、西、南、北四乡，又分为十七支。支下设保，保下设甲，甲约百家”。尧坝为支，属西乡，下辖识字、新殿、田坝、嘈嘴四个保，尧坝场为治所“支”的所在地。乾隆二十七年

(1762年)《合江县志》载:“尧坝场，在县西七十里”，“当泸县赤水交通孔道，居民约四百家，商务以米、豆为大宗，多运销赤水”，一直到清代后半叶。这时期合江县地方秩序和政局都相对平稳，行政区划少有变更。尧坝场在平稳的形势中不断地扩大发展。

清光绪三十二年(1906年)尧坝支所辖识字、新殿、田坝、嘈嘴四个保均改为团，设团总。尧坝场此时已达到最繁荣的时期，场镇功能齐全，规模大，流通的物资丰富，是合江西乡重要的场镇和集市贸易中心。但随着清末辛亥同志军的起义、护国讨袁、军阀争防等各种战事，使合江原本平稳的社会形势发生了巨大的变化。北洋时期，合江县内驻扎有重庆蜀军、川军、黔军、滇军、靖国招讨军、四川巡抚使、四川边防军、川东边防军等众多军事机构。从民国元年(1911年)至1938年期间，合江先后曾有不同番号的驻军八十一支，①“有兵则有权，兵多则权大”，成为这一时期最鲜明的政治特色。城乡上下的军队你来我往，如走马灯一般频繁调动或换防，土匪趁机兴风作浪，社会秩序异常混乱。合江县从民国元年(1912年)至民国三十八年(1949年)三十八年间一共有70

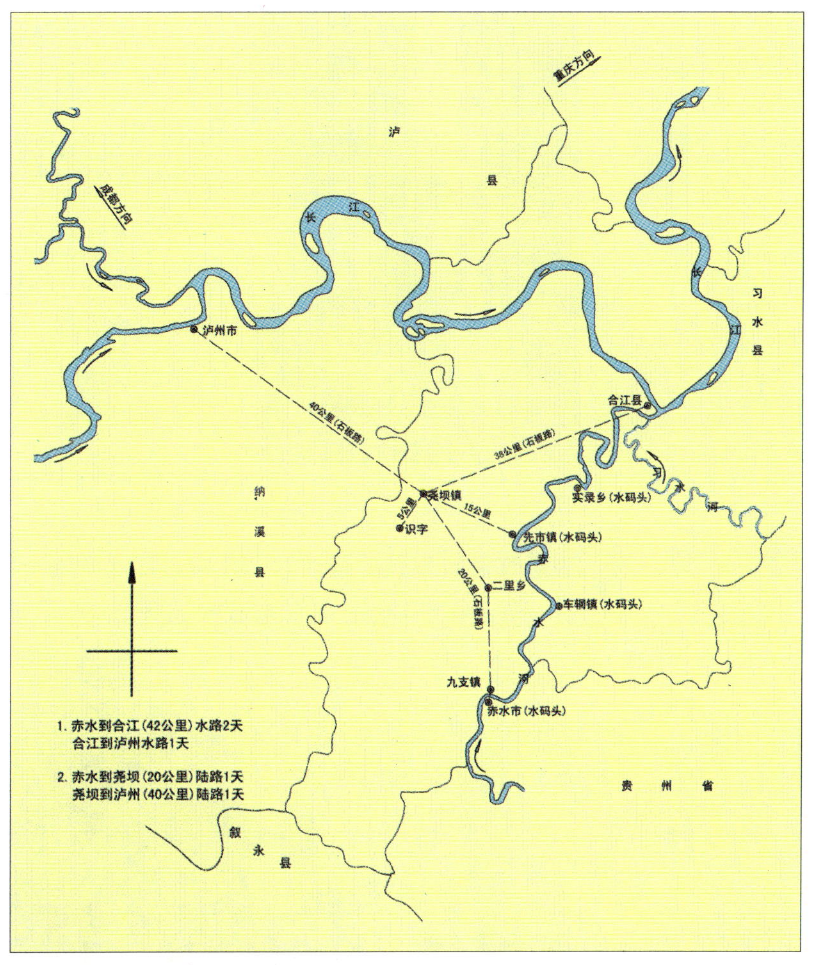

尧坝到合江、泸州及赤水等地关系示意图

① 据1993年合江县志编纂委员会编纂《合江县志》统计。

1916年元月1日，护国军第一军总司令蔡锷进兵四川讨袁。元月上旬，袁世凯的北洋军入川，直抵泸县双河场和纳溪区的牛背石。蔡锷与袁军在合江境内展开了激烈的战斗

人先后担任过79任合江县的县长。其中“民国六年的一年内就有10人次的任职；民国十三年有10人次的任职；民国14年有5人次；民国十五年4人次。其中任期时间最短的胡安谰，第一次任期只15天，第二次任期仅为一天。又如叶式廉当县长仅任期二天，诸如此类”①。驻扎在合江的军队，谁的势力大谁就是太上皇，就可以发号施令，如王玉璋先后三次做县长，前两次黔军驻扎合江，势力最大，因此由黔军委任。第三次，碰上川军12师周西城在合江打了几次胜仗，势力超过了黔军，便重新编制县政府人员，王玉璋被周西城委任为新改组的县长。这样的局面使合江县政府形同虚设，官员腐败趁机敛财，行政管理十分混乱。其间行政区划频繁更迭，民国年间平均四至五年行政区

清末至民国年间，赤水河北岸的“九支”周西成为母亲建有一幢住宅。这里曾作为周的司令部，其部队频繁往来合江与赤水之间

① 《合江县文史资料选辑》第二十二辑《县志资料拾遗》袁寿昌2003年12月中国人民政治协商会议四川省合江县委员会、社会事业发展委员会编。

划就要变更一次，如：

周西成在"九支"别墅的大门

民国元年（1912年）合江县内设17个区，区下设团，有团总。

民国22年（1933年），将区、团制改为乡镇制。原17区团划为25乡、镇，各区团务办事处改为乡、镇公所，设乡长。乡镇以下实行闾邻制，改甲为闾。

民国24年（1935年）8月，全县25乡镇重新划为20乡镇联保。乡镇下设保，保下设甲。同年11月又将全县重新划分为四个区署，分管各乡。设有团总。

民国30年(1941年)2月，四个区署均被撤销。维持原有乡镇制。

民国37年(1948年)12月，全县辖44乡镇，553保，5343甲，直至1949年。尽管在区划变动中，尧坝场或属这个区，或属那个署，但作为支、乡、镇的治所地及最基层的单位编制始终没变。

尧坝场从清光绪三十二年（1906年）至1919年的14年间，乡长、团总换了7人，民国二十五年（1936年）至1949年的14年间，乡长、团总换了6人。小小的尧坝场上，有乡镇治所政权机构、帮会组织、商业会所和会道门等各种势力。

1950年尧坝乡改为尧坝镇，尧坝场作为镇政府所在地，管辖范围包括尧坝场周边的十个行政村。

二、从幺店子到繁忙的商业街

1.街的雏形 九龙聚宝山便是传说中瑶王数山所站的那座山，山与小丘之间有一块难得的平坝，地势开阔。平坝里有一条较平坦的路。传说明代初年，川黔古道从喻嘴河边改道九龙聚宝山下，此地成了背夫、马帮们的必经之处。脚夫们长途贩运十分艰辛，为减轻负担重量，除了货物，仅带点干粮，连水都不带，渴了就在路边的小溪、水塘里喝一口，饿了只能抓一块干粮垫

尧坝周边还有许多这样的草房，早期尧坝九龙聚宝山下的幺店子就是这样的草房

垫。因为路途上要将装满货物的背篓卸下是件非常麻烦的事。背夫的习惯是，不到栈口不能卸下货物，因此正正经经的餐饭只有到了栈口时才能吃上。九龙聚宝山是个栈口的位置，在没有形成栈口之前，背夫、马帮们就只能在简单的茅草棚子过夜。山下过往人多了，为祈求平安，人们在九龙聚宝山上建起一座单开间的小庙，内供观音，也有人说供孔圣人，还有说观音与孔圣人共祭，不分主次。四乡百姓及往来做生意的都到庙里朝拜、许愿，香火很盛。原“街基坎”上的一些商户看到了商机，就在聚宝山的山脚路边，修建起供客商们歇脚吃饭的茅草房三间，由于店小，人称幺店子，“幺”就是小，出售些香烛、冥纸给敬神的人，供些茶水、豆花饭卖给过

商业街上货物丰富

往的路人。也出售些日用品。

街基坎街道遭火灾后，因无力修复，商人们便纷纷将街基坎的买卖转移到聚宝山下。慢慢的一些南来北往的逃荒人也滞留在此九龙聚宝山下，搭座草房或土房，然后定居下来。现尧坝场的“先”姓家族，始迁祖就是从先市来到尧坝摆摊，做小买卖并定居的。铺面多了，山脚下成为改道后驿路的栈口，到清代前期，九龙聚宝山下基本形成了现尧坝街的雏形。

九龙聚宝山西坡山腰上的小庙经多次扩建和增建，清代中期已是一座前后四进，气势宏大壮观的大庙，庙内主神为东岳大帝，称东岳庙。庙宇坐东朝西，山门正中是大门，两侧各有一边门，它与山脚下最初建起来的三间茅草房相对，称“山门口”。尽管那三间草房早已改为砖瓦房，但现在人们仍习惯称它为“幺店子”。

2.商业街的繁荣　清代初年，尧坝场有了稳定的阴历三、六、九的圩集。到清中期后，原有街道显得过于狭窄杂乱，尧坝场上的周姓和李姓两大家族商议后合力出资，第一次对尧坝的街道进行了平整拓宽。民国二十一年

尧坝街为周边乡村的商业中心和农贸集市

(1931 年)，合江县在尧坝场增设了邮政代办所，有了电报。1936年，又设置了电话，各种商业信息传播更加快捷。二十世纪四十年代，尧坝场商业最为繁荣，街上人口稠密，商铺密集，但街的基本设施十分落后，已不能适应尧坝镇的发展。1944年，尧坝街进行了历史上第二次大规模的整治和修缮，整治后几百米长的街道上除不多的几栋宗祠、住宅外，商业、服务业占到整个街建筑的七、八成，各种行业一应俱全，有客栈、豆花店、酒馆、茶馆、肉铺、杂货店、酒坊、木器店、铁铺、盐铺、药铺、裱褙铺、烟铺、烟馆、各种作坊。逢赶场日，街上熙熙攘攘，人头攒动，集市贸易红火热闹，为周边不小范围内重要的经济中心。

街上有的小饭馆，卖豆花饭兼炒菜

老年人都喜欢穿自家染的传统蓝布做的衣服，他们说，布料结实耐磨，经晒不跑色

尧坝街上的人们，平时最大的娱乐就是在茶馆中聚集打牌，从古至今都是这样

在商业及各种

现在的先市码头因周边公路的修建，航运少了许多

现在的先市老街依旧繁荣

设施不断完善的同时，东岳庙前后五进的庙宇建筑群，成为尧坝场周围乡民的信仰中心，精神家园。庙里各方神灵“有求必应”，逢赶场东岳庙香客络绎不绝，抱着鸡的，带着刀头（猪头）、豆腐的，恭恭敬敬地烧香敬神，许愿还愿，庙里庙外香烟缭绕。逢年过节，各帮会、商会或民间举行的游神、灯会等活动，更增添了老街的热闹喧嚣气氛。

下了几十步石阶就是先市的水运码头

尧坝场在清末至民国，尤其是民国十几年这一阶段，商业能够发展得如此之快，与当时社会状况有着重要的关系。这一阶段，整个中国社会政局不稳，地方官员争权利、夺地盘相互激烈的争斗不断，无暇顾及位于合江、纳溪、泸县三县交界的尧坝场，它成了一个三不管的地方。由此尧坝场商贸交易环境宽松，肆意地发展，各路商贩云集尧坝场。最繁忙的是三、六、九的墟集，天亮开场，晚上十一、二点场上还有往来尧坝的商人。由于尧坝场上货品之全之多，一些距尧坝路途较远的，大都头天晚上赶到，找个地方猫一夜，第二天一早赶场购货。老人们说：“别处买不到的，尧坝场上都

能买到，包括那些官府明令严禁的鸦片、枪支和土炮”。

由于街上红火热闹，三教九流，黑道白道的也愿意到这里搅和生意，算命测字的、要把戏的、卖膏药的、拔牙的、取痣的、玩猴戏的、唱西洋景的、打金钱板的……，最火的要数由街上各堂口袍哥大爷们公开摆设的押“红星宝”、“人人宝”，掷骰子，推牌九，打“大二”的赌摊，名目繁多。还有人发明了“六二”牌的“合江名堂”赌博，较“泸州名堂”花样复杂，赚项大，成为川南独特的赌法。为了招揽生意，街上酒店内有私娼随时伺候，这些无疑增加了尧坝畸形、快速繁华的成份。

物资的丰富，使尧坝场的服务半径达到10多公里，向东到先市水运码头，向南到赤水、九支码头，向西到纳溪县的利合场，向北到合江县城，尧坝成为合江县西乡农业区内最大的旱场码头(水场码头为赤水河畔的先市)。

尧坝场的繁荣为分散居住的庄户提供了实惠和便利，带动了川黔古道周边如：新殿、二里、十字等小场镇的发育。清光绪《合江县志》载：“新殿一称仙顶山，当尧坝到县孔道，居民八十家”；① “二里，居民百六十余家”；②

现代的马帮奔忙在乡间路上

① 距尧坝东北十三、四里　② 距尧坝东南十五、六里

“识字，旧称石子场，居民二十余家”。[①]清晚期起，这些场镇与尧坝场的场日错开，采取一、四、七，或二、五、八日，不少小商贩就利用错开的场日，在尧坝场的市场大宗买来商品，再轮换着跑到其他集市赶场出售，满足更偏远山区乡民商品要求。这无疑使以尧坝为中心的旱场商业、集市贸易商品周转得更快，人气更旺，经济中心的地位也更牢固。直到1968年合（江）赤（水）公路修通，汽车成为主要运输工具后，尧坝场在川黔古道上集贸中心的地位优势才有所减弱。不过至今尧坝在边远的乡村场镇中仍具有很强的生命力。

马帮依旧是现在乡村主要的运输工具之一

三、背夫、马帮驮背出的尧坝场

从“幺店子”发展到一个丰厚和繁荣的尧坝场，一个乡村的集贸中心，这里面承载着马帮、背夫们付出的艰辛和鲜为人知的心酸故事。尧坝场是川黔古道的栈口、旱码头。从贵州赤水贩运货物到泸州，主要有皮毛、药材、毛纸、木材、煤炭。民国十四年（1925年）《合江县志》载：泸州喜“啖牛肉”，“清季以后嗜黄牛肉者日多，其烹调有蒸煮烧炒，炸煨炖卤溜诸法。”清代以后大量贩运肉牛和鸦片到泸州和重庆。从泸州返回到贵州赤水时，主要运销的货物是盐巴、茶叶、烟叶、烧酒、绸布百货以及粮食等。清中叶以后，尧坝成为合江的重要粮食基地，“以米、豆为大宗，多运销赤水”[②]。

民国十四年（1925年）《合江县志》载：“陆道凡自县城达各场暨邻县者，……肩舆马驮可行，惟不通车，山僻小径甚奇险，雨时尤泥泞”。由于路陆难行，又不能行车，货物的运输主要靠贵州来的马帮和背夫，尧坝本地也有少数挑担的挑夫。

四川不产善走山地的骡子和马，清代，行走在川黔道上的马都是贵州人从云南买来的，据说这种马是著名的丽江窄马，民国十四年（1925年）《合

① 距尧坝西南十几里。　② 民国十四年《合江县志》。

马帮穿过尧坝观音嘴走古驿道到“识字”乡方向

江县志》形容它“质小而蹄健，上高山，履危径，虽数十里不知喘汗”，是最宜于山路驮运的马。清末以前，马帮多半运盐巴，官盐为主，也有私盐贩子。马帮从贵州赤水出发，带上贵州产的药材、山货到自贡，将货物卖掉，再从自贡购盐巴运至贵州，交到赤水的盐务局。往返旱路必经尧坝，并在尧坝过夜。川黔道上以背夫最多，人力最便宜，使用也灵活，少则七、八人一伙，多则十几、二十几人一帮。马帮少些，牲口比起人力来成本高得多，路上除了托运的货物，要给牲口带上足够的饲料，定时吃料饮水，遇到牲口生病，整个运输就会泡汤。为了互助照应，赶马的通常五、六驮为一帮，三、四个脚夫。大些的二十几驮为一帮，押运的脚夫七、八个到十来个。川黔路上自古匪患频繁，马帮押运者基本上都会些武功。民国期间再加上兵乱

尧坝街向南的古驿路在岩石上凿出石阶，现石阶中间多已被踏磨平

严重，马帮的押运者有些还配备起短枪。李柱陶[①]老人听其父亲说，清末时曾有一个大老板帮军队送给养，带着上百匹的马帮队，浩浩荡荡从尧坝过，队伍长达一、二里地。这队马帮运的东西多，为保险，还有地方军一小队人马武装押送。李柱陶老人说，这是有史以来最大的马帮队伍。

乡村人喜欢穿草鞋，经济跟脚。尧坝街上随处可见出售草鞋

清代后期赤水河的水运畅通了，大宗的盐巴、货物转由水运，小宗还是靠人背，马帮队这时期减少。1937年至1945年抗日战争时期，川、黔两省成为大后方，川黔道上的马帮再次多了起来。1940年7月，国民政府在陪都重庆召开了全国驿运会议，提出建立驿运机构。所谓驿运，即利用人力和私人的骡马作为工具进行交通运输，发动民众人力运送前方军需物资。1940年9月，四川正式建立驿运所。据尧坝老人回忆，抗日战争期间，通过尧坝的马帮十分频繁，有时一天往来四、五拨，最多时有十几拨。一是专门运送的军需物品的，如枪支、弹药，也有各种药品。枪支是政府严令禁止买卖的，但在当时的尧坝场上，枪支是普遍交易的商品之一。尧坝场上那些有钱有势的人家为防身，都备有左轮短枪。附近农村的绅粮大户，为家丁配备枪支，多的一户有几十支，少的也有几支。甚至一些普通的农家也备上一支防范土匪。据说当时尧坝场上有名的绅粮王宪章，护卫的家丁有二三十人，

① 李柱陶，1918年生于尧坝，年轻时做药材生意，闯过云南、贵州等码头，身为袍哥，在尧坝开过杂货铺、盐店。2006年10月去世。

先后曾买了五十几条枪，家里还有叫做“抬杆火”的土炮。王宪章的小儿子王正伦，人称“幺千岁”，是尧坝有名的恶少，平日欺男霸女，杀人越货，无恶不作。赶场时骑着高头大马，手提左轮盒子枪，威风凛凛，无人敢惹。

马帮运的另一种主要货物是鸦片。云南以出产药材和上好的云土著名，有经济条件的商人用马帮驮运，没条件的靠脚板走路贩运。二十世纪三十年代初尧坝场上，到云南贩鸦片的约有十几个人，但这一路土匪太多，风险大，经常出事，有的人一去再也没有回来。1935年前后，李柱陶与场上的曹汉高、牟永怀等人一起常到云南贩鸦片。一次三人准备到杨家沟去，天黑了还没走到，就准备在半路上找个栈房过夜，栈房老板要他们用大洋交住宿费。但是买鸦片一定要用银元才行，几个人就说没有，用带来的货物抵住宿费，没想到老板翻了脸，掏出手枪顶住他们的头，他们只好乖乖地跟着往不远的房舍里走。李柱陶说，当时他们三个每人腰间都拴着四五十块大洋，衣服穿得宽不显眼，但心里紧张极了，一边走心里一边盘算着这下要完蛋了。去房舍的

除了走远路穿的草鞋，人们又编制了一些休闲性的草鞋，穿着舒服，十分美观，现已成为旅游商品

清代中后期，牛市生意好起来，长途贩牛时，避免牛走石板路伤了蹄子，都要穿上人们专门为它们编的牛草鞋，这是成牛穿的草鞋

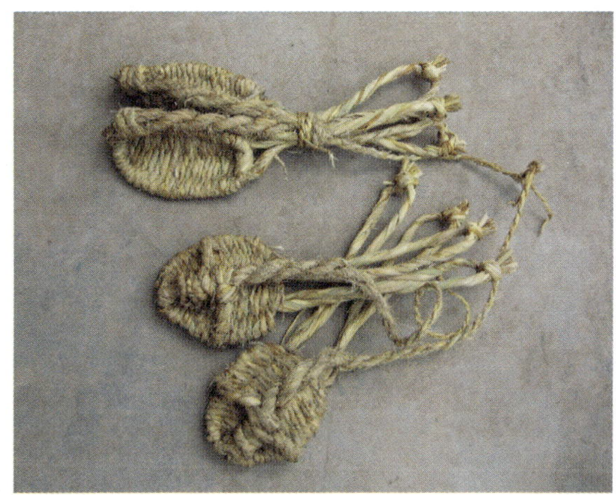

这是小牛穿的草鞋

路上正好路边有个小庙，李柱陶就趁天黑，将腰上的钱袋丢进旁边的树丛里。到房舍前的开阔地后，三人都被强迫脱光了衣服，跪在地上，曹汉高和牟永怀的银元自然都被抢了去。李柱陶身上没有钱袋，被暴打了一顿才算完事。后来，李柱陶凭着小庙标志，趁夜找回了钱袋。此事过后，每逢再提起到云南贩烟，他都会心惊胆战地念叨："好险咧！好险咧！"[①]

马帮、背夫们日日夜夜往来于尧坝的石板路上，由于负重，尧坝牌坊南侧，称为牌坊上的一段半边街的石板，仅民国年间就几次被踏断更新。走出尧坝场，向南、向北方向的川黔石板路，以及开凿在天然岩石上的古道路面，长期人踩马踏，路中竟被磨出了深深的沟槽。由于马帮运输成本高，背夫便充当了牛马的角色。背夫多来自贵州赤水县的贫困山区，那里缺少食盐和粮食，为了生存，他们用令人惊讶的韧性和耐力，从事着繁重的贩运活计，运输工具就是背篼，因为长途背运实在太苦了，贵州背夫们自谑地称自己为"背儿子"。在合江县这段川黔道上，也有些靠挑担贩运的，主要是四川人，一担子挑 110 － 120 斤，穿草鞋，称"挑脚板"，他们比起贵州的背夫来人数要少得多，且大多是农闲时短期从事这一行档。

贵州的背夫都是一拨一拨的，他们最怕"土匪老二"[②]路抢，就自己组织起小商帮，一帮称"一哨人"，十个八个，最多十几个人。年龄大的四、五

① 李柱陶老先生提供。　② 当地土话称土匪为"老二"。

十岁，小的不过十五、六岁。从贵州赤水县到泸州往返背运的路程中，“背儿子”们通常一人一次要背200斤重的货物，比自己高出许多。除货物外，“背儿子”们每个人还要自备三样行头，一是干粮袋，中途饿了充饥；二是一根撑杖，因货物一旦背上，沿途很难卸下歇息，只能用这根撑杖作为支架，抵在竹蔸下面，以便背夫挺直腰背歇脚片刻，称“歇软稍”，遇到难行的山路还可做拐杖使用。第三是编成椭圆形系在胸前的小篼圈，专门用于刮汗用，因为背夫们根本买不起葛巾（粗布毛巾），只好用小篼圈代替。

专门从事挑担活计的人现在已不很多了

有少数女子跟着男人一起跑贩运，穿的烂，因为长期不能洗澡，将头发剪得很短，以免发臭，有些就将头四周的头发剃掉，顶上留一撮头发梳起来，装束男不男，女不女。冬天用白布包头保暖，夏天在包头上戴草帽遮阴防暑，晚上用包头来洗澡。

背夫们的贩运生活十分苦，夏季天热负重，背夫们几乎所有人的脊背都会起水泡磨破，就像骡马被鞍子把皮肉磨烂了一样。为防止伤处溃烂而能继续赶路，背夫们常常一到驻地就一对对地相互清理起伤处，他们用沏过的茶叶，互相搓抹脊背，先把烂了的皮肉都抹掉，再敷上一些大烟的烟灰，用来止血封口，背夫们有时疼得像挨杀的猪一样嚎叫。为了解除疲劳和减轻痛苦，后背擦抹完，就跑到街上烟馆去，躺在吱嘎乱响的破床上抽两个烟泡。烟泡子打得很小，绿豆粒那么大，吸一口一个烟泡，要一角钱，而贩运的脚力费从赤水到泸州往来一次才六、七角。但为了止痛解乏，第二天能继续赶路，也只好豁出去了。背夫中途生了病必须坚持着，如果货运不到站，不但挣不到那点可怜的脚费钱，还要赔老板的货物损失，为了能坚持走路，也只好在烟馆烧烟，吞烟泡子治病解痛。

小小的尧坝场留下了一代代背夫们太多的不幸与心酸，他们一路背呀，驮呀，把尧坝场背兴旺了，背繁荣了，但他们却没有感受过繁荣的喜悦。也许他们根本没有想过背运与兴旺有什么关系，因为他们太苦了，已经无法从苦痛中挣脱出来，但历史却看得清清楚楚：尧坝场是这些马帮和背夫们背驮出来的，是他们用艰辛、血汗和生命筑就的。

第三节 浓缩的小社会

特殊的地理及大移民造就的社会环境，使小小的尧坝场成为一个社会形态十分复杂的地方，就像尧坝老人们说的，是个浓缩的小社会。旧时尧坝场上流动人口很多，三教九流、大小帮会、散兵土匪样样不缺。哥老会是尧坝场各帮会中人数最多，势力最大的结社组织，也是整个四川社会的一大特色。

一、哥老会的袍哥

哥老会，成员称“汉留”，俗称“袍哥”，是四川大移民的产物。又相传是清初郑成功领导的反清复明组织“洪门”的一个分支。清康熙至乾隆（1662－1795年）年间随移民传入，经过长期的发展，形成了具有地方特点、带有社会互助性质的民间结社组织，因此名称多变，总称天地会，又称“三合会”

百姓们说，尧坝场上成年男子旧时大多都参加了袍哥会，为的是有困难时能得到大家的帮助

李铸陶老先生说："我当年就是袍哥"

和“三点会”。

清史学家萧一山[①]在《近代秘密社会史料》[②]一文中认为，“袍哥”之名，得于《诗经》中“岂曰无衣，与子同袍”之句，意指入会者皆是异姓兄弟，同生共死。袍哥又名“汉留”，得名于《三国演义》中汉将关羽在曹营留旧袍之故事。清代末年，袍哥已是四川城乡半公开的民间组织，互不统属，只依“汉留”规矩办事。由于袍哥仿效“桃园结义”，以义气为重，好打抱不平，为哥们老弟排忧解难，保护其共同利益，于是各阶层人群纷纷加入以求互相庇护，成员广杂，三教九流无所不包。

建立袍哥组织的地方，统称码头，或山头、香堂，一般叫公口。民国初期合江哥老会五个堂共有三十四个公口。为了便于总揽城区各堂事宜，设有“总公社”。1919年生的李清源，八九岁时随父亲来到尧坝场，在牌坊南，称为“牌坊上”的地方租了一间房做生意。他说二十世纪二十年代初，尧坝袍哥组织已很健全，是合江一个重要的码头，由于不分贵贱贫富，一律平等相待，街上除了未成年的孩子和妇女外，几乎人人都加入了哥老会，民间有：“明末无白丁，清末无倥子”的传说，未参加袍哥组织的称“倥子”。当然一些人除了参加袍哥组织外，同时还加入三青团或福民社等其他帮会组织，现街上75岁以上的老人以前几乎个个都是袍哥。李清源的父亲是袍哥，清光绪年间在外地码头的茶馆里，只要自我介绍或说出袍哥暗语，码头上的幺司就会主动来接洽上茶，免费吃住。有时袍哥在生意上遇到了难处，随便跑到哪

① 萧一山（1902—1978）　中国历史学家。江苏铜山（今徐州市）人。原名桂森，号非宇，字一山，以字行著。十九岁，由山西大学预科考入北京大学，两年期间，撰成《清代通史》上卷两册（上海中华书局出版）。梁启超、李大钊、朱希祖诸前辈及日本今西龙博士等亲为之序。后续成中卷。大学毕业次年，任教于清华大学，与梁启超朝夕共处。先后应北京大学、北平师范大学及南京中央大学之聘，讲授清史。所著《清代通史》上、中两卷，改由上海商务印书馆出版问世。1978年7月4日病逝于台北。

② 《近代秘密社会史料》萧一山编著　岳麓书社1985年出版。

个码头上都能借到钱，人们说："嗨了袍哥，就吃的遍，不嗨袍哥，就依侬"（行不通）。尤其是到了偏僻的贵州、云南山里跑生意，路上土匪多，不加入帮会团体，没人照应，根本走不通路，做不成生意。

袍哥分为仁、义、礼、智、信五个堂口。每个堂口有总管，称舵把子，还有专门的堂名，二十世纪二、三十年代，尧坝场上：

仁字号堂名"同道益"，舵把子为王蜀藩。

义字号堂名"精义会"，舵把子为喻海川。

礼字号堂名"礼江公"，舵把子为牟有怀。

智字号堂名"智庆堂"，舵把子为苟必光、苟必宾。

信字号堂名"信念会"，舵把子为王吉昌、雷海宾。

仁字号、义字号的袍哥大多是有功名的或是绅粮。所谓"绅粮"就是有钱、有势、有地位的财主，而有钱却无权无地位的地主被称为"土佬肥"。礼字号、智字号定成员多为小商、小贩或普通的劳动者；信字号是社会最底层的人，俗称三教九流的"下九流"，故民谚有："仁字讲顶子，义字讲银子，信字讲刀子"。从民国初年起，各公口逐步放松香规礼节，袍哥组织有了大发展，各堂口人员成分也已参差不齐，但堂规依旧严谨。

各堂内等级严格，以"排"分等级：一排大爷、大哥，即"舵把子"；二排称"圣贤二爷"，空置不设；三排称"三哥"，又称"钱粮"，掌管经济及经营的商业，如茶馆、赌场等，为当家人；四排空置不设；五排称五哥，又称"管事"、"红旗大管事"，行交际、执法等职，在袍哥中最有社会力量。"五排"中人不少为职业袍哥，利用做生日、"打会"向兄弟伙索财帛（其他有势的大哥、三哥、五哥亦如此），以此为生不干其他行业，在地方上是十足的地头蛇；六排称六哥，是负责巡风探事的小头领；七、八、九排不设；十排统称老幺，有凤尾老幺、执法老幺、跑腿老幺之分。凤尾老幺是有家资的年轻后生，可"一步登天嗨大哥"。执法老幺多为流氓凶神，负责传堂把守辕门，制裁叛徒，充当杀手等。跑腿老幺多为茶堂倌、赌场杂务。

哥老会中，大爷、舵把子的地位不是固定的，实力强可以一直坐下去，一旦实力不足，自己坐不下去，也会被别人拉下。清光绪年间，苟必光到云南贩鸦片，那时他一年要去两、三次，连续贩了七、八年时间，赚了不少钱，成了尧坝烟帮的大爷。有了实力，二十世纪二十年代初，苟必光被推举当上了尧坝“智”号堂口的舵把子，从此不再亲自贩烟，靠在烟帮中吃抽头过着悠闲的日子。结果吸鸦片上了瘾，积蓄一点点地抽光，家产变卖了，舵把子的地位开始飘摇不稳。此时尧坝附近的大绅粮冯焕章发达起来，有钱有势，财大气粗，人也豪爽，苟必光便主动将舵把子大权交给了冯焕章，从此便荫庇在了冯的保护伞之下。

至于为什么各堂大爷中不设二、四、七、八、九排的原因，据说不设二排是因不敢自比关羽而空置。(每年五月称单刀会，袍哥要集会祭关羽。）不设四排是因桃园结义如有赵子龙在当为四弟，故虚此席。七排据说曾出过叛徒。八、九排是因回避杨家将八姐九妹之称，也不设。加入袍哥要“身家清，己事明，不择襟襟片片（穷)”才行。尧坝的李清源说，他20岁时经外号叫“歪哥嘴”的熟人介绍入了袍哥，查了他家的三代历史，还交了三块大洋作为“码头费”。没有钱的也可以交几斗谷子代替。这是对普通人，如果是有钱的绅粮，钱或谷子要交得多些。入了袍哥要遵守帮会的规矩，遵行五伦、八德，视娼、优为贱类，更不允不忠不孝。接受规矩后，要举行一定的仪式，才算真正加入了组织。

袍哥每年腊月要吃团年饭，实际是为吸收新成员，并商谈一些有关香堂及码头上的事务。仪式很隆重，设“忠义堂”，焚香祭祀关公，杀鸡沥血献牲敬酒。忠义堂由衣冠楚楚的红旗管事（五排）主持，朗诵袍哥组织的规矩“海底”，听舵爷赏封“排行座次”，即按照梁山一百零八好汉位置列席“安位”，并唱颂：“大哥请登金交椅，三哥请上软人抬，五哥请坐龙虎案，其他弟兄两边排，辕门该由老幺守，不是嗨哥不准来。……有位者得位，无位者站立叙话！”然后由舵把子宣布入会人姓名及五伦、八德。仪式之后就是入会成为袍哥了。袍哥会内规矩严格，违者轻则“打红棍”、“挂黑牌”、“搁袍哥”（即除名)。重则处死，有“三刀六眼”、挖坑自埋等刑罚，称“传堂”。旧时尧坝场就有被除名的袍哥，他们无声无息的消失了，据说就是受到了处罚。

各堂口之下的“公口”，通常开设在茶馆内。李柱陶老人说，尧坝街上袍哥的办事公口有两处。一处在尧坝原李跃龙公馆的街房茶馆里（现古街92号)，另一处在尧坝南头长湾（油坊处)。执事袍哥每日必去茶馆处理组织内

逢赶场，老朋友凑在一起喝茶。袍哥会各堂的公口设在不同的茶馆内，就是办公处

有关事务，接洽江湖朋友，解决各种纠纷，这称为“把水口”。民国年间，有一次赶场天，尧坝附近堂口的大爷董玉廷在街上喝茶，尧坝的“棒老二”（土匪）汪树清路过，对董大爷甩了几句脏话走了，董大爷不服气找到了尧坝袍哥要求评理。为了不影响各个码头之间的关系，尧坝袍哥们赶紧召集人，在长湾公口传堂，即内部解决问题。尧坝袍哥请董玉廷坐在上座，自己的人恭敬地立在两旁。拜祭过关羽后，袍哥将汪树清喊来站下。董大爷问为什么甩脏话，汪树清看到这个架势，吓得垂着头不敢吭声。尧坝的袍哥们急忙向董大爷赔礼道：管教不严，抱歉，抱歉。但董大爷脸崩得紧紧的，就是不松口。于是尧坝袍哥让汪树清跪在了董大爷前头，一边叩头一边要求董大爷宽恕，董依旧绷着脸不吱声。怕事态闹僵，将来码头上有麻烦。尧坝袍哥干脆对董大爷说，这个汪五爷（汪树清）交给您了，由您随便处置，我们不再插手。听得此话汪树清已吓得浑身如筛糠，他明白小命恐怕难保，瘫在了地上。董

大爷知道这话的意思，绷着的脸才松了下来，说道："看尧坝码头如此仁义，就饶了他这回"，此事才算化解。后来尧坝袍哥到董大爷的码头上办事还很受他们的照顾。

场坝上有了纠纷多是袍哥出面解决。民国二十几年，本地任、周、李三大姓之间曾发生过激烈的纠纷，乡政权调解没有奏效，最后由哥老会的袍哥出面，召集各姓宗祠的族长，乡政府官员，以及街上有威望的绅粮十几个人，在尧坝的第一客栈内厅堂上审理解决问题，经几天的调停才最终化解了矛盾。李柱陶老人说，过去尧坝场上发生比较大的事件，都在第一客栈内审理，其他小事、小摩擦就在街上的茶馆内解决，经调解，哪方输了理哪方付茶钱，为此茶馆内都供有公正仁义象征的"关二爷"。

在尧坝，袍哥的权势比乡政权要大得多。例如每年正月的游神会，农历五月东岳庙的庙会等都是由哥老会和各行业会共同承办。逢年过节或赶庙会，袍哥在街上设公开的赌场，贴摊从中抽头，以作本公口的开支。赌桌集中设在大窝凼和东岳庙的戏台下，零散的遍及整条街，到处可见围观押注的人群，吆五喝六之声起伏不绝。

袍哥组织是下层民众的代言人及庇护所，故得到广大底层民众的拥护和支持。19世纪末20世纪初，孙中山等革命党人为了反清革命，在中国南方民间广泛蓄积会党的潜在力量，积极在会党中发展同盟会员。1907年，四川重庆、泸州、叙府(宜宾)、嘉州(乐山)、川西一带的袍哥首领纷纷加入同盟会。1906－1910年，经同盟会组织，以袍哥为主要力量，先后在江油、泸州、江安、广安、嘉定等地发动武装起义。尧坝乡的梁自铭，新殿乡的任大容，[①]由于他们为袍哥身份，得到地方一些绅粮、百姓们的支持和帮助。为配合孙中山的武昌起义，辛亥年（1911年）九月，任大容在合江领导了以袍哥为主要力量的同志军起义，攻占了合江城。后上鼓楼山发展革命力量，最多时曾有一两千人。尧坝乡的梁自铭1929年加入中国共产党，1933年任合江特支书记，利用袍哥身份在川南黔北开展地下活动，主要成员也都是袍哥。

袍哥组织成员混杂，良莠不齐，甚至仗势欺压百姓，危害乡里。尧坝的

---

① 任大容又名任若臣，清末留学日本，光绪三十四年（1908）返乡后任合江官立小学堂监督。后与王锐（曾用名颛书）等一起加入了同盟会。

王正伦就是这样一个袍哥，他在家排行最小，称霸一方，人送绰号“幺千岁”。凭借有钱有势，在街上欺老凌弱，奸淫人妇，搜刮抢掠，无恶不作。

1947年一个赶场天，王正伦见到从二里来的一个女子眉清目秀，便生了邪念，上前调戏。一起赶场的人见到此景，上前劝阻。幺千岁却拔出了手枪对着人们吼道：“谁敢管幺老爷，就把他一起干了”。结果这个女子在众目睽睽之下被王正伦拖出场坝奸污了。王正伦有300多亩田土，给他种地的佃户有十几家，其中八九户人家的女儿或媳妇都遭受过王正伦的奸污，佃户们一旦反抗，轻者将佃租的土地收回来，住家被赶走，重者遭杀身之祸。为了生存，佃户们只好强忍着将泪水流到肚里。

王正伦十分凶狠，他与土匪“棒老二”勾结，不但在尧坝街上强抢，还到附近农舍，场镇多次蓄谋抢劫、杀人。一次在华商坝抢劫农户，抢掠之后，王正伦杀了农户全家，还放火烧毁了房屋。1950年，幺千岁因民愤极大被执行枪决。

还有一些袍哥有着多重身份，他们与官方、土匪及其他帮会相互勾结，凭借政治、社会双重势力在乡里称王称霸，贩毒、走私、开赌场、欺凌善良，借仁义之名行地方恶势力之实。民国时期，乡政权由于有了军事武装，强大起来，开始实行独立的捐税，如：团防费、保甲费等，用这些钱购买枪支、土炮。另设有公堂，可实施逮捕、关押、审讯、惩处甚至枪决，这无疑为那些恶势力打开了方便之门。“小沙口”在尧坝西南10里地，篓子山在尧坝东10里地，这两个地方不大，都有些小店，袍哥与乡政府的保丁勾结起来，派探子到小店佯装“要钱”，待时机成熟，手势一挥，暗号一出，埋伏在外面的人便入店抢劫，而乡政府的保丁还佯装出来抓罪犯做掩护，长久如此，这些偏僻小店只好停业。①

上个世纪30年代，王蜀藩在尧坝作团总时，有多重身份，既是国民党党员，又是袍哥舵把子，福民社的大爷。1937年，王蜀藩曾以各种借口，杀了三个与自己有怨的人，一个叫肖登荣，杀死在深湾头，一个叫彭掌伙，另一个是税叔成。由于王蜀藩有多重保护伞，无人奈何得了他，只能任其作恶。

任体先自身是袍哥，兼三青团区队长。又是青帮及福民社舵把子。在尧

① 李柱陶老先生提供。

从鼓楼山看望到利合场

坝当乡长期间，私设公堂，自制刑具，不少进步人士被迫害，平民百姓受其欺辱更是家常便饭。1949年任体先拉杆子上鼓楼山当了土匪。

二、历经匪患与鼓楼山剿匪

说起尧坝的历史总也离不开土匪的话题，俗话说："穷山恶水出刁民"，这刁民通常指的就是土匪，当地称土匪为"棒客"、"老二"、"棒老二"、"刀刀客"等。

鼓楼山上景色秀美

尧坝四周都是深丘陵地形，向西1.5公里是鼓楼山，这里山高林密，沟谷纵横，岩洞繁多，历来是土匪啸聚的窝点。据说最迟在明洪武年间，鼓楼山上就已聚集过大量的土匪，他们对尧坝及附近地区长期滋扰。明末李自成、张献忠等入川后，也曾在鼓楼山屯兵驻扎。清嘉庆年（1808－1809年）间，尧坝的新科武举李跃龙奉命剿匪，屡立功绩。嘉庆十五年（1810年）李跃龙中庚午科武进士，皇帝为嘉奖李跃龙在清嘉庆年间剿匪的功绩，特恩准他在家乡建立进士牌坊，至今这座石牌坊还完好地矗立在尧坝街南端街口。

居住在鼓楼山上的一些老人们，当年参加过剿匪战斗。他们说：那是场惊心动魄的战斗，永远也不会忘记

清咸丰年间（1851 － 1861年），为永久消除匪患，泸州廪生许朝仪等人倡议在鼓楼山建堡砦，以便官方管理掌控，于是在大小鼓楼山狭窄的通道上建起双锁关、天保关和大生关等三关。关隘用石砌，坚固非常，雄伟又壮观，具有一夫当关，万夫莫开的气势。同时又在山上建起五寨，即长治寨、久安寨、永兴寨、圆吉寨、天星寨，希求永保平安，诸山寨统称“昌平寨”。各寨门上还刻有对联，如久安寨的大门联写道：“久大与山齐，石笋根深长镇地；安全将武堰，鼓楼声静不闻刁。”横额“永安门”三个大字。清同治二年（1863年），太平天国石达开部队入川，战火连连，烧杀抢掠，尧坝附近的百姓惶恐不安，纷纷上了鼓楼山，据说那一时期，鼓楼山曾躲藏了数万百姓。太平天国灭亡后百姓纷纷下山，而王石君占山为匪，骚扰地方，鼓楼山再次成了土匪窝。

辛亥革命以后，军阀各路兵马为争夺地盘混战一团，整个四川处于兵乱之中，被击溃了的军阀士兵，带着枪弹武器，与地痞和无业游民纠结在一起落草为寇，他们四处打家劫舍，杀人越货。一些土匪时而接受招安，编籍成军，时而又复成土匪，以致四川通往各省的商路大都受到严重威胁。例如：四川土匪最猖獗时，西康省的省长刘文辉在康定主持禁烟，却利用手中有军队及权力执法犯法，做起了鸦片生意。去雅安贩运鸦片时专门派军队往来押送，但拦路剪径的土匪很多，运送队经常遭遇抢劫。后来禁烟局的局长竟然在路上被土匪绑了票，花了一大笔赎金才脱了身。万般无奈之下，刘文辉只好把这些土匪都招了安，全数编入了自己的军队，土匪头儿做了警卫团团长，来往的商队这才能顺利地到达雅安。刘文辉作为地方军阀、高级政府官员，手中又有军队，拿土匪没办法，使土匪有恃无恐，更加猖狂。

合江与贵州一带的边境山区，官匪勾结。据合江民国年《南四区团练忠烈碑记》[①]（南四区即：甘雨、佛宝、元兴和永兴）载：“民国以来，吾蜀兵祸日烈，吏治隳坏，莠民相率为匪，而各军又借招抚张势力，朝据萑苻，暮拥旌节，比比皆是”。民国7年（1918年），靖国军朱德旅长曾率部队打到鼓楼山，实行“歼首要，赦助从，缴械投降免死，仍给枪械”的政策。合江县的匪患始终得不到真正的扼制。元兴镇“居民约八十家，商业细微，民国十

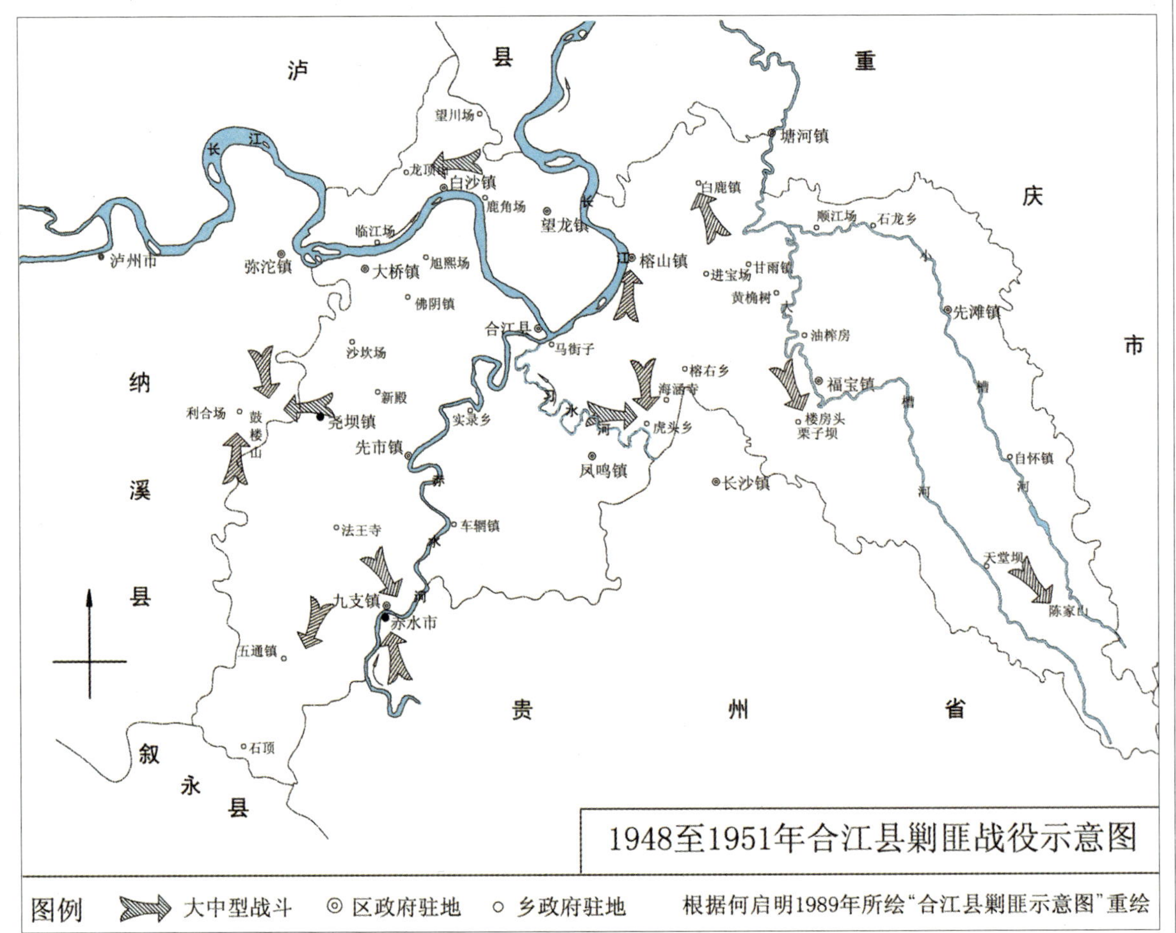

1948—1952年合江县剿匪战役示意图

① 转引自《合江县文史资料选辑》第三辑《民国时期合江的匪祸》许官治整理 1984年12月。

民国7年（1918年），任靖国军的三支队朱德旅长曾率部队到鼓楼山剿匪

三年（1924年）被匪焚去三分之一”。双河场“旧名磨刀子，仅一小店，民国十一年（1922年）先滩、中江、关口各场均沦为匪区，人乃改场”。其他关口“清康熙中创建，民国十四年（1925年）春被匪一炬，仅存古庙四座”。当时匪患更严重的是尧坝以东二、三十里的福宝、先滩地区，民间流传着：“兵如梳，匪如篦，团练犹如刀刀剃”的谣谚。“先滩，居民百七十家，为区中最大的场，民国以来迭经匪劫，商务顿减”。①因匪患频繁，百姓纷纷出逃，先滩场上一度仅剩下两位无力行走的老人过活。

为防土匪及过往军队抢劫，清代中叶，尧坝场周、李两姓第一次修整街道时就修建了木栅门防御，乡政府成立了团防队，进行防守和巡场。鼓楼山距尧坝只几里路，尧坝商业的繁荣和商铺中囤货之丰，让土匪垂涎欲滴。但场上人多，有团防队巡场，很难下手，于是土匪零星下山，到散住场外的农户家捉猪牵牛，搜钱抢米。还常常一哨人夜间下山，将绅粮当作“肥猪儿”绑了去，直到拿了赎金，才会放人。如果赎金不足或拖延了时间，土匪就会撕票。十九世纪二十年代，为加强对尧坝场的防御，同时兼顾场坝周边农户的安全，在尧坝场东、西、北的三处制高点上建起三座碉楼。

王宪章本是尧坝场有名的绅粮，要钱有钱，要势有势，他对土匪也畏惧三分，怕被捉“肥猪儿”，平时行事小心谨慎，以免招惹到土匪。一次王宪章在街上茶馆里与李柱陶一起吃茶，惯匪老二周桂廷从街上过，向茶馆里瞟了几眼，正巧眼神对上了王宪章的。王宪章心中紧张，第二天找到李柱陶请他出面，将一百石谷子送给了老二周桂廷。李柱陶当时心里纳闷，但是贪收好处费，就将谷子送到了老二周桂廷家。进门时周正躺在床上瞌睡，听说之后，也十分吃惊，翻身猛然坐起的一霎间，周桂廷又冷静下来，若无其事的将谷子收下了。后来街上的人开玩笑说“塞住了金屁眼，免得被人拉了‘肥猪儿’”。后来王宪章见尧坝建起碉楼，也在自家住宅四周建起碉楼，筑起防御性的墙

① 民国十三年《合江县志》。

垛，组织起私家卫队“门户丁”，装备了枪支。一些商人、绅粮也纷纷效仿。

鼓楼山上土匪人数多，日常开销与吃喝只靠零散打劫很难维持。尤其是1940年代，鼓楼山上的土匪有几千人，要不断购买枪支、弹药，进行训练，开销很大。于是他们瞄准了尧坝、先市[①]、利合等地物资丰富的场集，趁赶场时抢场。尧坝老人说，抢场之前，土匪们都有周密细致的计划和具体分工，有负责探风的，实地指挥的，乘乱行抢的，掩护后撤的。他们混在赶场的百姓中，拿着扁担，背着箩筐，一旦时机成熟，负责指挥的土匪就会故意扯着嗓子大喊：“老二来了，老二来了”。街上顿时会一片骚乱，混在人群中的土匪听到，便趁乱抢劫摊位，凡一切生活所需和值钱的东西，能抢到的统统一抢为快，一担担地挑上鼓楼山。有时还借抢场的机会抓几个壮丁替他们挑担。如果哪个土匪没有完成预计该抢的东西，或失手出了问题，回到山上会受到严厉的体罚，所以一旦抢场，土匪们极其凶狠。1950年四月上旬，国民党72军最后的残余部队约千人，逃向鼓楼山与土匪汇合。土匪人数增加，抢劫场镇的事件更加频繁。尧坝场及周边大小场镇的商家纷纷歇业打烊，一段时间内连集市贸易都停了。偶有街上的店铺卖些日用百货，也不敢在铺子内多放货物，只要够卖上半天、一天的就行了。大宗货物都囤在商人乡下的家里，家里有家丁护卫安全得多。

1949年11月至1950年上半年，刘伯承、邓小平率大军，一举解放了云、贵、川、康（除西藏外），国民党势力在总崩溃的形势下，部分残余便与土匪勾结在地势险要、易守难攻的鼓楼山。

鼓楼山，地处泸、纳、合交界之地，为乌蒙山系，云贵高原分脉，山总长5公里，宽处2公里，窄处100多米，沿山走一圈约为20公里。鼓楼山分为大、小鼓楼山，小的在西，大的在东，两山相连仅有一条路可通，易守难攻。鼓楼山上工事经过从清代到民国时期的不断经营，防御性更强。民间有话：“鼓楼山，宽又宽，五道寨子三道关，一条大道走中间，铁匠打了万斤铁，石匠凿断几匹山，都为鼓楼长治与久安”，但鼓楼山却偏偏久不安宁。

1949年，国民党西南长官公署少将高参罗国熙，出任第七行政区督察专

---

① 先市为当时合江县的水码头之一，大量的粮食运到先市，再进行转运，是重要的粮食集散地，直到1970年前。

鼓楼山西侧的永安门

永安门内侧，原有的碉堡及城墙，现已毁坏

员、保安司令兼军统泸县组组长。同年7月，罗国熙召开专署行政会议，令各县充实地方武力(土匪)，“上山打游击”，并亲自选定泸州、合江交界的大理村、鼓楼山为根据地负隅顽抗。1950年正月十七日，合江驻地的解放军刚到尧坝场，就遇到了大批土匪的攻击，解放军寡不敌众只好分两路撤离。第二天土匪又抢了尧坝乡公所，故意给解放军点颜色看看，气焰十分嚣张。尧坝的乡长任体先很早就与鼓楼山土匪勾结，准备在尧坝场建起自己的武装，担任土匪副纵队长，并组织人力将重要的物资向鼓楼山转移，在原五寨的基础上加强工事，修理寨墙，储备粮弹，在各重要关口设置火炮和防守，鼓楼山

鼓楼山永安门建在山口处，地形险峻，坡陡较大，易守难攻

成了一座坚实的土匪堡垒。尧坝场正西2公里有大鼓楼山的第一处制高点，从这里俯瞰，尧坝场及上山的小路都十分清晰，土匪就将火炮架在这里，只要有人上来就可开抢或开炮攻击。其他的关口也同样设有炮台。第一道关口炮台往上，还有道道关卡直到寨门。鼓楼山东寨门每道都用一尺六寸厚，五尺长的石条垒砌而成，坚固无比。各寨墙筑有小碉堡，有枪眼和了望孔。土匪都按编制驻扎，分工明确。山上有专门的更道寨寨相通，将鼓楼山环绕一周，山上分班全天巡逻，有情况敲锣示警。

上了年纪的人只要空下来就到茶馆里坐下，泡上一杯茶，吸上几袋烟，与老哥们摆上一阵龙门阵

为确保国家征粮征税任务，扫清匪患，1950年5月19日，解放军144团抵达大旺，142团抵达尧坝，5月23日对鼓楼山的进攻正式开始。解放军正规军2000多人，地方联防队500多人，兵分两路，一路从尧坝方向进攻长治门，一路从利合场方向进攻久安门。一部分佯攻小鼓楼山，同时负责切断大鼓楼山土匪后路。经过几天的连续战斗，解放军炸毁了长治门，直捣匪巢黄泥塝，攻破久安门及小白门，打到土匪指挥中心土皇城。大批叛匪头目缴械投降，欧阳麟、任体先等匪首被活捉，鼓楼山剿灭战役取得了全面胜利。尧坝几百年历史的匪患终于彻底剪除，鼓楼山真正得到了长治与久安。

三、鸦片烟毒

旧时，人们把“袍哥”、“土匪”、“烟土”合称为尧坝的“三

毒”。

据民国十四年（1925年）《合江县志》载：“鸦片者，来自印度，流毒数十年，久服成癖便成废人。当清之世，阛阓则烟馆林立，郊野则罂粟满山。清末严法厉禁，几于殄灭，迩来抽捐给饷，寓禁于征，而吸之者复多矣。”

李柱陶老先生（2006年10月去世）。平时闲暇时，人们喜欢在茶馆中玩纸牌，至今人们打牌都多少要挂上点，不过钱数不大

据冼波编著的《烟毒的历史》载：“从1918年到1935年的十七个年头，是四川军阀割据时期，前前后后，打了大小四百多次的内战。各个防区主要财源，就靠鸦片收入，在种、运、售、吸的过程中，各种烟税名目之多，世所罕见，有记载的如‘烟亩税’、‘烟苗金’、‘烟苗罚金’、‘营业税’、‘起运税’、‘过境税’、‘印花税’、‘牌照税’、‘红灯捐’、‘瘾民月捐’以及数不清的附加税，各防区各自为政，花样百出，举一个很奇特的税名，有一些防区内，农民认为负担过重，便拒不种烟，仍种粮食，结果责令缴纳‘懒捐’，懒捐的税率，比粮税高三倍至五倍，还有一些县份规定更妙：凡是种过鸦片的土地，如改种粮食，一年便要上七年的粮税。”

1940年前后，四川省民政厅长胡次威目睹当时烟毒泛滥的混乱局面，深感内疚，他在一封私函中非常真实地写道[①]：“……本省一百三十七县市，非必处处有匪，然可断定几于无处无烟，且烟祸之烈，远在匪患之上，彼百万烟民，永堕黑籍无论矣，……数十年后，无可用之兵，无可筹之饷，且将坐令民穷财尽，国亡种灭而后已，抚往思来，能无痛哭。”

这种大环境下，吸食鸦片的人数猛增，紧邻尧坝的先市镇，1947年时就有烟馆36家，当时赵云波开的烟馆称为“先市鸦片市场”。尧坝也不示弱，场上由烟帮挂牌经营的正式烟馆就有十几家：周体先赌馆（现尧坝街152号）、

① 冼波编著《烟毒的历史》中国文史出版社2005年5月出版。

曾子宽赌馆（现尧坝街188号）均兼烟馆，张八道士烟馆在场口老榕树下（现尧坝街259号），是个简易的草房，也就能容下四五个吃烟，任贞贤烟馆（现尧坝街199号）、伍汉江烟馆（现尧坝街184号）、现福明茶社（现尧坝街112号），观音嘴巷子口烟馆最集中，有李子元烟馆（现尧坝街44号）、喻海清烟馆（现尧坝街32号）、李柱陶烟馆（观音嘴南头）、李文显烟馆（现尧坝街9及11号地下）等。还有一些以其他行业兼营大烟生意的，如客栈、饭馆、酒馆、茶馆、药店、山货店等，临街铺面房前店做生意，后面屋头内就设烟具、床榻，供客人吸烟。人们形容："十室之邑，必有烟馆"；"三人行必有瘾者"，是当时烟毒泛滥的真实写照。

由于吸鸦片，尧坝场一些原本富足商户的子弟们毁了身体，吸光了家资，卖光了田产。王采帆曾是尧坝场上经营有道的商人，家产曾排在尧坝商人的前几位。1940年前后，王采帆的儿子，因吃鸦片上瘾，结果卖了房又卖地。王采帆孙子王志安说：王采帆的长孙女是我的堂姐，1945年与何朗斋的三儿子成亲，王家竟然拿不出钱制办陪嫁，搜来找去，看到仓里还留有十六石谷子，情急之下就拿它做了堂姐的陪嫁。王志安说到此处，摇着头长叹一声道："真惨哪！自那十六石谷子作了堂姐的陪嫁之后，王家一无所有，彻底衰败了"。

老人们说，过去吸大烟，不讲究的也就用这普通的烟袋。大烟都做成绿豆大小的丸子放到烟锅子里面，一两口就吸完一颗

李跃龙在尧坝场大名鼎鼎，他曾和周其斌一起修建尧坝街南北两段，分别被人称为周半场、李半场。李跃龙的后代，到了李元明一代家族仍十分兴旺，每年有上百担的租谷收入。于是李姓在尧坝东南叫长湾的地方，建起一座五开间的分房祠，并在里面办起了学

塾，家族发展蒸蒸日上。但到了李元明的儿子李子（音）卑管理祠堂时，李子卑吸上了鸦片，为酬钱，他辞退了宗族的塾师，停办了学堂，很快又私自卖掉了祠堂一半的屋瓦及部分木料，最后竟将李氏祠堂的产权卖给了王姓。

长湾李氏宗祠屋脊脊饰十分精致，后祠产转卖后，祠堂正脊雕饰部分遭到破坏

卖祠堂就等于卖掉了祖宗，李氏族人知道后，大骂李子卑是“作孽”的不肖子孙。李子卑在一片谴责声中，被逐出祠堂。民国二十一年（1932）李家编修家谱时，告诫李氏子弟不得吸食鸦片，“……鸦片吸吃切莫学他（李子卑）”。王家买了李氏宗祠后，将拆了一半的祠堂重新铺上了瓦，做了油坊，但没有

长湾的这栋房原为李氏宗祠，因后代子孙吸食大烟将祠堂卖给了他姓

重修拆毁的屋脊，至今祠堂依旧只有半边雕了花的正脊，做为这段历史的一个实证。而李氏家族的大宗祠，建在观音嘴附近，二十世纪四十年代，也因整个家族衰败，祠产耗尽，无力修缮而破败倒塌。

尧坝因吸食鸦片败家的很多，那些本身就贫困的人家，有的为吸上一口，甚至不惜卖掉妻子儿女，或干起为匪为盗的营生，尧坝街上的老人至今说起这些，都会捶胸顿足地喊“害死人、害死人”。

第三章
周围环境与场镇结构

第一节　浅丘环绕的尧坝场

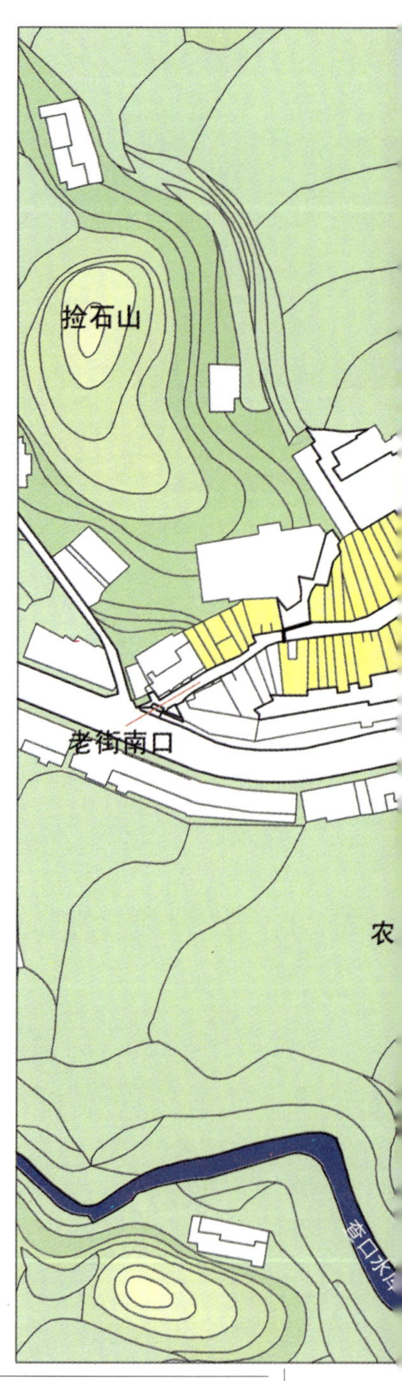

合江县处于四川盆地的南缘，大娄山脉的北麓，整个地势由西北向东南逐渐升高，长江在合江县的北侧，从西向东流，中间有赤水河、大小漕河从南向北相继汇入长江，把合江县地域切割成了山地、高丘山谷及低丘山谷等多种丰富的地貌。①

1.粮食基地

尧坝位于合江县西部山地与丘谷过渡地带的小盆地中。它东面是高山深谷的边缘，西面及西南蜿蜒而来依次是龙挂山、凤凰山、方基石山、仙顶山、鼓楼山、铜罐山等，海拔在400至700米，山峦起伏，树林茂密，构成山地与深丘交错的地貌。中部以浅丘为主的小盆地，地形十分开阔，九龙聚宝山位居中部的最高点，尧坝场则在九龙聚宝山西坡脚下，沿川黔古道向南北方向延伸，一座座低矮的浅丘环绕在平坝四周，丘顶多为薪炭林和针叶、阔叶混交林。由于浅丘盆地气候温湿，常年云雾笼罩，土层深厚而肥沃，盛产稻米、红苕（红苕在山区可作为半年粮）、大豆、玉米及高粱，清代中叶尧坝已是合江县

① 尧坝山多，小丘多，民间关于山的民谣也很多，见附录一："尧坝的山"。

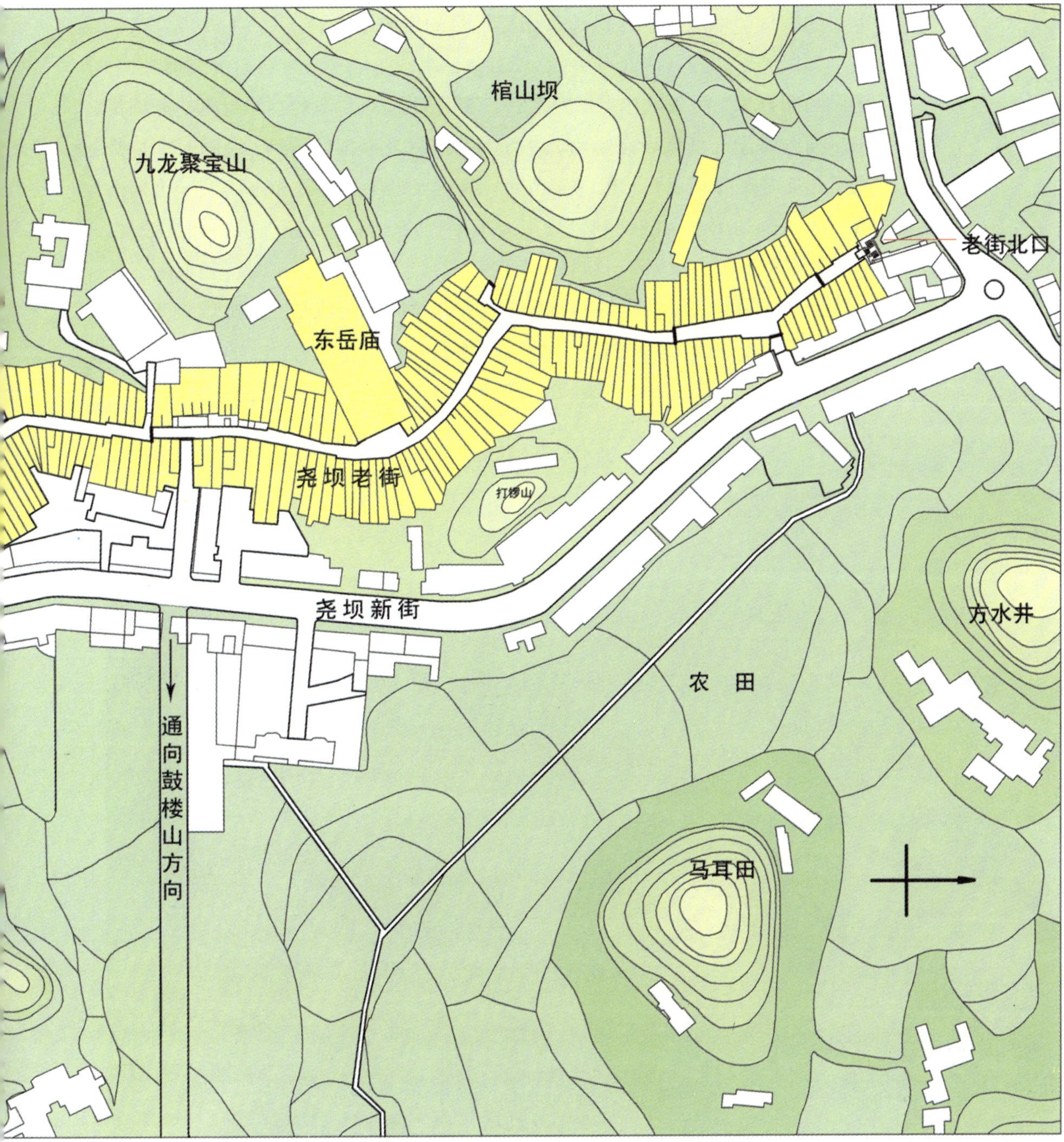

棺山坝
九龙聚宝山
老街北口
东岳庙
尧坝老街
打锣山
尧坝新街
方水井
农 田
通向鼓楼山方向
马耳田

尧坝街及周围环境图

重要的粮食产地之一，是供给贵州赤水县的后方粮食仓。

据民国十四年（1925年）《合江县志》载：尧坝“当泸县赤水交通孔道，居民约四百家，商务以米、豆为大宗，多运销赤水。”清代后半叶起，尧坝街东岳庙内每逢赶场就设有米市，进行大宗粮食及零担的购销，民国时期最为兴盛。那时距尧坝仅6公里的先市场，有居民近千家，是赤水河上一个繁荣的水码头。利用水运的便利，先市人每年秋收，都要到尧坝采购大量粮食，雇佣挑工挑到先市装船，一部分运到贵州，一部分运到合江城。尧坝南三公里为张店子村，住着姓张的四、五户人家，1949年前就是专门靠做担工，挑米、油、盐巴及烧酒到先市、利合等地挣脚力钱维持生计的。直到1956年，秋收之后，尧坝人依旧要挑担送公粮到先市的粮库，当年送过公粮的老人们说，尧坝挑运粮食的队伍清晨出发，挑夫们担着沉重的担子，在田埂上排起

尧坝的山丘间有肥沃的农田，成为合江县重要的粮食产地之一

春耕图

春天到了，农人们开始犁地耕种，山间秀美的景色让人陶醉，恍如进入了桃花源

很长的队伍，景象十分壮观。

出售粮食之外，当年将多余的粮食就用来酿制成黄酒、高粱酒，尧坝街上李姓就曾有三座酒坊，俗称大槽坊的就是现在尧坝144号，及二槽坊、三槽坊，方圆几十里都很有名气。当地高粱不够时，偶尔还要从东北买一些回来，用船运到泸州，再雇佣担工挑到尧坝。尧坝的大小糟房的酒主要卖给街上开店的和附近农民，另外一部分卖到贵州，由背夫从泸州返程时背回赤水一小部分，还有就是担工将酒挑到先市，然后装船直接运往贵州赤水。

2.喻嘴河与“青山帮”

民国十四年（1925年）《合江县志》载：“合江之山，西南两乡较高，东

充裕的粮食部分用来酿酒。尧坝主要酿制黄酒和高粱酒，一部分零售，另一部分运销到贵州赤水

尧坝山脚下有一块小平坝，是旱涝保收的良田

北次之，均土多石少，适于农产暨林木。”鼓楼山地处纳溪区东部边缘的龙车镇和合江县尧坝镇境内，占地面积40平方公里，海拔780米，距泸州城区25公里，距纳溪城区24公里，山上森林覆盖面积78%。鼓楼山周围的小丘地区，及喻嘴河的野兰桥至渔箭滩一带，也有大量的古木，山青水秀。民国以前，尧坝场周围六七十厘米粗的樟树、黄桷树很多，加之有茂密的竹林，场坝被包裹在林木之中。为了证实这件事的真实性，街上老人还讲了一件他经历的事：民国初年，一位外乡商人从利合场翻鼓楼山下到尧坝场来，过了喻嘴河离场坝仅剩200百米的一段路，商人就打听尧坝怎么走，田里干活的农人随手一指说：“前面就是”。可没走几步，商人看着密密的竹林和大树犹豫起来，又向从树林里过来的路人打听，路人告诉他穿过林子就到尧坝场了，商人这才放心大胆的走进去。老人说：“这个农人就是我”。后来那商人再来尧坝时，竟做起了木材生意，据说就是那次穿树林，发现了尧坝丰富的竹木资源，才下决心做起来的。到二十世纪五十年代初，尧坝周围还是林木茂密，几人合

鼓楼山是尧坝一带重要的林木资源地。近几十年，由于过度砍伐，造成部分山体裸露

抱粗的大树很多。尧坝周围生态环境第一次大规模的破坏是1958年，那时修成渝铁路需要大量的木料做枕木，便看重了鼓楼上及尧坝一带的树木资源，便无计划，无休止地砍伐，几年下来大片丘陵、山冈都剃了光头。接着是农业学大寨，以粮为纲时期，有树的冈坡、小丘统统改造成梯田，所剩的零星树木也都彻底砍伐殆尽了。

尧坝街内原有十几棵大树，这棵被称为"娘亲树"有三、四百年的树龄

老人们说，当年尧坝场上的建筑，大户人家的住宅，如进士李跃龙的城墙上住宅，同知周其斌的住宅都是靠伐附近的大树所建，最典型的是建“尧坝第一栈”，用了上百棵合抱大树。就是尧坝场内，原街道上的古树也不少，民国年流传下来的诗歌里唱道：“尧坝北边新房子，杨柳烟浓、楼台帘卷”，描绘了当年真实的环境。至今尧坝街上仍有枝繁叶茂高约10余丈，四五人才能合围的黄桷树，树冠铺开遮出一大片阴凉，可以想见过去夏季里街道上清幽的环境。

合江木材业是仅次于食盐运销的第二大行业。清同治五年（1866）锁口乡的“越石飞霞”石碑载：“尧坝、九支地方山多田少，全赖竹木杉林活生。”“在民国二十二年前的军阀割据时期，盘踞在合江县的驻军，每次索要军饷，均由商会按各行业经营情况的大小比例分摊，食盐运销与木材两业每次均担负总派额的百分之五十，木材业负担数占其中的五分之二。直至合江解放，举凡临时捐献或赞助公

丰富的竹子资源，竹编成为尧坝重要的家庭手工业

幽静的竹林。竹子可用作建筑材料，还可制成农具，编作成各种生活用品

益事业，无不以此为标准。”[①]合江县木材的重要产地之一是尧坝，它的山产向南10公里到锁口，向东5公里到新殿，西到鼓楼山，北到与分水县交界处。这里经营木材生意的人多，有本县人，亦有重庆的渝帮和黔北赤水、习水、仁怀各县的人。清代末年，合江有了“木帮”会，民国十九年（1930年）改称“同业公会”，经营木材者，人们习惯称“木帮”或“做木帮生意的”，以采伐为主的呼为“青山帮”。

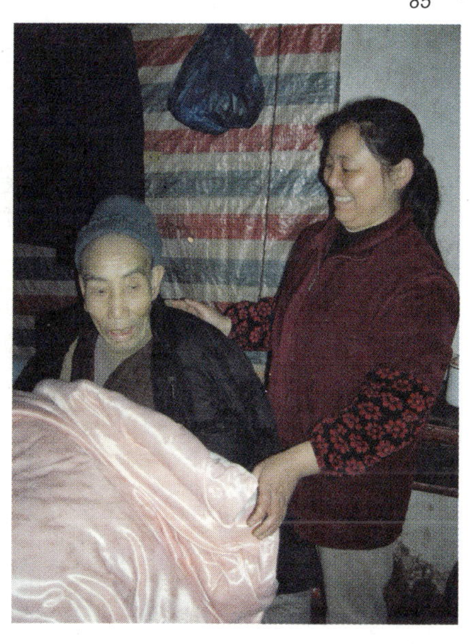

88岁的罗老先生在先市做了一辈子的纤夫，他告诉我，先市码头一直很热闹繁忙，尤其是抗日战争时期，木船运输较多。尧坝在先市有不少做排工的人

川南河流众多，合江县凭江河之利发展兴盛，而尧坝所在的平坝丘陵区，却缺少大江大河之利，只有一条不算大的喻嘴河。喻嘴河发源于西北的铜罐山，是汇入赤水河的重要支流，由于流经山谷地带，落差大，虽不能行船走排，却为尧坝人进行木材生意，办“青山”提供了极大的便利。

什么叫“办青山”呢？旧时尧坝人做木材生意，先要带买主看山，即“指山买树”。到山上看林木的材质、树木的疏密、成材率，有时要反复看几片林子才能定下来。然后买卖双方议定价格和承运时间，进行砍伐，这就是“办青山”。当买卖双方签下议定后，卖方的商人大多要亲自入山挑材砍伐，有些则雇人采伐。由于山场位置距喻嘴河远近不一，通常就近找人伐木，再将砍下的杂木、杉木、竹子等，一根根搬至可漂运的河段。有时山路难行，路程远，木料多，一天无法搬运到河边，须分段运输。青山老板会在每段设“号房”，派人点收木料，当场发付一段的人力搬运费。由于喻嘴河道弯多，只能趁夏秋季涨水时，把大量竹木料沿河散漂至先市。先市是赤水河上重要的码头，素为川黔水运要川，壮观的水码头三十多级石阶通到水面。王必成老人，生于1919年9月，他生在先市，长在先市，一辈子做纤夫，漂过木排，押过船。他说，散件竹木漂到先市，再扎成小排，由排工运至合江县，最远可漂到重庆等地。

有时按货主的要求，将木料解成各种规格的木板、木枋。尧坝的大木商宋明山，就是专门做船板的木材商，他买了树，按照船板长度、厚度开成板

① 《合江县文史资料选辑》第八辑1989年《合江县‘木帮’述略》何俊涛、石仲言撰文。

竹子多，家家编竹器，人人是巧匠

子，扎成小排，随水漂运到所需码头交货。木料漂运，沿河要有专人看护木料，一是防止木料的丢失，二是防止木料卡在河道内影响下漂，一旦有木料被卡住，看护人会用竹篙及时处理，防止阻塞河道。

做排工十分辛苦，而且风险大，但比起种田来挣钱多，且不需要本钱。据王必成老人回忆：抗日战争以前，从合江至重庆走排，每运100丈的寸板，山桷一万，在重庆朝天门码头卸货，按105大洋计收运费。一趟船一般十几天打一转来回，船上通常六、七个人，每人平均一趟能得十几元钱，而做一个店铺大活计或绅粮的长工，一年有的还拿不到漂运一次的篙力钱。

由于夏季竹木漂运集中，喻嘴河的河道内，常有木筏撞毁桥梁之事，光绪二十四年（1898年）尧坝锁口乡团、保甲长和地主们，还专门在路边立起一块石碑：“……客商人等采买‘支’（尧坝支）内竹木，尤须雇人肩运，更不准图便取巧，在溪内扎筏，乘值溪水泛涨，任意冲放出外，至令撞毁桥墩。

竹子编成的各种器物用具，一些在街上销售，一些运到泸州、重庆等地

倘敢不尊，许该地主协同团保指名具禀，以凭唤案究案。”民国以后，喻嘴河上兴修水利，多处建起小水坝，木料不易再漂运，就改用人力，将一根根解成段的木料由扛运工扛至先市，卖给木商，由他们再统一漂运。扛运工有雇佣本地的，也有先市人，尧坝照坝村70多岁的枉云霄老人说，他们家族里就有人做过木材扛运，当地人扛运是按木料的重量付钱，扛一次结一次。由于扛运非常辛苦，打零工的特别多，只要能找到比它轻松一点的活计，就绝不会再干了。尧坝附近的三白朝村，有个姓王的，眼圈黑，大家叫他王黑眼膛，在尧坝专门做木材搬运工，力气非常大，肩上架个马架子，上面可扛两根到四根木料，足有五六百斤重。后来王黑眼膛一家子都搬到了尧坝新街子住，没有技能，不会做生意，全家都做起扛运的活来。枉云霄说，尧坝的回龙街口也曾有一家人专门做扛运活计的，可惜叫什么忘记了。河流不便漂运整株竹木，木料靠人力搬运，竹子则编成箩筐、竹篾席，或制成各种器物、家具，运销到湖北、重庆等地，比起漂运原竹利润大得多。

旧时尧坝周边乡村里常有存放木料的堆栈，即木料集中存放地。现在这些堆栈不仅存放木料，还进行加工，将原木截成段或开成板子、枋子晾干，然后出售。

1949年以前，木材业是大行业，合江县城南关口沿长江、赤水河边两岸有木材交易市场，是堆贮木材的集中地，称为“堆栈”。在这里经营堆栈的户主，最多时达二十余家，沿河做堆栈用的租地达数里之遥，堆的木材高达七八米。每天上午江边酒肆茶楼，座客爆满，人

尧坝通向“识字”乡方向的路边到处可见晾晒的木料

声鼎沸，大都是进行木材交易的人。

清末民初年间，尧坝场上做木材生意较大的曾有六、七家，也有人说十几家。其中王宪章、王蜀藩、任全炳、王毅夫四家生意较大，把持了整个尧坝的木业。做得最大的一家是王宪章，是尧坝的“青山帮主”。初始他与其他人一起在贵州经营木材生意，将木料、毛竹等从贵州沿赤水河押运到合江，到宜宾，到重庆、湖北等地。几年下来发了笔财，便与族弟王采帆等一起经营尧坝及贵州赤水、怀仁等地的木材生意。王宪章读过一些书，有文化，头脑十分清晰，发财之后他并没有回家坐享清福，也没有大手大脚花天酒地或抽起鸦片，而是办起家塾，教子孙们学文化，同时利用现有资产进行扩大再生产，1940至1943年间，他在綦江县开了一家铁厂，1950年后铁厂改为重庆钢铁厂。1943年他还在泸州开了一家铁锅厂，由儿子王克文经营，同期捐资修建泸州的大河街。抗日战争期间王宪章捐款支持抗战。他的生意蒸蒸日上，王氏家族也因此兴旺起来。尧坝的李天佑老先生说，解放初期搞土地改革，1950年冬，王宪章作为尧坝街上头号工商业兼地主被枪决[①]，他在綦江和泸州创建的企业也在此时全部被收归国有，当时按旧币估价资产为2亿7千万（旧币一万元折合新币为一元）。1983年政府“落实政策”时平反，王家后人得到了一些补偿款。[②]泸州市、合江县为表彰王家曾经为乡里及合江县做出的贡献，先后颁发各种名目的奖状有六、七张，其中一张上面写着：“无私奉献”。王宪章的儿子和侄子们手捧着奖状，大家抱在了一起放声大哭起来。也许他们哭诉几十年了，案子终于得到了平反；也许他们哭诉父辈一生创业而最终的冤屈；也许哭诉他们自己几十年失去尊严的艰难生活的委屈，也许……，但他们最终什么都没有说。

另一个做木材生意的宋明山是分水人。从清代末到民国初年他一直在尧坝与分水交界处做“青山”，据枉云霄[③]老先生说：抗战之前，一棵直径30厘米左右的树，价格为2担谷子。宋明山作了五、六年船板生意，赚了钱就在尧坝新街子上开了个木器店，专门制作并销售各种木器，如木桶、木盆、饭

① 1950年12月12日，与王宪章一同枪毙的，还有王宪章的长子王培章，小儿子王正伦，执行地点在“新房子”前的小平坝上。

② 给王宪章后人的经济补偿，有人说几十万，也有人说几万元，因没有找到王宪章的后人，无法最后确定。

③ 枉云霄尧坝镇照坝村人，1919年生，年轻时跟父亲在家务农，也做些散工。

鼓楼山水库

甑子、木碗、木勺、木锅盖等。后来吃上了鸦片，欠了一屁股账，搞得家破人亡。

还有一个木商叫刘福兴，祖上从分水迁来定居，开始作些小本纸张生意，金果店，还兼卖水烟，有了一定的资金就开了木店，除了卖木桶之类的木器，还卖棺木的板材及各种修房的枋料、柱材。由于树木砍伐后多暂存在原地，或存在场坝周边的乡下，所以尧坝街上看不到销售原木或板材的店铺，有人需求购买可与木店老板联系，直接到存放木料处看货、提货。

清道光年间，武进士李跃龙与周其斌共同出资修建了尧坝街，据说周家能发这样的财一靠药材，二就靠木材生意。老人们说，民国年间尧坝观音嘴附近就有大大小小的木铺好几家，小木铺仅卖木器，大木铺还兼经营木材生意，尧坝是附近场坝中木器、竹器、木材销售较多的集散市场。

3. 鬼斧神工天地造化

尧坝周边多小丘，自然景观秀丽而丰富。喻嘴河穿行在大小田坝之间，浇灌着大片的农田。春天，在未耕耙之前，田里大多蓄着水，反映着天光，梯田顺山势层层叠叠，舒旷轻灵。浅丘周边的小山不很高，他们映衬在众多小丘的背后，浓浓淡淡地分出许多的层次，造化出各种奇峰异石，也流下许多美好的故事与传说。

喻嘴河落差大，弯转处又常有小溪汇入，将河弯冲刷出许多风景独特的半边山与半边滩。这山与滩的景致只有喻嘴河才有，因此民间流传出关于半边山与半边滩形成的美丽动人的故事。很久以前，有个勤劳善良的小伙子名叫聂郎，他三岁丧父，与母亲相依为命。一天他为财主放牛时，在河边草丛中时拾到一颗珠子带回家。珠子放在米坛里，米坛长满了米，放在钱柜里，

尧坝八景之一，半边滩和半边山

古驿路边是人们传说的仙人脚印

满柜都是钱。于是聂郎用这些钱、粮救济贫苦百姓，还帮助一些欠财主债的人还清了债。财主知道后，想得到这个宝贝，便带着家丁到聂郎家去抢。聂郎见斗不过财主，便将宝珠吞下肚，财主命人剖开聂郎的肚子，聂郎说口渴难耐喝了水再剖，喝下一桶水后，还不解渴，就跑到河边去喝。这时只听一声雷响，聂郎变成一条五彩金龙，顺流而去。聂母立即大声呼唤儿子，每喊一声，金龙便回头一次，每回一次头，河边就形成一个滩，河岸边的山也崩下半边。聂母喊了二十四声“儿”，金龙回头二十四次，喻嘴河有了二十四个望娘滩和二十四个半边山。财主见状吓得掉头往家跑，聂郎将龙尾一甩，山崩地裂，将财主及他的庄园抹成一片平地，成了今天尧坝场可年产1200石谷子的“西大田”，尧坝从此有了适宜产粮的田土。

这二十四个望娘滩，滩滩有水，二十四个半边山，山山有树，构成尧坝的山青水秀。古人以半边山的“木”，望娘滩的“水”，写成一副对联：“杉楠樟桂，松柏梧桐林木树；江湖泊浪，潇湘河海演沉浮”，世代流传至今。后来望娘滩与半边山就成为尧坝著名的八景之一。

在尧坝场南约一公里处，有一片巨石滩，叫城墙滩，滩上有一条溪，蜿蜒流淌，曲折多弯，宛如黄河九曲，人称“九曲黄河”。靠近溪流有两口水井，一口在溪边，一口在大田里，合称“双水井”。百姓们说这双水井是当年道教大师张三丰[①]云游此地时点化而成。以后识字场出了个刘真人[②]，在双水井边踏地成仙，留下了一个巨大的仙人脚印，由于仙人的光顾，井水也沾了

① 张三丰是元明之际道教大师，是一位著名的传奇人物。张三丰生前曾在合江一带修炼，传说活了100多岁，为此合江一带留下很多与张三丰有关的故事和遗迹。

② 刘珍人是合江一带著名的仙人。传说隋代时，刘珍人在合江的安乐山修炼，并在安乐山仙人口羽化登仙。关于刘珍人，民间留下许多美丽神奇的传说。

仙气，涝不溢，旱不枯，水质甘甜清冽。尧坝是个旱场，周边河溪虽多而短，不怕涝就怕旱。据说，明万历 38 年（1610）几个月没有下雨，喻嘴河断流了，露出河床，田坝干得龟裂，周边的水井也都干了，只有双水井依然有水，百姓纷纷到这里担水吃，一直到旱情缓解了为止。老百姓说，清同治三（1864 年）年以及 1936 年大旱时，也是靠这双水井渡过旱灾的。为什么双水井的水不枯不溢，乡民说那是一对龙眼睛。后来“九曲黄河”和“双水井”就成了尧坝八景之一。

另一则石鱼的故事说道：在尧坝南四、五里的溪上，早年河上没有桥，只设些粗石圢步，行人踩着一个个圢石过河。有个将军在这里过河，跨圢步时，不慎一支箭抖落水中，正巧刺中河里的鱼，那鱼立即变成了一块巨石，鱼形，后来就称这个滩口为渔箭滩，也是尧坝一景。

人们将弯弯曲曲的山路形象地称为“龙”。尧坝有九条进场的石板路，被称为“九条龙”

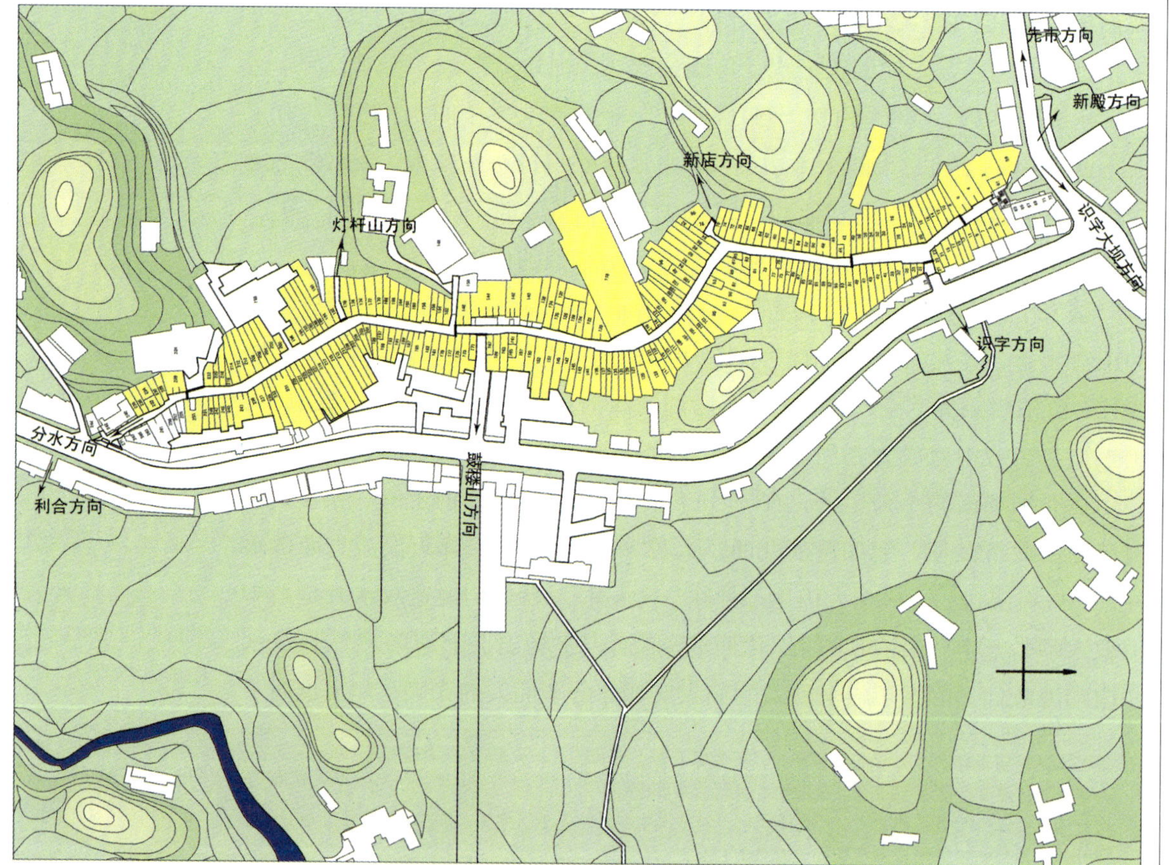

尧坝鼓楼山一带为丹霞地貌，构成于六千万年前到一亿五千万年前之间，它的特点以长石为主，由于硬度较低，历经风化，很多岩石被大自然造化成了奇峰异石，以及千姿百态的“石像生”，如石龙、石虎、石狮、石青蛙、石锣、石鼓、石笋、天生桥等①，每处都有一段有趣的传说。这些“石像生”远望近观都生动传神，乡民说那是仙人张三丰点化而成，它们带着灵性，护佑这里勤劳的人民，造福这片美丽的土地。

鼓楼山为丹霞地貌，岩石特点以长石为主，由于硬度较低，历经风化，很多岩石被大自然造化成了奇峰异石，这是“天生桥”奇景

第二节　尧坝场坝外围环境

1.九条龙即九条石板路

尧坝场周围小丘环绕，九龙聚宝山显得格外高耸，东岳庙建在九龙聚宝山西坡，尧坝街中段，从山下到山上，庙宇殿阁层层，壮观巍峨，成为尧坝场的重要标志。从周围邻近重要地区或场镇到尧坝场，共有九条小路，路不宽，雨季路途泥泞难行。清道光年间，李跃龙与周其斌在共同修建尧坝场时，将尧坝周边的小路都铺上了石板。每逢场日，周围的百姓便挑着担子、背着背篓到尧坝赶场，道路不再难行。

石板路曲曲折折，弯来转去，赶场的人在距尧坝二、三里外就能望见东岳庙，但离场近了反而看不见东岳庙了，就在绕过一座座山陵后，当忽然再看到东岳庙和商业街时，人已经进场了。这使前来赶场或上庙的乡民，对尧坝场产生了一种神圣的感觉。地理师称这九条石板路为“九条龙”，东岳庙所在的山顶就是“龙珠”、“宝山”，尧坝就是因为“九龙聚宝”的好风水而发

① 天生桥是一块长约三十多米的天然岩石，横贯于山谷之中，尧坝八景之一。

达。[1]

九条石板路是尧坝通向外部世界的重要通道，也是吸纳各方面财源的重要通道。向世明老先生[2]介绍，九条石板路条条都重要：由合江县笔架山经罗赏咀、石竹坝、新店山、邓垣子、凉水井、高洞岩、真址、大坪子、向石塔，至尧坝南端进士牌坊进场，为第一条龙。

由合江大桥经黄包山，沙坎、奇龙址、灯杆山、山柏朝、观音坡，至尧坝王祠堂巷子进场，为第二条龙。

由弥沱贯子口经礳子林，凉坝、苏洞子、干鱼圹、孙坝、三层岩、黄荆塆、西周贯、楼峯、棺木函、屋基山、碴口石、新房子，至尧坝场口上进场，

观音嘴进尧坝场的石板路是尧坝九条进场路之一。人们将九条石板路形象地称为"九条龙"

① 见附录二，民谣"尧坝风水"。 ② 向世明先生尧坝人1942年生。

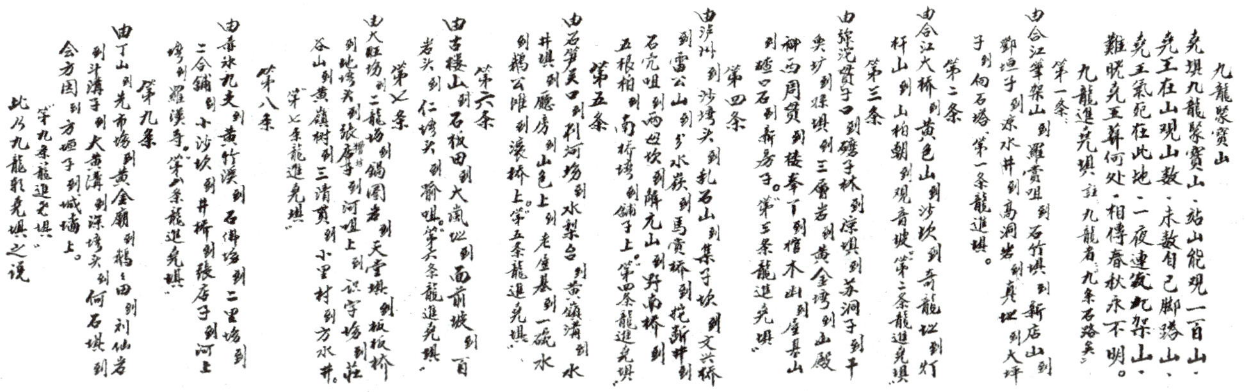

九龍聚寶山

尧坝九龍聚寶山，站山能观一百山，
尧王在山观山数，未数自己脚踏山，
尧王氣死在此地，一夜連盗架山，
難眈尧王葬何处，相傳春秋永不明。
九龍進尧坝，註 九龍者，九条石路矣。

第一条：
由合江筆架山到羅賣咀到石竹坝到新店山到鄧垣子到凉水井到高洞岩到真坳到大坪子到何石塔，第一条龍進坝。

第二条
由合江大桥到黄色山到沙坎到奇龍坳到灯杆山到山柏朝到观音坡，第二条龍進尧坝。

第三条
由弥陀貫子口到磚子林到凉坝到苏洞子到平央圹到鎳坝到三層岩到黄金塆到山殿神西周貫到楼拳丁到棺木凼到屋基山到墟口石到新房子。第三条龍進尧坝。

第四条
由泸州到沙塆头到乱石山到集子坎到文兴桥到雷公山到分水岭到馬賣桥到挖断井到石壳咀到兩母坎到解元山到野南桥到五根柏到南桥塆到舖子上。第四条龍進尧坝。

第五条
由石笋吴口到利河场到水梨台到黄嶺浦到水井坝到廳房到山包上到老屋基到一碗水到鵝公滩到滚桥上。第五条龍進尧坝。

第六条
由古楼山到石板田到大岚坳到面前坡到百岩头到仁塆头到瑜咀。第六条龍進尧坝。

第七条
由大旺场到二龍场到鍋圈岩到天堂坝到板板桥到地塆头到張槽房子到河咀上到识字场到莊谷山到黄嶺樹到三清貫到小里村到方水井。
第七条龍進尧坝。

第八条
由赤水九支到黄竹溪到石佛场到二里场到二合舖到小沙坎到井桥到張店子到河上塆到羅漢寺。第八条龍進尧坝。

第九条
由丁山到先市场到黄金廟到鵝鵝田到刘仙岩到斗溝子到大黄溝到深塆头到何石坝到会方园到方垣子到城墙上。
第九条龍進尧坝。
此乃九龍取尧坝之说

乡民回忆的"九龙进尧坝"的路线

为第三条龙。

由泸州经沙塆头、乱石山、集子坎、文兴桥、雷公山、分水岭、马赏桥、挖断井、石壳咀、两母坎、解元山、野兰桥、五根柏、南桥塆、铺子上，至尧坝场口上进场，为第四条龙。

由石笋吴口经利合场、水梨台、黄岭浦、水井坝、山包上、老屋基、一碗水、鹅公滩、滚桥上，至尧坝场口上进场，为第五条龙。

由鼓楼山经石板田、大岚址、面前坡、百岩头、仁湾头、俞咀，至尧坝回龙街进场，为第六条龙。

由大旺场经二龙场、锅圈岩、天堂坝、板板桥、地塆头、张糟坊、河咀上、识字场、庄谷山、黄岭树、三清观、小里村、方水井，至尧坝观音嘴进场，为第七条龙。

由赤水、九支经黄竹溪、石佛场、二里场、二合铺、小沙坎、井桥、张店子、河上塆、罗汉寺，至尧坝进士牌坊进场，为第八条龙。

由丁山经先市场、黄金庙、鹅鹅田、刘仙岩、斗沟子、大黄沟、深塆头、何石坝、方垣子、桂花园、城墙上，至尧坝进士牌坊进场，为第九条龙。

这九条四通八达的路，途经八十来处村镇，有不少是合江重要的场镇，这无疑为尧坝聚人气、集财富、繁荣商贸起到了重要作用。

2.桥梁与入场建筑

尧坝周围大河不多，小溪却还不少，不论从哪条路进场都会跨越小溪，因此在进场的九条路上，每条路上都会有石桥。风水上认为，路越长龙脉就

喻嘴河边的古驿路

石板路边是老人休息、孩子们玩耍的地方

越远，人丁、财富就越能发，桥不通龙脉也就断了。石桥连接龙脉，人们对石桥看得很重。

为保护石桥，延续龙脉，石桥边通常都有一座观音庙，所供祭的叫“桥头观音”，还有黄桷树，组成进场的标志。乡民说这些进场的标志性建筑犹如每条龙的龙头，看到一组由石桥、小庙和大树组成的景观，就知道进入了尧坝场的地界，是个地标。尧坝场的西侧约一公里有一条喻嘴河，上面的石桥称“福寿桥”，相传福寿桥初建于明洪武末年，桥边有大树和一座观音庙，二十世纪五十年代喻嘴河曾遇两次涨洪水，水很大，桥墩被冲垮，石桥倒塌。桥断了，“龙脉就断了”，这对尧坝是件大事，而且给人们往来造成不便。第二年人们集资重新修建石板桥，为避免河水再度冲毁桥墩，重修时高度略微降低，以便大水来时可以漫过桥面，缓解大水对桥墩的冲击力度。造桥时，风水先生建议在石桥迎水一面的石板上雕刻出两把锋利的斩龙刀，意图用大刀挡住水龙冲向桥墩。据说这个作法很奏效，从1955年至今的五十几年中，喻嘴河涨过几次大水，都没有再冲毁“福寿桥”。

1966年“文化大革命”时期，桥头的观音庙作为封建迷信被拆毁，2003年乡民们又在喻嘴河西侧的小山包上新建起了一座“望水观音”庙，每年农

喻嘴河与福寿桥

历三月十九、五月十九、冬月十九还举行三次观音会，一方面满足百姓的精神需求，另一方面要保护这座联系着龙脉的给尧坝人带来福祉的“福寿桥”。2004年，尧坝乡政权在“福寿桥”北侧十米地方又新修了一座现代化的水泥大桥，自行车、摩托车汽车都可以通行，“福寿桥”不再使用，真正地保护起来了。

喻嘴河上的福寿桥

第二处进场标志性建筑，是从利合场方向进场的路口。距尧坝的场口约有二百米，原有一条深沟，从洞岩口方向下来的溪水汇集到这里形成小河。夏季水深时常常没过原有小石桥，多次有行人溺水而亡，于是小河有水鬼的说法越来越盛。清咸丰三年（1853 年），原小石桥毁坏后，建起一座石拱桥，高出水面，桥心石上还刻有一把斩龙大刀，既保护石拱桥，防止被水龙冲毁，又防止水鬼将人拖下水。并在拱桥边建一座观音庙。庙前立一块二米多高的石刻，上面的雕像，眼睛如铜铃，舌头一尺多长，红脸绿眼，十分吓人。也有人说是傩，专门抓水鬼的，有的说是慈祥和善面孔的观音，为驱除水鬼变了脸，这里被称为“拱桥上”。观音庙前还建有一座小土地龛，庙的背后是大片竹林和树木，十分幽静。拱桥不便于挑担、推车的，1953 年被拆除，建起一座二米宽的石板桥。

福寿桥迎水一面的石板上雕有一对斩水龙的大刀，借神力避水龙冲垮石桥

原喻嘴河东岸的小观音庙现移至河西的竹林中

从沙坎方向入尧坝场的路口，原有石板桥、观音庙、石香案和一块石碑，现石板桥完好，但观音庙破损，石碑不知去向

沿着石板路进尧坝

旧时在路的分叉处都设有路碑，为人们做路标

第三处保存较好的进场标志性建筑是从沙坎方向进场，距尧坝北面200米，叫瓮子上的地方。这里有洞岩口流下的小溪，溪上建石板观音桥。村民说桥前原有石碑，上记“清乾隆十七年十二月二十日修建峻工。修桥人：周永祥、谢亚芳、雷大□、唐尔丈、雷太经、刘中福”等。桥边是观音庙，庙前有一座土地龛。观音庙不大，但建造得十分精致，据说有个书生曾在此许愿，请求菩萨保佑他考中秀才，一旦如愿要捐资修庙。后来书生果然中了秀才，在此还愿，将观音庙和土地龛修饰一新。

第四章
尧坝场的建设及防御措施

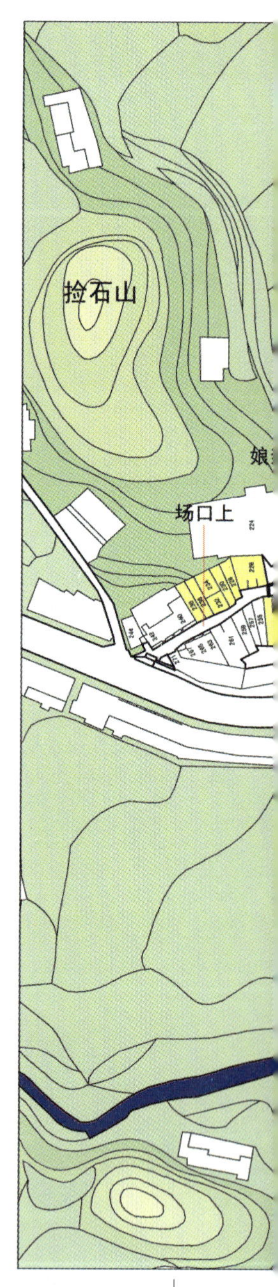

第一节　两次修建尧坝场

一、周半场、李半场

明代初年，位于喻嘴河东岸的“街基坎”商业街失火烧毁，川黔商路便转移到九龙聚宝山脚下，随着最初在山脚下所建的三间毛草幺店子的出现，供路人休息吃饭的草房日益多了起来。清代中叶，一条南北向的街道自然成形，街道宽窄不一，主要是些茅草房，杉树皮房，零零星星逶迤三、四百米。草房互不相连，建得相对集中一点的地方，各有小地名，因此，今天的尧坝虽然已是一条完整连贯的街道，仍然相隔几十米就会有一个小地名。

尧坝场是川黔道上必经的栈口，背夫和马帮们从贵州赤水不同地点出发直奔向合江、泸州等地，出发地不同，各自选择的路线略有差异，但大方向是一致的。当贩运者距栈口接近时，商帮们会从小路，汇聚到大路一起进入尧坝地段。旧时，尧坝共有两条过经路，一条从尧坝街西面过，即尧坝街背后的田埂路，称为“场背后路”。[①]另一条是从九龙聚宝山南侧直接到现在石牌坊南侧的路，这里有一块小平坝，背夫、马帮队就在此休息，时间一长，路边陆续建起一些草房，疏疏散散地形成了二、三十米长的小街，街只有半边有房子，俗称为“半边街”。这两条路都不进场，只从尧坝身边通过。

① 尧坝街“场背后”路，即大致尧坝现在的尧坝新街位置。

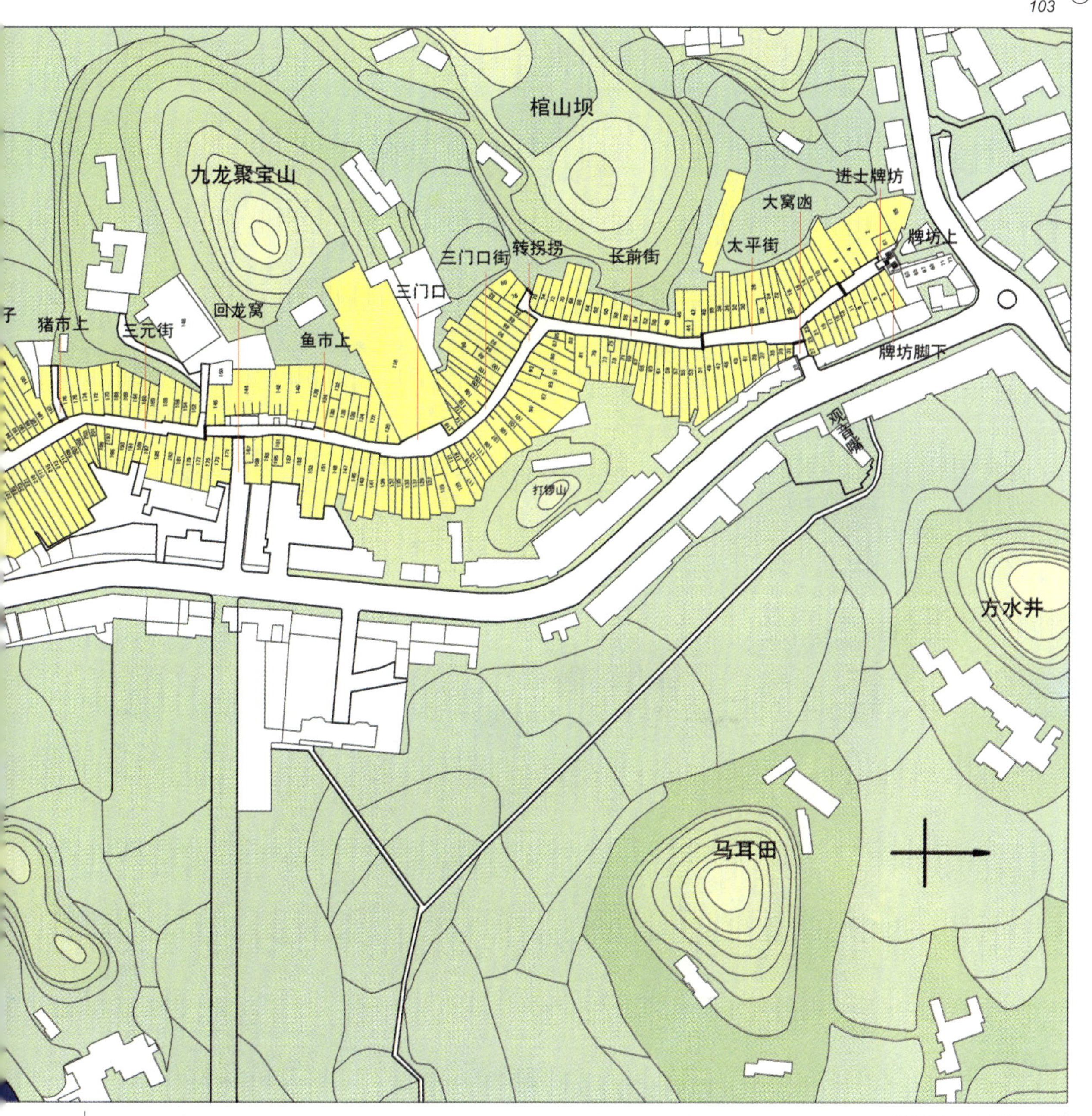

尧坝总图（大地名、街道、山名、河名）

清代中期，川黔道上的马帮、背夫逐渐多了起来，遇赶场日子，作为川黔道上重要栈口的尧坝场显得拥挤、狭窄、破烂和脏乱，给商业经营及发展带来极大的制约。清道光十四年（1834年），尧坝场上的周其斌和李跃龙两人，经

俯瞰尧坝老街（贾大戎摄）

商有了一定的经济实力，便合计修整尧坝街道。初时想集资共建，但街上大多数都是做小买卖的，集资很难，于是周、李两家商议决定各自出资，雇工备料，各修半条街，街上的商家各家出些工役。

李姓主要住在尧坝街南的城墙上，李跃龙要修的半条街就从街南，现进士牌坊下，修至街中间的东岳庙门口，即幺店子的位置。周其斌的周姓住在街北“新房子”一带，周家要修的半条街就从街北的场口上修至街中部的三元街。从三元街至东岳庙门口一段路面较平坦，简单收拾之后就直接与南北两段新修路面连接起来。

街上的茶馆

现存观音嘴的“半边街”

这次修街工程量、资金量很大，主要做了以下工程：

其一，将街道狭窄的地方拓宽，拆除部分直接妨碍街道的草房，将弯曲过多的路段适当地拉直，使整条街大致保持在2米宽左右。为了街道路面美观，行走方便，平整路面高差。高差过大的地段，修建台阶上下。街道路面全部铺上了土。以后尧坝街路面又进行过一些小修补，部分坑洼的土路面改铺上了石块路面。

其二，修建排水涵洞。尧坝街东高西低，南高北低，历史上由雨水冲刷

进士牌坊雀替

形成两条水沟，一处在街南端“石牌坊下”，一处在街北端的“转拐拐”。由于整条街东高西低，夏季大雨、暴雨来时，东面山上的水就从“石牌坊下”及“转拐拐”两处涌入街上，水流湍急，无法行走，街南段还经常积水半条街，放晴多日依旧泥泞一片。于是将这两处修建为两条地下主水道，与街东水沟相连，再通过地下水道横过街西，将街东山上流下来的水，及街上的雨水一起顺利地排泄到街外的大田小溪中。考虑到水流量大，涵洞建的高、宽均为两米多，人在里面可以活动自如，后来在雨水不多时，街南端的石牌坊下的涵洞竟成了卖鸦片的地方，谐称“神仙洞”了。

其三，为适应雨天百姓们赶场卖买，街上建起五段凉亭子，也有人说只有四段。一段位于东岳庙门口的南侧，共三间，一段位于东岳庙山门口的南北两侧，共四间。街北的上坎坎建有四间，回龙窝建三间（有人说没有），

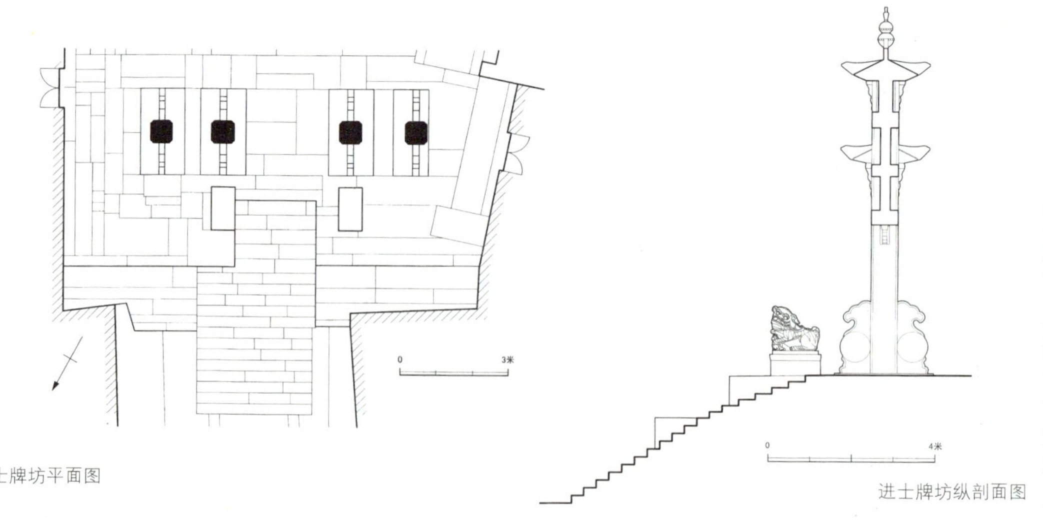

进士牌坊平面图

进士牌坊纵剖面图

进士牌坊正立面图

最长的一段凉亭子在街南的长前街上，有十几间。凉亭子就是在街道上架起的遮阴避雨的棚子，四周全部敞开。凉亭子下有简单的坐凳，供街上人休息纳凉，赶场时说书的、拉曲的也大多在这里。

其四，尧坝场的铺房主要是草房、木结构房，失火频繁，因此在回龙窝巷口东侧修了一个蓄积雨水的池子，作为消防之用，称“太平缸”。

其五，街道修好后，为防兵匪之乱，将尧坝场所有的街口、巷口都修起木栅门，共有十一处。至今街上的老人们还能记起木栅门的位置，它们是：牌坊下、观音嘴（有两道），大窝凼、转拐拐、回龙窝东口、回龙窝西口、三元街北口、王祠堂小巷、上坎坎、碾石山巷口和“黄桷树”。据黄育之老先生说，那时黄桷树是尧坝的街北口，以北的房子还没有建起来，木栅门因此就修在这里。“黄桷树”外有半边街的草房子，往来马帮和牛贩子到栈口休息时，人进场，牲口就圈在这里。“文化大革命”期间草房失火烧毁后，才建成现在的砖瓦房。

其六，为便于尧坝街内商户、百姓以及马帮、背夫们的晚间活动，还特意在尧坝街南口、北口及与场背后路相通的观音嘴、大窝凼巷口处装上了长明灯。

街道修好了，装上夜间照明的长明灯，又有了木栅门的保护，住在场上安全显然得到了保障。这是第一次修尧坝街，前后经历了三年，周、李两家出资修街的善举深深地感动了百姓，人们有钱出钱，没钱出力，因此在必要的开支，如石料、木料、及部分人力、工费外，不少工作实际上是靠街上和周边村里人做役工完成。

李跃龙在清嘉庆年（1808－1809年）间奉命剿匪有功，嘉庆十五年（1810年）便中庚午科武进士，奉敕在家乡修建进士牌坊[①]，李跃龙便借修街之便同时修建了它。牌坊三檐四柱三间，坐北向南，石结构，通高7.8米，通面阔8.8米。中间高，两次间低，屋顶采用歇山式，有斗拱承挑。牌坊南北两面的正中檐下，均有一块石刻的火焰装饰图案的大匾，书有“圣旨”二字。两面正中檐口下，在上下石坊间均有两块相同的石匾，上题为“营守府”，下

① 民国十四年（1938）《合江县志》载：“进士坊，在尧坝场，清嘉庆十五年（1810）为戊辰科（1808）进士李跃龙立。”

题“赐进士第”。牌坊中间两根石柱上刻有对联，朝南一面为“景明北停处提刑按察仗司按察使王正常题”的楹联：“对天仗以呈能，勇冠貔貅之队”；“戴宫花而焕彩，荣耀桑梓之邦”。石柱背面楹联：“宴预鹰扬，银榜金花初得意；名题雁塔，铜筋铁肘尽称奇。”落款为：“特授四川成都府成都县正堂侯补州正堂王太云题赠”字样。进士牌坊高大庄严，犹如一座纪念碑，不仅纪录了李跃龙的功名，它还是尧坝场南侧入口的标志。到石牌坊建成，尧坝街上的建设也已完善定型。

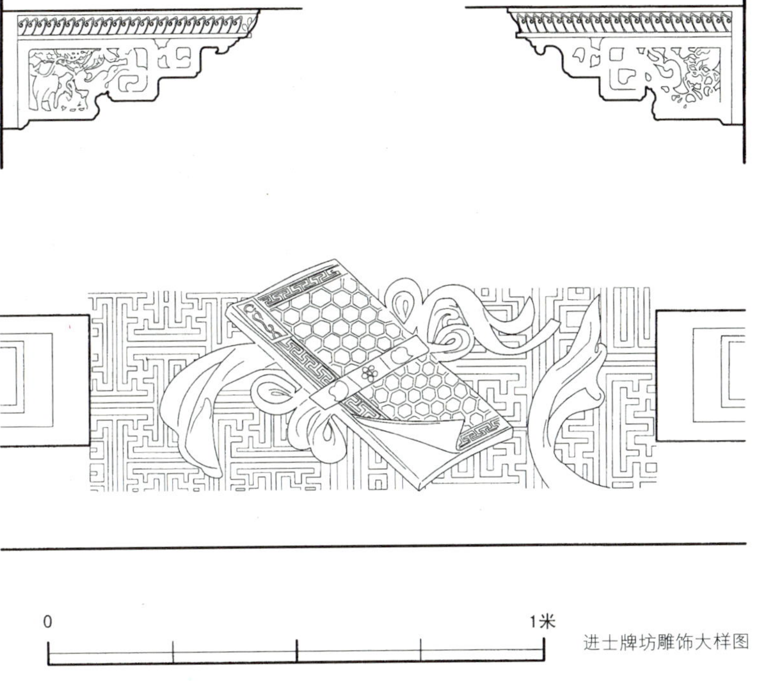

进士牌坊雕饰大样图

民国初年社会动荡，军阀混战，土匪乘乱伺机疯狂抢镇，尧坝场凭借木栅门及团防队，避免了多起灾难，商业正常进行。人们对周、李两家建场的行为格外感激。北边半条街以住在“新房子”的周其彬为代表形成势力，南边半条街以住在“城墙上”的李跃龙形成势力，自此人们称尧坝为“周半场和李半场”。周、李两姓在尧坝的威望很高，受到百姓们的尊重和爱戴，以致每年正月耍龙灯时都要先朝贺“新房子”的周家，“城墙上”的李家后，才耍全场，后来成了尧坝不成文的规矩。

二、何朗斋再修尧坝场

从清道光十四年（1834 年）开始修建尧坝街起，到民国三十年前后，尧坝老街走过了 110 个春秋，在一百多年间，尤其是在民国初年，尧坝场商业的发展尤为迅速。首先民国二十一（1931 年）年，官方在尧坝场设置了邮政代办所，接着民国十五年（1936 年），又设置了乡村电话管理所，使尧坝场

开石方铺路或建房。旧时尧坝场上铺的石板都是这样一点点地开出来的

商贸信息、商贸交流更快。这时期，街上人口又多了许多，街道长度已达到800米，建筑之间一家挨一家，已很少有空场，木结构大瓦房占到街面建筑的百分之七十，个体建筑质量也有了改善。但仅仅2米宽的街道使赶场日拥挤不堪，老百姓形容：冬天赶场，走过半条街，会冒出一身大汗。反映了当时尧坝街窄人稠的状况。

尧坝街为土路面。老街北高南低，落差较大，赶场时街道的台阶上上下下十分不便。由于街上只有两处排水涵洞，街内地势低，街中部又没有专门排污水和雨水的沟，雨天积水严重。尧坝街的“转拐拐”是全街的最低处，下大雨时房内齐腰深的水，屋里的家具都漂起来走。雨停了，街上其他地方干爽了，“转拐拐”要四、五天或更长时间才能晾干，逢雨天赶场老百姓有顺口溜：“进去白褂褂，出来泥衫衫”。由于人们日常污水就泼在街上，致使尧坝街道卫生条件极差，垃圾满街，污水横流，鸡猪狗到处跑，夏秋时节，蛆虫乱爬，孑孓孳生，苍蝇蚊蚋成群，商人、百姓怨声很大，这种环境已不能满足赶场及商业贸易发展的需要。

历史上，尧坝一直作为支、镇、乡政权所在地，县、乡地方官员往来，老街的破烂相也让乡政府官员感到丢尽脸面。民国三十三年（1944年），何朗斋当上尧坝乡长，他决定再次修建尧坝场。何朗斋是位十分开明的乡绅，

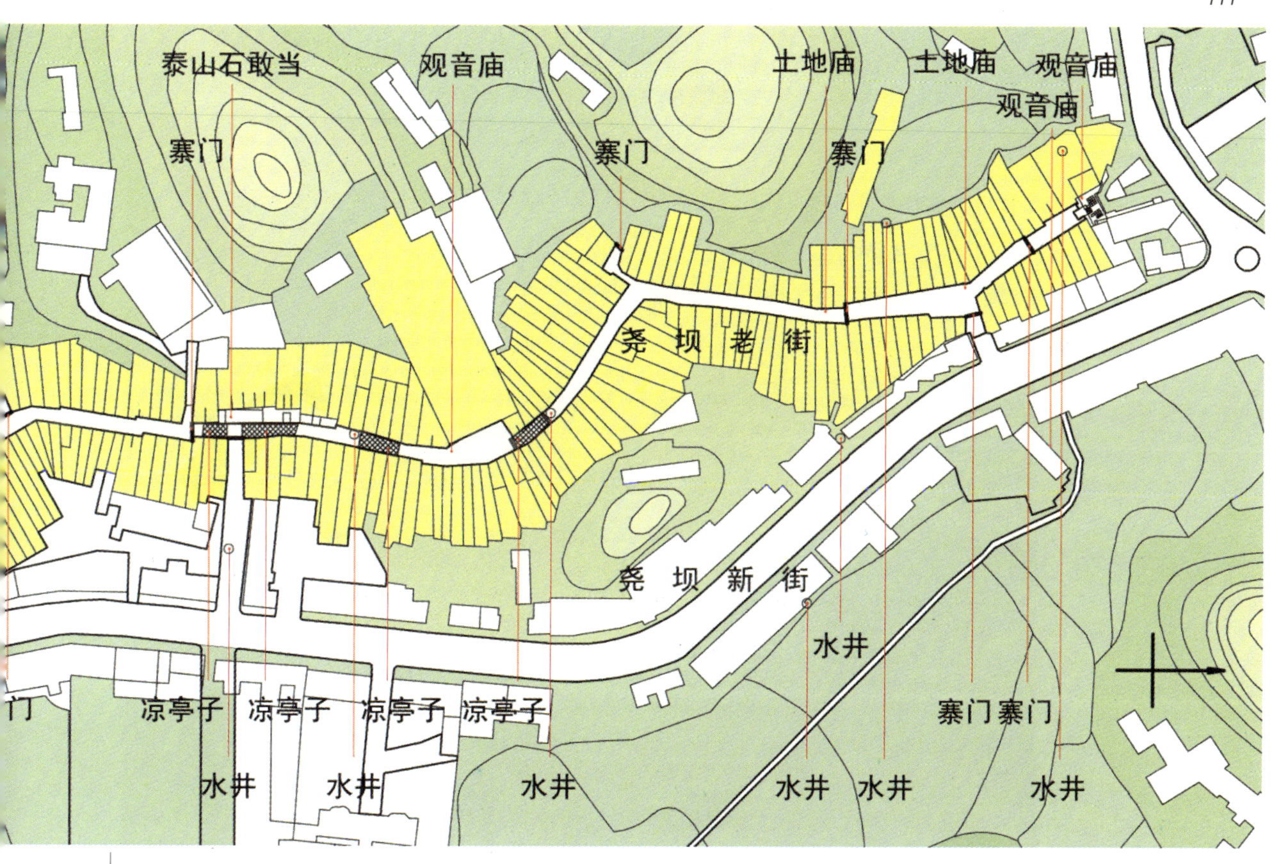

尧坝老街原凉亭子、寨门、水井、庙宇位置分布图

他与革命人士任大容[①]等有很密切的交往，接受了一些进步思想的影响，愿意为本乡本土做些事情，同时也为他自己管理的乡政府增加些体面。于是一上任就积极筹划修街之事。何朗斋宣传修街的必要性，讲公益，讲道德，号召场上商家出资，多少均可，动员大户带头捐款。他怕平头百姓有经济上的负担，宣布：凡街上公共场所，如：牌坊上、大窝凼至观音嘴的半边街、东岳庙前、回龙窝巷子、王祠堂巷、猪市上、黄桷树前、和场口上的公共地段，均由乡政府出资维修。在他的说服和鼓动下，尧坝场的几大实力家族，周、李、王、任、喻都捐了不少款。街上的商户看到政府和大户们出资，也纷纷捐款支持。

① 任若成号大容，合江县民主革命的先驱，留学日本，为同盟会会员。回到合江后曾组织光复军，积极宣传孙中山的革命思想。

进士牌坊是尧坝街南入口的标志（贾大戎摄）

街道宽了，老人们空闲时就坐在店前，一边照应店里的生意，一边做家务或唠唠家常

修街是一项很大的工程，它牵涉到资金、人力、街道的合理设计以及部分街房的拆建等问题。何朗斋是个有学问，有头脑的人，动工前首先组织了一个专门的班子，由几方人员组成，何朗斋代表乡政府一方，另有街上有威望、有经济实力的绅粮代表，保长，袍哥会代表，几大行帮代表，共二十来人。

为了做到专款专用，财务公开透明，班子内分工负责。何朗斋为项目的总负责，下面有专门管理账目的，有负责采购石料、木料的，有负责工程质量和进度的，还有负责后勤保障的。老街的修缮方案，由何朗斋全权设计，再与班子里的人一起确认。据说何朗斋还亲自绘制了修缮示意图。何朗斋是个办事认真的人，为了节省开支，亲自到附近山上选石料、木料，工程采用了公开招标方式。据李柱陶先生讲，石匠队就曾有三个老板前来投标，最后选定了尧坝的老板包工。当年尧坝包工队的一员黄育之说，[①]那时他十几岁，与父亲黄海云（绰号任木板板）、泥工唐银安一起参加修街，父亲黄海云为尧坝街改造修缮总理。曾吉富说[②]，贾焕章、赖树清等工匠都参加了当年修街。其中贾焕章修街时已经61岁了，专门负责工程质量。

1944年修街的工程开始了。

首先，拆除了街上所有的木栅门和凉亭子。

其二，街道统一拓宽，规整街道两边的铺房，拆除突出街面的部分建筑。老人们介绍，铺房有些拆掉了前进，有些仅将门脸、柜台向内挪了一、二米，

---

① 黄育之尧坝人，1928年生，尧坝大木，父亲黄海云（绰号任木板板）为大木匠。

② 曾吉富，尧坝人，现在尧坝中心校任教。

有的一点没动。这样街道向两边平均拓出1米至1.5米，原2米宽的街道成为3米多。街上部分草房在拆改整治中改建成木结构的青瓦房。

其三，整修路面，将街道上原有的台阶全部取消，只留进士牌坊下的石阶，原土路面全部铺成石条路面。

其四，重点解决雨水和污水的排泄问题，在街道石板下，修通贯穿整条街道的下水阴沟。

街上人重视风水，街在改造时怕伤了风水，何朗斋还专门请来了风水先生一起勘测设计，利用尧坝街上原有的两处横向涵洞，将下水阴沟分成几段：

1.尧坝街中段，地平的制高点在东岳庙前，下水的阴沟就从中间高处，向南北街道两边低处修建。一半从东岳庙前向南，经山门口街、转拐拐、大前街，然后离开街道转弯向西，穿过现尧坝街51号，至尧兴路46号，再通元街、下坎坎，向西穿过现207号建筑下，通到原自然形成的冲沟，一直

带着娃娃来赶场

通到大田小溪。

2.尧坝街北段，即从“场口上”到“下坎坎”，地平制高点在“上坎坎”，下水阴沟依旧从中间向南北两边开挖，街南方向的下水阴沟经上坎坎、新街子，到下坎坎汇入现尧坝街51号下的涵洞流入大田溪。另一半下水阴沟向北从上坎坎经捡石山、场口上，流入大田的小溪里。

3.尧坝街南段，从“石牌坊下”来到太平街一段，两头高中间低，于是从高处修沟，水向中间汇集，流入“神仙洞”的涵洞排到大田。另一部分水自然从“大窝凼”排到“观音嘴”方向。

这是通向尧坝场西侧大田里的排洪、排污的水沟，近年排水沟的土岸砌成了石岸

排泄雨水和污水的阴沟正在街道正中，深约为50厘米，宽约1.5米左右，沟底及边壁用石块砌筑，沟上面铺整齐的条石，水可以顺石缝流进阴沟，为了街上百姓生活的便利，在每家店铺的台明前还设置一个下水洞，与阴沟连通。

尧坝街南北走向，地形东高西低，为防止下大雨时水从东面冲入街道内，特地在街东的巷子外又修建一涵洞，引导雨水进入下水阴沟，即使下大雨，街面上也很干净。下水阴沟修好后，路中间是横排的条石，边上是顺街巷方向的石条和石块，整齐美观实用。

其五，改造太平缸。尧坝街上原露天开放的太平缸，建在回龙窝巷口东侧，后来李家在太平缸上面建起大槽坊，为了让街上人使用太平缸，大槽坊架得很高，出入要上很高的台阶。太平池就在建筑下面。但使用太平缸十分不便。起火时常常来不及开启太平池上面的石板，火已烧起来了。距大槽房北十几米有个下坎坎，百姓俗称它为“火烧坝”，就因为它曾经在一年内连续三次起火都未能及时扑灭而得名。大槽坊本身，虽然下面就是救火的水池，当邻房失火殃及到它时，因取水不便，还是遭受了很大损失。后来房主重修大槽坊时将左右做上了高大的封火山墙，屋檐下还配置了救火的工具：麻搭和火钩。为能及时救火，此次修街时，将原有一处太平缸改为两处。

这两处太平缸，一处位于李半场的大窝凼街道石板下，深2米，宽1.5米，长2米，池子四壁用石条砌筑，两头与排水阴沟连通。池子深于下水阴沟，除雨水外也有污水流入，杂质沉淀留在池底，池内水满后从另一端阴沟流出，因此每年都要给太平缸清淤。太平缸上面盖的便是街中央的条石，为便于快速开启石板取水，特意将盖在缸上的条石打上洞，穿上竹缆绳，青壮年抓住缆绳，一只手便可将一块石条提起。

另一处太平缸在“回龙窝”，现尧坝街142号台阶下，长方形，大小深度与李半场大窝凼的相似。所不同的是这处太平缸是开敞的，上面不盖条石，沿池边修有几十厘米的石栏杆，走在街上可以看到太平缸里流动的水。

经过一年多的时间，尧坝商业街修建大告成功，街面宽敞了，路面整齐干净了，排水系统和防火设施得到了完善，尧坝场的面貌大为改观。由于拆除了场坝的木栅门，街上的治安多少让人们紧张一些，好在街上有团防队的守卫，有严格的管理制度，又多少让人们心里塌实了一点。

拆除凉亭子后，为避免太阳直晒货摊，不少店铺前檐都有架子，天热时支起竹帘子代替凉亭子遮阴，竹帘下的街道温度降低了许多，最重要的是那些卖糖果、服装、布匹及做纸扎的小店，不会因为太阳暴晒使糖果融化，使衣服、布匹、纸扎褪色。街上的人说，每年清明一过，街上的竹帘子就挂起来，一直用到九、十月份。四川多阴雨，竹帘不防雨，雨天竹帘倒要卷起来。

关于尧坝场的整治工程所用时间，有人说一年多完成，也有说二、三年才完成。有人说由于急于修街，何朗斋夸下海口，承揽了街上公共地带，但他没有那么多钱，就贪污挪用了修其他项目的经费来补足，后来被揭发出来。也有说由于工程太大，经费不足，后来北半场有很长一段没有铺上石条路面，工程没有完成；还有人说何朗斋乡长任期已到时，街还没有修完，只好将其交给下任；更有说何朗斋1944年任乡长期间借修街的名义，贪污工程款，为自己买了三十多担的租田，又建起了新住宅，等等。现在已很难弄清当时的情况。但无论哪种说法，何朗斋主持修建了尧坝场，它的格局、设施一直保持到今天。

1988年尧坝镇政府出资，对尧坝街再次进行整修，用了一个多月的时间，更换了场上88块破损的路面条石，疏通了淤堵不畅的排水沟和涵洞，但街的基本形态没有任何改变。

第二节　街道形态与产业重新分配

一、尧坝街的基本形态

尧坝老街大致呈“S”形，南北走向，长约800多米，在“转拐拐”和“下坎坎”两处有明显的转弯。两边是商业铺面，现存各种商铺约2000余间。街宽四至五米，石板路面，平均每隔30米左右有一个小地名，从街南端石牌坊起顺序向街北端为：石牌坊角上、石牌坊角下、大窝凼、太平街、大前街、转拐拐、山门口街、山门口、箩篼市、鱼市上、回龙窝、三元街、下坎坎、新街子、第一栈、上坎坎、捡石山、场口上等。

街道呈鱼骨形，与主街垂直方向还有六条小巷：

一条位于大窝凼街西，通向观音嘴，巷子原有三十几米长，为半边街；

一条位于转拐拐街东侧的拐弯处；

一条位于回龙窝街西；

一条位于三元街东，通向王祠堂，称王祠堂巷；

一条位于下坎坎街东，以前这里卖猪，曾建有一段凉亭子，称“猪市上”或“凉亭子巷”，为半边街；

一条为捡石山街东小巷。其中大窝凼街西通向观音嘴小巷、转拐拐巷、回龙窝巷西侧巷、猪市上巷三条，为“九龙进场”的重要路口之一。

尧坝街的东面、南面是一座座小冈、小丘，石牌坊南是罗汉山，以山上原有罗汉寺得名，又有庙子山，因曾有小庙得名。与庙子山相连的，是尧坝街东背后的山，从南向北依次为：长湾，因有水湾得名；棺山坝，是尧坝的坟山；九龙聚宝山，又称东岳庙“后大山”。在棺山坝与后大山之间是小山谷，转拐拐巷的进场口就在这里。九龙聚宝山向北是“捡石山”，它们之间有一块小平坝，是尧坝重要的良田之一，“猪市上”小巷口就在这里。到了捡石山就到了尧坝街的北口——场口上。尧坝街变化多，景致多，人们便将它编

尧坝转拐拐

成民谣来传唱。[①]

尧坝街西面地形平坦开阔，洞岩口小溪和喻嘴河两条水从东北向西南蜿蜒环抱流过。从北向南有大片农田，称为大坝田、西大田，再向南有小丘为打锣山、马耳田、方水井、大沙湾等小丘，再向南就到了石牌坊的罗汉山了。

尧坝西侧街道“场背后”，是著名的川黔古道老路，它与老街基本平行，石板路有一米多宽，传说是清中后期由李跃龙出资铺建。由于川黔古道在尧坝场背后的田埂上，称为“场背后路”。旧时过路商人或贩运者，不在尧坝停留的，不需要穿场过街，只走街外场背后的小路。如果需要进场，可从场背后的大道通过小巷进入。清代末年，从贵州到合江、泸州，除有贩运的马帮队，还有不少往来牛贩子，大都要在尧坝停留过夜，贩运或押运人通常到街上休息、吃饭、住宿，牲口就圈在“场背后”路边的牲口棚里，有人看管。街上老人回忆，那时场口上、周祠堂背后、炳兴客栈背后及石牌坊上的半边街都有大大小小的马栏、牛棚。

① 见附录一，民谣：“尧坝街景”。

1949年以后，随着泸州到古蔺到贵州赤水的公路建成，从赤水至合江、泸州等地不再途经尧坝，过境交通带给尧坝商业贸易的利益从此消弱了许多。但作为周边农业地区的商业集贸依旧热闹，街上人们的生活方式和经营方式也与从前大致相同，仍是一座尚存生机的古街。

二、竞争与街上产业的重新分配

李跃龙家族的势力要比周其斌强许多，明代李氏祖上初来时，曾圈占尧坝周围大量的土地，以后靠土地收取租谷，做粮食买卖。清中叶，周、李两家合修尧坝场之前，尧坝的城墙上、石牌坊上下、太平街一直到山门口街，包括东岳庙的“后山大”都属李姓家族的地盘。李跃龙时期，家产积累丰厚，个人又实力很强，为了维护整个家族长远发展，李跃龙便积极捐资修建尧坝街，并修补尧坝一带的风水，架桥铺路，扩建东岳庙，建李祠堂、李公馆等等。

清道光年间，周李合作，李跃龙承担了多半条街的修建，那时候东岳庙两边靠山坎约十几米长一段为空场，只有西侧半边街的铺面。修建尧坝街时，李家在东岳庙南侧山坎边建起李家公馆，庙北空场处做临时市场，搭起简易的草棚子，卖些草鞋、斗笠、筐篓什么的，逢场时专门卖水产。回龙窝靠近山坎处当时也没有建房，仅一边有王家的店铺业。修街之后李家后代凭借家族人多势众，经济实力强，不断在尧坝街上扩大产业，先后将回龙窝靠山体建起酒坊及住宅等建筑。清末，李跃龙在街南端建石牌坊时，李家已占据尧坝场三分之二的产业，为尧坝最具实力的家族，威望也大大超过了周家。

清道光十四年（1834年），周、李两家的势力范围各依半条街发展，“周半场”和“李半场”在尧坝街上叫开了。但实际上周其斌当时的北半场还只限于新街子北的“第一栈”、“上坎坎”和“捡石山”（黄桷树）三段，并有空地，但这三段建有周家的祠堂、公馆及小旅店，建筑相对集中。新街子南至“下坎坎”东侧，由于有王祠堂巷口，西面又是一条自然冲沟，地势较低，很长一段时间没有商铺，尧坝街实际分做两部分，周、李半场并不连接。直到清末，周家后人才在这个缺口两边统建起十几间的铺面出租，“两半场”才连成一整条街。由于周、李半场之间的缺口处为周家统一建造，建筑结构形式、材料、风格，甚至开间大小都完全一样，走在老街上一眼就能分辨出来，因此人们称它为“新街子”。新街子建成后，周家在尧坝街上的产业才与李半场实力相抗衡，名副其实地称得上“周半场”。

周、李各半场形成之后，街南李半场铺子多，生意红火，每逢赶场李半场这边街上热热闹闹，人来人往，而周半场那边生意不旺，人气不足。风水师说尧坝街是一条龙，街南地势高，石牌坊就是龙的龙头，自然龙头一边要发达要兴旺一些。

其实李半场兴旺，周半场不兴旺，有许多原因制约：其一、李半场兴起早，商业铺面多，经营内容均是百姓日常生活所需，如日常杂货、百货、豆花店、茶馆、旅店，还有盐店、烟馆、银器点、酒坊等，十分丰富，尤其是民国年间各种吸大烟玩耍的买卖也多在南街。李盛昌先生[①]说，民国时期尧坝南端“转拐拐”处一直是很繁荣的地方，周围有许多大户人家开的生意，

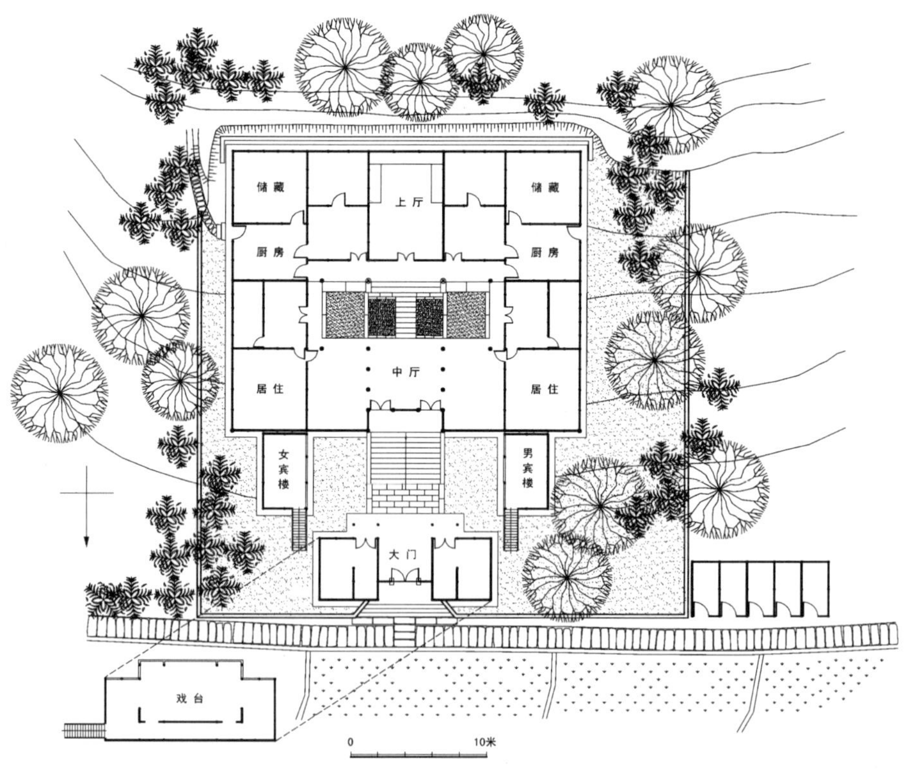

尧坝王氏祠堂复原平面图

① 李盛昌，1943年12月15日生，尧坝人，经营杂货铺，现住尧坝街72号。

尧坝王氏祠堂内立面复原图

以布店，绸缎庄为主，赶场的农民和当地居民多愿到这里采购，由于买卖双方互相认同，回头客多，为此人们又称李半场为“经济场”。

其二、尧坝场袍哥会的公口设在李跃龙公馆内，三教九流赶场都在这里集聚，在附近的茶馆吃茶，进一步带动了这半场的繁荣。

其三、乡镇政府办公所一直在李半场一边，官方往来办事的人通常都会在南半场喝茶、吃饭，谈事情。

其四、东岳庙也在李半场，平日或赶场来此祭祀朝拜者络绎不绝。而周半场与之相比，街道短，主要经营几家大客栈，商铺品种不够丰富。新街子又很晚才建好，而“下坎坎”的一间转角店经常失火，人们认为风水不好，晦气，因而住在这里的人大都是些下九流的老二、抬滑竿的、大烟鬼，还有乞丐等。加之周半场也缺少东岳庙这样能吸引人气的场所，生意自然不如李半场。

民国初年，随着尧坝场商业集贸的不断扩大，在周、李之外，王、任、喻三个的实力家族逐渐壮大起来，各姓之间对街上产业的竞争日渐激烈，尧坝由周、李各占半场的格局发生了变化。周家因经营不善，其所在的北半场房产不断出卖给其他姓氏。而李氏家族，由于一些子弟吸食上鸦片，家族经济势力下降，大量变卖田地、山场，卖掉街上的房产、商铺，甚至连李家的小祠堂都未能幸免。

此时，尧坝王姓经济崛起，成为几大姓氏中实力最强的。清代中后期开始，尧坝的王姓就分成相对独立的两支，多数人说，这两支原为一个先祖宗，经多次分房后，形成现在的情况。也有人说，尧坝的两个王姓是互不相干的两家。但长期以来这两支王姓关系一直都很密切，一起合伙做生意跑买卖，平日相互关照，因此人们一直将他们看做一个家族，相信“一笔写不出两个王字”。

王姓的两支中，以王宪章为主一支住在桂花园（会芳园），他长期跑买卖，但他的大部分产业并不在尧坝。另有王蜀藩一支，在外做生意，又兼经营尧坝街上的买卖。尧坝街初建时，王蜀藩一支的王姓就在尧坝回龙窝建有住宅和铺面，以后实力增加，便在东岳庙“后大山”北侧建起王家祠堂以及少量住宅，有了“王祠堂”的地名。又另捐资修建起猪市上的半边街。王蜀藩一支在尧坝回龙窝、王祠堂一带形成一定的势力范围时，街道两侧可建街房的地方已很少。王蜀藩一支于是陆续买下街上“山门口”北部分空地，建起七八间门脸房，专门做布匹绸缎买卖，生意格外红火。为了扩大生意，王蜀藩一支还乘胜不断收购街上的房产，例如买下李家牌坊脚下的大宅及对面铁匠铺、长湾李家祠堂、回龙窝的大槽坊、李仕官的怀荫公所。还买下周半场三元街上的部分房产，又陆续收购了街上零散建造的小姓商铺。二十世纪三十年代，王蜀藩支派的王建儒所开的药店，坐堂行医名气大，合江、纳西、贵州赤水等地的人都慕名前来，更增加了王姓在尧坝街上的知名度。1944年何朗斋第二次修建尧坝场时，整个王氏家族在尧坝街已占有近三分之一的产业，超越了曾经辉煌的周姓，成为可在尧坝场上与周、李两姓抗衡的大姓。

另有任姓家族也在此时崛起，任家的主要产业在尧坝周边的农村。喻姓家族的产业除了合江外，还发展到贵州、泸州等地，这两姓为在街上能有说话的一席之地，也收购了街上的一部分房产。民国时期尧坝场上商业竞争激烈，大户、小户都在不断扩大自己的力量，房产买卖十分频繁，老百姓形象说：“每天都有开张的，每天都有赁店的”，使得原来周、李两家拥有的各占

尧坝场西侧的喻嘴河与远处的方基石山

一半的领地，被分割得支离破碎。此时再提起尧坝街上大户时，人们不再只提周、李两家，而是称尧坝五大姓：周、李、王、任、喻。

第三节 尧坝街的风水与老井

1944年何朗斋主持的尧坝街拓宽改建完成，街道从清道光年间的三、四百米长，增加至八百多米，经改造，街上只有场口边缘及场背后还有些草房，临街建筑大都改成木构瓦房，除几家公馆还维持居住功能外，基本上都是商业，街上红红火火，一派欣欣向荣。逢赶场天，合江、泸县、纳溪，及贵州赤水的人都起早赶来交易，尧坝商业贸易在川黔古道上的地位再一次提高。街道

村子周围的水井人们十分看重，逢年过节人们都会在水井边祭祀水神和井神，烧些香纸

修整后，尧坝街的面貌发生了很大的变化，站在九龙聚宝山上俯瞰，尧坝街弯弯曲曲犹如一条长“龙”，街南端高大的石牌坊犹如高昂的龙头，街北黄桷树，捡石山茂密的竹林如龙尾巴。弯曲的街道如行走的龙身，屋瓦层层像片片龙鳞，活灵活现。欣喜之余，百姓则将商业兴盛发达的大好形势归功于尧坝的好风水。

油菜田里

尧坝场有位长年研究《易经》的李天佑先生，他说：尧坝自古称为福地，九龙聚宝山居中，周围有旗山、鼓山、库山、天子山、文笔山，可谓百座群峰样样俱全，因此能出文武，能发富贵和人丁，可惜尧坝离河远了些，河水又小了些。[①]为了能发富贵，为了风水，也为了场上居民生活的需要，很早李跃龙的李氏家族就在尧坝开挖风水井，尧坝的风水井很多。如“九曲黄河”边的双水井，尧坝东岳庙左右的水井，以及回龙街、大窝凼等处的水井都被赋予了特殊意义，称为“龙眼井”，成为街场重要的风水因素。

为了保护水井，便要把水井神化。尧坝街上叫“龙眼井”的水井很多，如回龙窝水井，王祠堂水井，场口上的水井，他们因位于进尧坝场的路口，人们将路比做龙，井就是有灵性的龙眼。现在尧坝场家家都用上了自来水，但每年人们都要集资修缮现存的老井，农历六月十三在水井菩萨生日时，场上的人还要隆重地祭祀井神。

李姓的祖上在明代定居尧坝时，插杖为界圈了不少农田和山场，凭土地出租吃息，凭山场木材两项收益很快富起来，建新宅时，请堪舆师看周围风

① 见附录三，“尧坝的风水”。

水，宅前挖了“聚财”的水池，住宅左侧不远有一条小溪流叫城墙滩，在小溪底部的岩石上刻凿出浅沟，雨季水量大时，水沟隐在水下，而平日大多数时间，不多的溪水会顺着人工凿刻的浅沟蜿蜒流去，人称“九曲黄河”。水象征财源，凿刻“九曲黄河”目的要阻滞溪水，让水不要流得过快，让去水“有情”。“城墙滩”小溪水量有限，李跃龙又在溪边开凿出一对水井，称“双水井”。人们将路比做龙，路边一对水井，如龙的眼睛，这对水井又被人们叫做“龙眼”。“九曲黄河双水井”的工程弥补了李家住宅风水上的不足，同时也弥补了尧坝场风水上的不足。

李跃龙建造尧坝街住宅及商铺时，也非常看重水井的位置，他曾亲自开挖水井，一口在李公馆前临街住宅的天井内，现兴尧路46号，另一口在现尧坝街130号，两井中间隔着东岳庙。山在风水上被称为龙脉，山的尽头就是龙头，九龙聚宝山一左一右的两口井就成为“九曲黄河双水井”之外的又一对“龙眼井”。这两对水井关系到尧坝街兴旺和衰败，因此十分珍贵，不允许任何人对它造成威胁，否则就会受到惩罚。据说，李公馆天井内的水井很深，水脉能通到十几公里外的白岩泉的源头，水质极好。一次白岩泉水遭了不洁之人的污染，[①]尧坝人称之为“艳遇”，玷污了水源，泉水枯了，李家的水井自然成了一口“干眼井”。左龙眼瞎了，李家的风水从此败了，财势开始消弱，不断变卖家产，到民国时，场上的产业所剩不多。李家后来干脆将“干眼井”的宅子卖了，但居住在这里的人会莫名其妙地害病，或家中发生稀奇古怪的事，做生意也兴旺不起来。后来改作了乡政府办公地。

现尧坝街130号的水井，是九龙聚宝山的右龙眼，清代末年，井周围是一片小空场，赶场时做摊位。由于水质好，街上很多人都在这里担水吃。一次一个朱姓人，贪便宜买了龙眼井边的空地建房，在炸山时损坏了龙眼井，就将水井填埋了，房子建好后住了不长时间，朱姓人的老婆就生病，不久去世了，街上的人都说是朱姓毁井得罪了龙神遭到报应。朱姓人不敢再住下去，就把房子很便宜地变卖给邓姓人，没想到邓家人住进不久，女儿的眼睛就莫名其妙地瞎了，当邓家人了解到朱家发生的事后，吓得匆匆忙忙地搬了家，后来这栋房子空闲着没人再敢住。

---

①乱搞男女关系或娼妓用了源头水均称为遭“艳遇”。

第四节　防御设施与团防乡丁

尧坝场自古以来一直是支、乡、镇的政权机构所在地，由于地方行政机构的薄弱而且管理松懈，致使处在边地的百姓长期遭受兵匪祸患之扰。周、李合修建尧坝场时，就投入了大量资金建立起尧坝场的防御措施，每个巷口各建一座木栅门，共十一座，把尧坝场武装成一个坚固的堡砦。为了结实牢固，采用直径20至25厘米粗的杉木，一根根密排在一起内侧上下各有一道木杠固定，组成木栅门，高近3米，下面裁齐，上面将木料头部削尖，防止翻越。半腰高处有粗大的门栓和锁链。木栅门一旦关上撞都撞不开。在场口上、大窝凼、回龙窝较宽的巷口木栅门为双扇，其他均为单扇。

自从造了木栅门，街上也就有了守卫。由于尧坝的建置常常变更，作为护卫人的名称及编制也随时改变，一阵儿叫保丁，一阵儿叫乡丁，一阵儿叫团防队，人数也时少时多。守卫最少时在清代中叶，街上仅六、七个保丁，清末时增加到十几个，最多时在抗战前后，街上成立了团防队，曾有30几个人，一个排的编制。

至今尧坝街上逢过年、过节都有专人打更巡视，以确保古街的安全（黄海兴摄）

尧坝街夜景

清代中后期尧坝建制为乡，尧坝街上设两个堡，李半场为一堡，周半场为二堡，两堡的行政分界在东岳庙，由乡政府统管堡子，每个堡出保丁五、六人，两个堡共十几人，分成几班，每日白天轮班在街上巡视，未轮班的保丁就在乡政府训练或待命。保丁们配有汉阳造的长杆步枪，

黄桷湾村用来铺路的残石，上面写着"功德碑"

黄桷湾村功德碑的残碑上还能认出几个字"蜀"、"继斌周公"。周西成自号"继斌"，名世杰，别号天保山人。西成乃其字，因以字行，人多以周西成称之

一旦有土匪抢场，巡视保丁会边敲锣报警，边大声喊："老二进场了"。"老二"便指土匪，听到锣声，乡长马上会组织保丁进行战斗。

街上则长年请专门的打更人夜间巡视，每个时辰打一次更。那时候更夫没有钟表，就燃起香来计时，两支香为一个时辰，至今尧坝街上仍然有打更人。旧时更夫由乡政府来请，工钱为一天一升米，一个月结一次。栅门每天早晨由更夫打开，晚间关闭。夏季天亮得早，木栅门开得早，冬季天亮得晚，门也开得晚。

自从白天有保丁巡街，晚上有更夫打更，商家们就踏实了许多，但是到了每年的腊月十六至来年的正月十五，年节最忙的一个月，怕土匪流寇乘过年抢场，保丁要特别增加夜间巡逻，每晚10点开始，至第二天早上4、5点钟天亮。因是额外增加的巡场，这一个月内，保丁增加的工资要由街上各户集资支付。每晚巡逻之后，还要轮流到各户吃派饭，称"吃饭圈"，也叫"吃义饭"。听老辈们说，有了木栅门、更夫和保丁的巡街，尧坝场防过了多起土匪的打劫。

北洋至民国，尧坝一带的治安特别乱，鼓楼山、娄子山、分水岭一带土匪活动猖獗，"捉肥猪儿"，抢场镇的事频繁发生。此时军阀在川黔一带相互厮杀争夺地盘，所到之处烧杀抢掠一片狼藉。上了年纪的人说，民国二、三十年代，尧坝一带兵兵匪匪打过多少仗，真是数不清！乡政府为加强和维护基层的安全，保卫百姓的利益，各镇纷纷建立起自治武装——团防队，团丁

由十几到几十不等。散居的农村，一些绅粮地主为自保，自家也购买枪支组织自卫队，学“团丁”的叫法，取名“门户丁”。

民国四年（1915年）12月12日，袁世凯称帝。1916年元月1日，护国军第一军总司令蔡锷进兵四川讨袁。元月上旬，袁世凯的北洋军入川，直抵泸县双河场和纳溪区的牛背石。从正月中旬至端午节，蔡锷的护国军由周西成率领与北洋军一支在尧坝、新殿之间相持了五个月。北洋军在尧坝一带找“花眯眯（妇女）和花边边（银元）”，奸淫残害妇女上百人，抢劫了许多并不富裕的百姓，他们还强拉青壮年替他们挑弹药及军需物资等。五月周西成的部队在距尧坝南二、三公里的黄桷湾与北洋军交火，仗打了几天，击毙了北洋军上百人。至今还有民谣流传：“袁大总统坐金殿，享四川，享合江。来西兵，背大枪，乒乒乓乓到合江。尧坝场，灯杆上（地名），打死北（洋）军堆成山。牛背石，双河场，打死北军筑成墙”。老乡们说，周西成的队伍纪律严谨，不祸害百姓。这场战役后，百姓在黄桷树村路边还为周西成军队立了一块“德胜”碑，“文化大革命”时砸毁铺了路。村路上有人找到德胜碑一角残石，但破损严重，字迹斑驳，仅认出“德胜……事宜继□周公德……”，其他难以辨认。一段历史可能从此就没了。

周西成部与北洋军在尧坝附近从僵持、激战到结束撤离，尧坝场始终都处在紧张之中，那些天木栅门白天黑夜紧闭，团防队的乡丁枪上膛，时刻准备战斗。虽有溃退的残兵或小股散兵凭手中有枪，想到尧坝撞撞大运，捞点便宜，未等他们靠近木栅门，守卫的团丁就开枪射击。散兵看到这种架势不好惹，便将目标转向别处。由于尧坝场地势低，小丘多，常常敌人走近了才察觉，于是讨袁战争结束后，尧坝人集资募捐，在尧坝外围山冈制高点上，建起三座碉楼，加强防御措施。一座建在东岳庙山顶上，一座建在捡石山顶上，还有一座建在尧坝北侧两屋基山顶上。碉楼为圆形，上下两层，下层有门无窗，上层设了望窗及射击孔，厚厚的夯土墙、草屋顶。碉楼内12个人一班，一天换一班。团丁负责守卫街内，民间招募的青壮年守卫碉楼。

1923年前后，贵州过来军阀邱云煌旅长在合江一带筹集军饷，听说尧坝是个繁荣的大场，绅粮多，就准备“捞一把子肥水水儿”。农历八月十几临近中秋，家家户户都欢欢喜喜忙着筹办过节，邱云煌带着一队人马悄悄摸到了尧坝。到了尧坝外围，他们先将碉楼一个个地包围，堆上柴草放起火来，又在远处不同方向射击，老百姓听到枪声，又看到这么多穿着制服的军人，都吓得猫在家里不敢出来。碉楼里的乡丁当时所用的是土枪和土制的“毛瑟枪”，从抢筒前面装子弹，装上一颗打一发。由于常常有臭子，发不出去再卸下来重装，放枪的速度非常慢，且弹药又十分有限。邱云煌的队伍是有备而来，人多，用的是当时先进的枪支，三个多小时后，碉楼草顶子烧掉了，乡丁都被缴了械。三个碉楼拿下后，邱云煌的队伍顺利进了尧坝场，抢场之后部队带着战利品，耀武扬威地从场南端牌坊上撤离，一路放火烧了半边街和李跃龙所住的“城墙上”一带不少民房。

《靖乱安边》木残匾

在这件事的触动下，尧坝乡政府和街上的百姓重新筹资购置枪支，武装团丁，增强团防力量，并积极进行训练。很快在合江县范围内，尧坝乡丁就有了名气。有些绅粮出远门，要高价聘请尧坝的乡丁做保镖，据说他们的枪法特别准。那时社会秩序混乱，土匪或军阀袭击场镇的事经常发生，一处有难，周围场镇的乡丁都会全力去支持，尧坝的团丁就多次参加过这样的战斗。较著名的先滩剿匪战斗，尧坝团丁勇猛果敢，还受到了乡、县的表彰，颁发了木匾。1949年以后，这类匾都被当作反动宣传品毁掉了不少，有些被百姓利用做了猪栏、门板或铺板。2005年尧坝镇政府收集到一块已做了门扇的残匾，它竟是一块“靖乱安边”匾，上下做门板时被锯掉了一段，但残存文字还十分清晰，内容也能基本读懂。匾文是：

“……靖乱安边：

十九年冬，有昭通人刘家仲，北荫……

蓄乱谋联团招匪，委以川南边防……

总司令名义□委师旅，金十数之……

图，先袭取叙永，以为根据，俟……

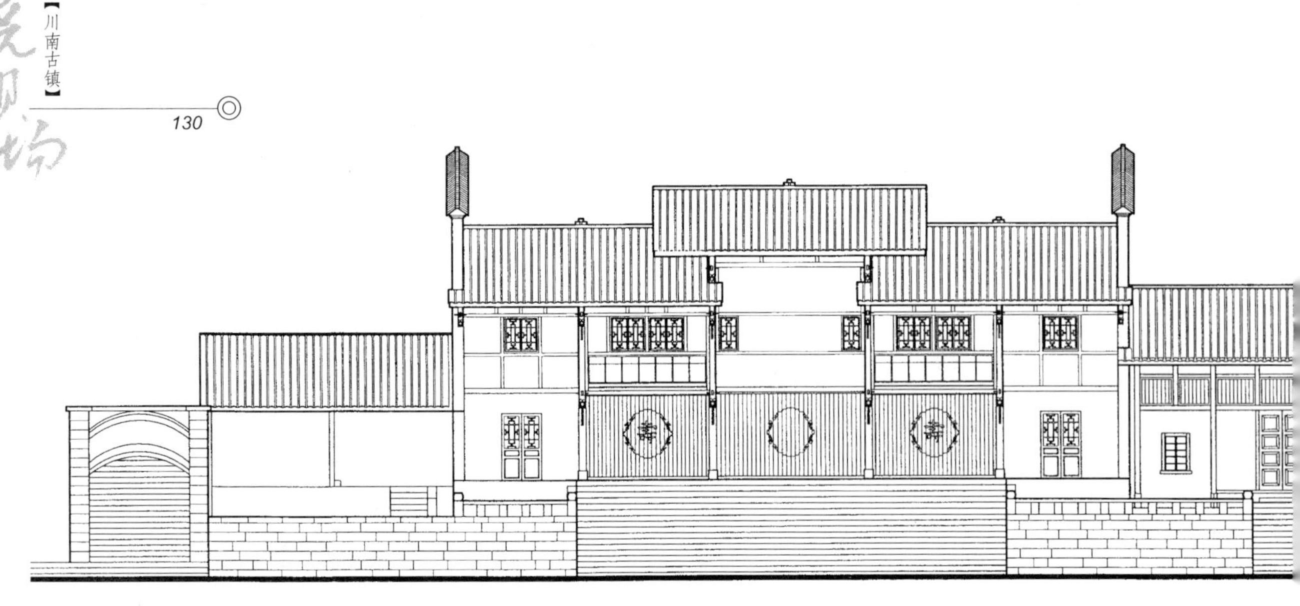

沿街局部立面现状图（两连片之一）。

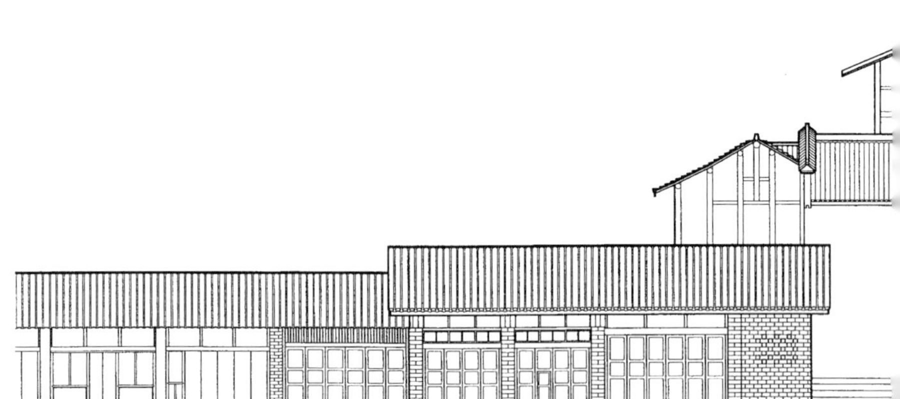

15米

沿街局部立面现状图(两连片之二)

有曰，合江尧坝场团总喻问陶……

民团队长赵陵先洄知重事，密来……

举侯授计，诱擒元恶就殄，嘉……

名大义，抒忠诚，以保靖我边疆……

用锡四言庶以彰美。”（匾文格式完全按照木匾被锯断的情况抄录）

遗憾的是木匾两头锯掉，上款、下款缺失，但好在木匾上的“尧坝场团总喻问陶”是个有案可查的人。他于民国十九年（1930年）任尧坝乡长，匾文表彰的也正是尧坝团防队的功劳。找到了这块残匾，尧坝人好像也找到了值得骄傲的回忆：一次泸县的一个乡遭土匪抢劫，占据了乡政府所在地，参加支持剿匪的几个乡的乡丁前去都未打下，几个乡的代表要求尧坝的乡丁前去支持，结果打败了“老二”，胜利归来，于是尧坝团防乡丁的声名更大了。

但是，尧坝乡政府有了很强的自卫武装，有了各种权力，一些乡长便借此作威作福，欺压百姓。任体先当乡长时，尧坝的赵五娘在街上开了一个小店，买豆花兼有几间床铺供住宿。一次赵五娘小店里来了一位安岳县的卖漆的漆客，随身带了些值钱的东西，当夜乡公所团防队的保丁在野兰桥一带抢钱之后，路过小店，便进店抢了漆客的所有东西。当赵五娘大喊着“抢人了，抢东西了”，寻求巡街的人帮助时，乡政府的保长和乡公所的几个保丁提着枪，打着灯笼假惺惺地跑来了。没有追查罪犯，反而一口咬定是赵五娘私通土匪干的，捆绑着押到乡公所严加逼问，并将其关押在东岳庙的男宾楼上，赵五娘气不过，第二天就在男宾楼上上吊自杀了。

尧坝每年都要征兵，乡长、保长借机敲诈钱粮，一个壮丁当时的身价为十多担黄谷，交足黄谷的壮丁可以找替身，交不起的只能去当兵。因此乡民说：“有钱有米，夫妻团圆；无钱无米，壮丁该你”。如有不服或揭露他们的，都会受到各种形式的报复，甚至被杀掉。民国年间，团防以保卫镇子和百姓安危为借口，向百姓强收各种税费，尧坝乡最多时税费有三十几种，其中与团防有关的税费就有：团丁费、冬防费、保安费、保甲费、门户练费、门牌税、壮丁费、军服费、子弹费、自治谷、随粮购担费……等等。交不起苛捐杂税的就要被关押，直至交齐才放人，被放的人还要缴一笔寄押费，对百姓的盘剥已到了敲骨吸髓的地步。

第五章

商业、服务业及其建筑

尧坝场是川黔古道上的栈口，是川南黔北交界地区重要的商贸交易旱场，它为川黔古道的贩运和往来商旅服务，还为场镇周边农村提供集市贸易服务。因此尧坝场既有商业街日常商品的经营，又有农村集市贸易市场。

第一节　街上的商业及铺面形式

繁荣时期，尧坝街上有一百多家店铺，经营销售的内容广泛而丰富，小到针头线脑，大到烟馆、酒店，连政府严禁的枪支弹药都有。适应和满足了川黔道上往来的马帮、背夫、一般零售批发的小商贩、周围普通农民、以及富足的绅粮、老爷等不同阶层的需要。行业大致分为：餐饮业和食品业；日用百货业；服务行业；各种作坊和其他行业。

尧坝新街子沿街商铺十分整齐

尧坝街南口商业面貌

赶场的日子尧坝老街十分热闹（贾大戎摄）

炒菜馆的灶间敞开向街道，顶上挂着各种腊肠、腊鸭、腊鱼和腊肉，客人随点菜随炒，货真价实

饭铺里有炒菜，也有米饭、包子和馒头等面食

尧坝街上最多的是豆花店

一、餐饮业、食品业和日用百货店

与百姓日常生活紧密相关的店铺，主要有饮食业和食品业。它们体量不大，多数为单开间，少数有二间或三开间的，采用前后两进或三进深，每进之间有小天井采光通风，又窄又长。这类建筑多为木结构，墙壁采用竹编抹灰，顶上铺青瓦，少量为夯土墙体草顶，形式朴实简洁，建造质量较差。店铺临街多为单层，门脸朝向街面敞开，木板排门，白天门板卸下，打开，走在街上，店内商品一目了然。也有些店铺，把卸下的门板用条凳支在铺子前，再摆上货品，客人不必进门就可随手触摸到商品。店铺门前也有招幌，各式各样，有悬挂一块布招牌，上面写上经营内容，如“茶”、“酒”，或利用店前的墙壁书写墙招。也有用实物悬挂为幌子的，如草鞋、斗笠，门前一排酱缸、酒缸，饮食店沿墙挂满大串小串的腊肉、腊肠、腊鸡、腊鸭等。

1.餐饮业　民国年间，尧坝街上的饮食业已有档次不同的几十家，如“红锅子馆”5家，便饭馆十几家，甜食店十几家，黄粑店5家，面食店3家。红锅子馆即普通饭店之外加煎炒意。红锅就是火旺油热，铁耳锅快要红了的意思，表示随时都可以煎炒各种菜肴，是尧坝最高等级的饭店，正宗的川菜饭馆，也卖烧酒。餐馆门面通常较大，两开间或三开间。主要接待乡政府官员、袍哥大爷和大绅粮这些有身份地位的人，普通百姓光顾的很少。红锅子馆与普通店铺的建筑没什么两样，只是家具整齐些、宽敞些而已。

便饭馆卖豆花饭，卖炒菜和烧酒。豆花店以卖豆花饭为主，与便饭馆不同的是闲时兼做茶馆，这种店价钱便宜，饭量实在，好吃又有营养，很受贩运的背夫、马帮夫及百姓的喜欢。尧坝小吃也很有名，黄粑店（又叫粑粑铺）、甜食店和面食店价格便宜，受百姓的喜欢，尤其是往来商贩随时买上一块黄

香喷喷的豆花饭

人们最爱吃豆花饭，它经济实惠好吃。豆花锅通常一直坐在火炉上，什么时候吃都是热腾腾的

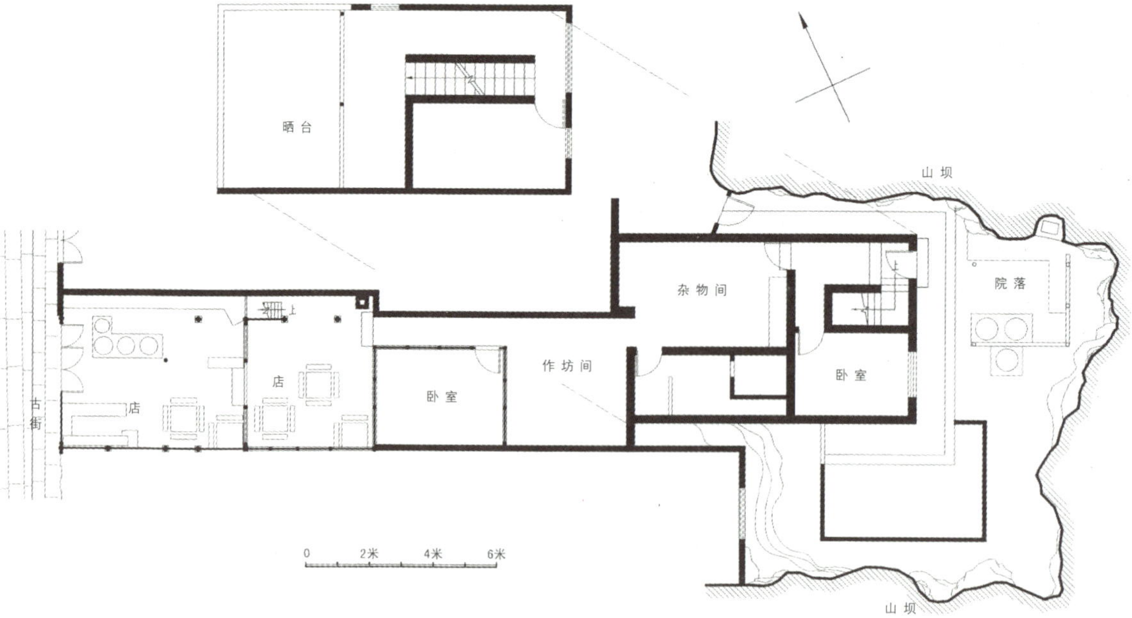

尧坝街70号(豆花店)一、二层平面现状图

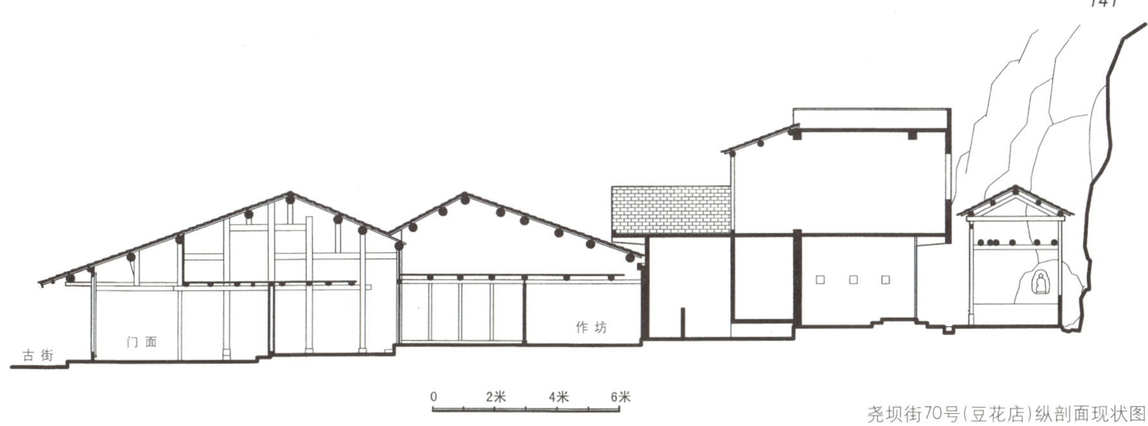

尧坝街70号（豆花店）纵剖面现状图

糕或面饼既可填肚子，也可做远行路上的干粮。黄粑好吃，买的人多，四川爱唱“莲花闹”，戏词就唱“莲花闹，两块牌，这边走来那边来，一走走在粑粑铺里来，这粑粑做的好，香香甜甜吃个

川菜中最主要的佐料是辣椒，这是制作过程中的豆瓣辣椒

饱。”也有讽刺粑粑太小唱“这粑粑做的好，两个不够一口咬。”尽管是讽刺，说明百姓确实喜爱这些小吃。

便饭馆、豆花店及黄粑店都是小店，有炉子一两个或两三个，通常就摆在街沿边，边制作边销售。炉上大铁锅里是冒着热气的、白嫩细香的豆腐花。有糯软的黄糕，蒸

尧坝街72号。厨房内挂满腊肉

农家最爱吃腊肉，以前只有年节才有得吃，现在家家顿顿饭桌上都有腊肉。豆花饭则是家常菜饭，顿顿少不了

笼里还有粉蒸肉，笼盖打开，浓浓的蒸气一下腾起来，不吃，看着这景象都有满足感。即使是绅粮家体面的小姐，坐轿来逛街，也会在粉蒸肉、豆花的诱惑下不得不吃上一碗才走路。

便饭馆、豆花店、黄粑店等店小，经营有限，菜饭的品种单一，为了生意，各店之间相互竞争，用各种方式招揽客人。李柱陶老人说，尧坝“黄桷树”一带生意一直不旺，民国时有个不起眼的小豆花店打出一个幌子，上面写着“不关事”，意思是吃了可以不给钱不关事。幌子一挂出，赶场的人们觉得新奇，纷纷光顾小店，当然没有人真的白吃，只是看新鲜，结果真的把生意带起来了。有个叫李志国的，在三元街开了个面馆，看到“不关事”的作法也如法炮制，挂出一块木幌，上写：“求不腾”，意思是求不得大家都来吃，吃了没关系，结果也招来不少上门客。一个“不关事”，一个“求不腾”，其他铺子都来效仿，老街如焕发了青春，生意也明显比以前更好了。一些很少出门的山里人，农闲时把到尧坝场逛街，看街景，当作一件很值得炫耀的事，似乎去

小酒铺

过尧坝场就意味着见过世面了。

2.食品杂货店　为满足街上及周边农村人的日常生活，街上有各类油铺、盐铺、酒店、食糖铺、酱品店、京果铺、干鲜品店等。尧坝的食品如白糖、黄糖、食盐、食用碱等，均从泸州进货，少量如酱品、菜籽油，一些干货为当地自产自销。“盐”是特殊商品，川、滇、黔一带缺盐，长期以来食盐都受政府的严格限制。清末以前，大宗马帮货物多半是盐巴，官盐为主，也有私盐贩子。穷苦人家为节省盐，将粗盐块块用麻绳拴住，做菜时将盐在锅里搅动一下即提起，称为吃“打滚盐”。官盐要从出井盐的自贡买来，运至贵州赤水的盐务局，途中经过尧坝将部分盐巴偷卖给尧坝商人。盐的销售利润较高，从清末起尧坝有了盐帮组织，专门从自贡贩卖私盐，由于逃避了税收，获利较大。民

杂货、百货一家挨一家

应有尽有

杂货店

卖笔墨纸砚的纸店，还代人书写家信和对联

街上日用百货店内商品种类齐全

国时期尧坝盐店有十几家，有个叫李三盐巴的，仅贩了三五年的盐，手头就明显富裕起来，又建房又买地，在尧坝大名鼎鼎。贩盐赚钱快，风险也大，一些盐贩做几年积累点本钱，就改做其他生意。

3.日用百货店　尧坝场是周边乡村的商贸中心，清中叶以前街上百货业主要有竹筐和棉布（土布）等家庭手工业产品。清中叶到民国年间，百货业发展很快，尧坝街上有绸缎铺六家、土布店二十六家，有专门卖洋布的布店以及鞋帽店。经营日用品的店铺也丰富了许多，百姓日常用的水缸、酒缸、酱缸，腌菜的坛子，各种茶具、饭碗等以及灯油、火柴等多都能在街上买到，这些货品，均从泸州进货，少量日用杂货等当地自产自销。

二、服务行业

尧坝是川黔道上的栈口，服务业自古所占比重都很大，类型也十分丰富，主要有：客栈（又称栈房）、茶馆、剃头铺、成衣铺、轿行、八音会（做红白喜事的锣鼓手）、银饰铺等。其中最重要的，一为客栈，二为茶馆。

尧坝“新街子”地段最醒目的招幌是“尧新客栈”

1.客栈

尧坝第一栈　尧坝客栈伴随着川黔古道的贩运而形成，民国时期街上已有八、九家栈房。其中建造最早、最有名、规模最大的旅店称为“第一栈”，也有称它为“川南第一栈”的，1949年拆毁改为小学校。

炳兴客栈　尧坝场另一座历史悠久的客栈为李炳新所开，建于清末，商号“炳兴场”，百姓俗称“炳兴客栈”，是一座专门接待下层苦力如贵州“背儿子”的低等小栈房。它位于尧坝街现37、39、41号，即“大窝凼”口上。客栈三开间店面，有前后二进，上下两层。为木结构，竹编抹灰墙，青瓦屋顶。

尧新客栈门脸

李炳新从小学中医，最初只租一间铺面，以卖中草药材、兼坐堂行医为主。赚了钱便造起这幢房子来。底层前进依旧行医卖药，后进作储藏加工药材的地方，两进之间的天井，光线好，建有凉亭子，做厨房。上层改成栈房，分隔出一个个的小间，每间10平米上下，供客人留宿。楼梯就在当心间。客栈的后面为自家的菜园兼做马棚，菜园外面就是尧坝场背后的川黔古道。

李炳新的儿子李天铣老人回忆[①]：小时候家里又请了三个工人帮着照料客栈的生意，母亲替人洗衣浆补，操办着一家子的吃喝。天一黑，栈房门口便挂起一盏方形纱灯，上写着栈房“炳兴场”的字号。贵州下来的背夫们走到客栈时，往往天已黑透了，就进后门穿过菜园到炳兴客栈里。背夫们的篓子装得很满，还要额外再加上一些摞在篓子上面，因此一篓约200－300斤货物。

由于栈房小，背夫们进来后，背篓只能一个挨一个摆在过道上，将贩运途中所用的主要家什：“尖兜兜”、“拐把子”（又叫“一根腿”）、“刮汗圈”收拾好，交钱住宿。炳兴客栈设施简陋。除有几个房间有床和必要的家具外，其他的房间没有家具，客人就睡地铺。地铺便宜，一间房睡五六个人，一晚两个铜元。冬季是棉被铺盖，夏季单被席子，铺盖都是粗土布做的，长期不拆洗，里面藏满了虱子、臭虫，布面上油腻汗渍合着灰土，水撒上去都不会

①李天铣，尧坝人，1914年生，从小跟父亲李炳新学中医，成年后在尧坝行医卖药。

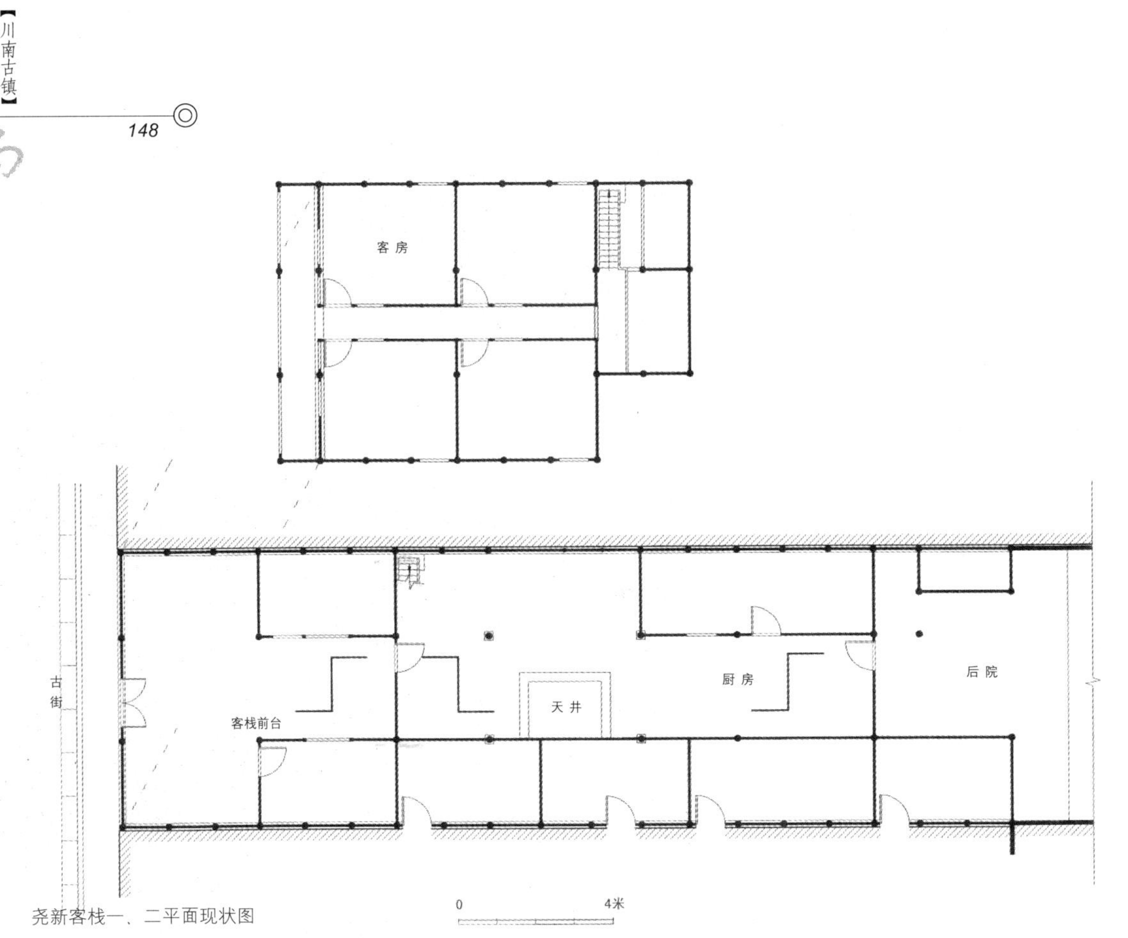

尧新客栈一、二平面现状图

透。背夫们劳累一天能睡个囫囵觉，也就管不了铺盖干净还是脏，有无虱子和臭虫了。

取了铺盖，背夫便两人用一桶“滚水”在客栈底层的天井内冲洗身子，解乏去汗，然后等着开饭。饭钱是单交的，一份“帽儿头饭”一个铜元。帽儿头饭一份有一斤，先用褐色的大粗碗装得满满的，上面放些时令蔬菜，然后再压上一小碗，形如戴帽，称之为“帽儿头”饭。背夫们有时太累了，也会几个人合伙割点肉，请栈房的老板给加工一下，再来点大锅菜，打打牙祭，每人喝上一杯，一杯约二两，俗称“单碗儿”①。吃饭是背夫们最高兴的时候，李天铣老先生形容：开饭时，堂屋里张张桌子坐满了人，背夫们捧着大碗，头都不抬的往嘴里拔拉，饭吃完就像打了一场胜仗，站起来，伸着腰，摩挲着肚皮，那叫满足舒服。第二天，背夫们不等天光大亮，鸡鸣即起，离

①卖酒以碗为单位，喝酒的碗比饭碗小，叫做“单碗儿”，后引申为喝酒。

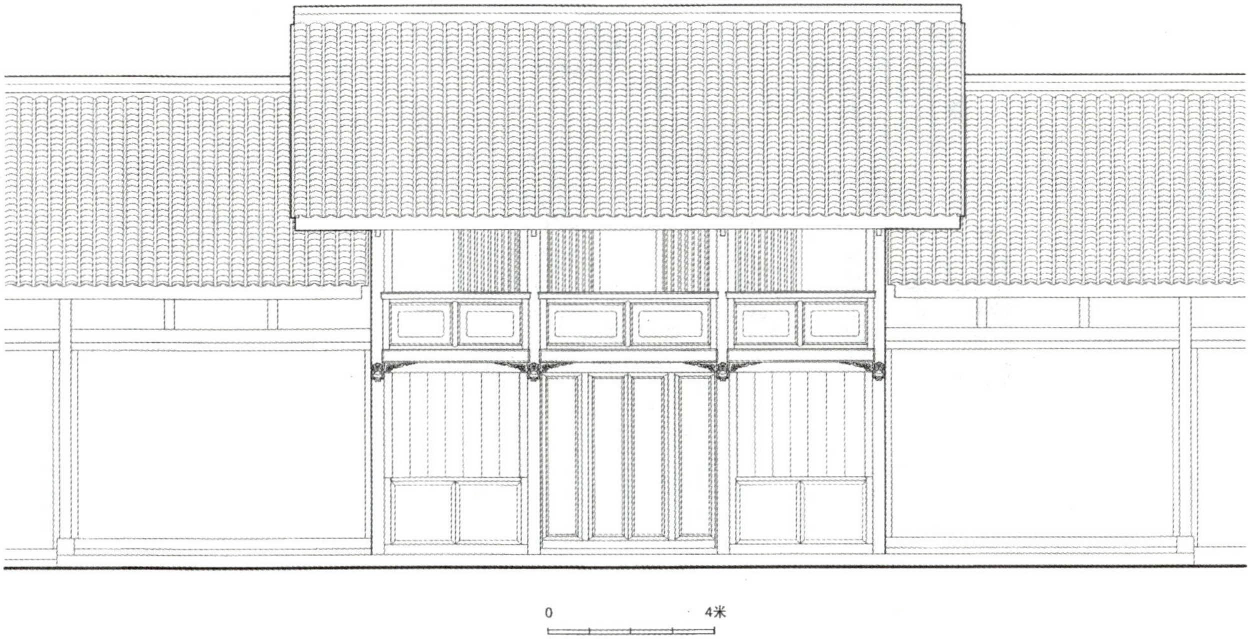

0 4米

尧新客栈沿街现状立面图

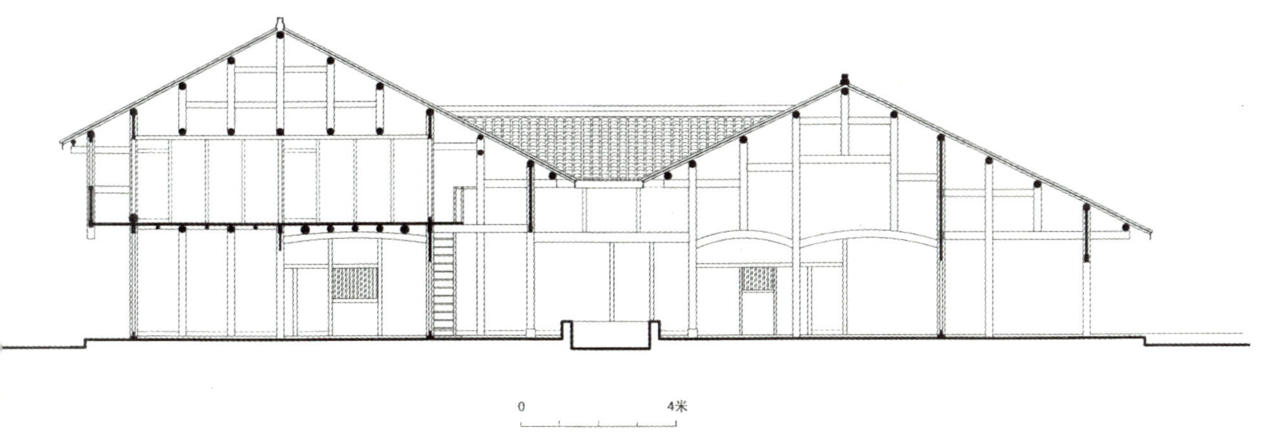

尧新客栈纵剖面现状图

尧新客栈内现状

店时把铺盖还到柜台上了事，就赶早上路了。炳兴客栈的房子于二十世纪五十年代收归国有，分配给三家人居住至今。

尧新客栈　清光绪6年（1917年）建造，原为周其彬儿子的绸布店，民国初年卖给王采帆①做客栈之用。后来政府倡导新生活运动，王采帆的客栈就起了个很时髦的名字“尧新新生活客栈”，街上人嫌名字罗嗦，简称为“尧新客栈”。

尧新客栈是一个小而精的客栈。它建在“尧坝第一栈”的街对面，坐西朝东，三开间，前后共两进。第一进沿街做铺面，两间经营茶馆，摆着五六张桌子，右次间设柜台和食品架，临街对外卖货。从当心间向里有专门的账房间和客房，再向里是天井，西侧是敞厅，东侧是客房，其他为杂货间和厨房。一层的后进主要用作储藏之用，也给店里的伙计住。客栈二层有6个客房，有两间等级较高，内设全套家具，凌波雕花床、雕花洗面架、铜面盆、还有梳妆台、衣柜、马桶等。其他为普通房间，只有床。尧新客栈二层较低，为了通风，在二层前出挑做成前檐廊，有一些雕饰，使客栈立面新颖美观。1949年尧新客栈分给几家做了住宅，现做茶馆，保存完好。

2.茶馆

尧坝街上有“一街店铺半街茶馆”的说法，形容茶馆之多，实际上当时尧坝街的茶馆比形容的还要多。只要能放下桌子的铺面，不论是饭馆、酒店，甚至作坊，都可兼做茶馆。尧坝有专门的茶馆十二家，四川人有喝茶的习惯，不论什么时候，茶馆里总坐得满满的。讲究的袍哥大爷和绅粮们喝着云南来

②王采帆“十三世文烜，号采帆，蓝翎五品衔，升用知县，湖北候补府，经历因母老子幼未士，咸丰已卯五年（1855）二月二十九日丑时，合江尧坝支场巷子头生，民国十八年已巳七月初五日甲时，本场回龙窝没。行年七十五，葬于己业场后，尧上头南山之阳。”清□□□《王氏家谱》载。

的“沱茶”，普通人喝的是当地出产的各种土茶、山麻柳茶。1949 年前尧坝街上每家茶馆一年都要喝掉几十斤土茶。人们借助茶馆休闲摆龙门阵、歇脚、谈生意，一杯茶可以坐上一整天。不用招呼，茶馆的茶房“幺司”，会随时上来添水。茶馆里也常有乡下来场坝看街景的，开眼界的，在茶馆里听听乡下听不到的新闻。俗话说：开门最早的是客栈，关门最晚的就是茶馆。

尧坝的茶馆和饭馆、酒馆的建筑形式大体相同，都为前店后宅式。前进沿街摆桌开茶馆，白天卸下板门，向街面敞开，晚上将板门上起来，后进则是厨房及杂物间。茶馆的楼上可做住宿兼储藏。

在四川一带，一个乡场的中心就是茶馆，它不是简单的喝茶消遣，玩耍娱乐的地方，而是有着很多的实际功能。1949年之前，茶馆是民间办事之地，凡有了纠纷，袍哥或家族中威望高的绅粮来茶馆中进行调解和裁判。如果双

赶场时茶馆总是坐满人

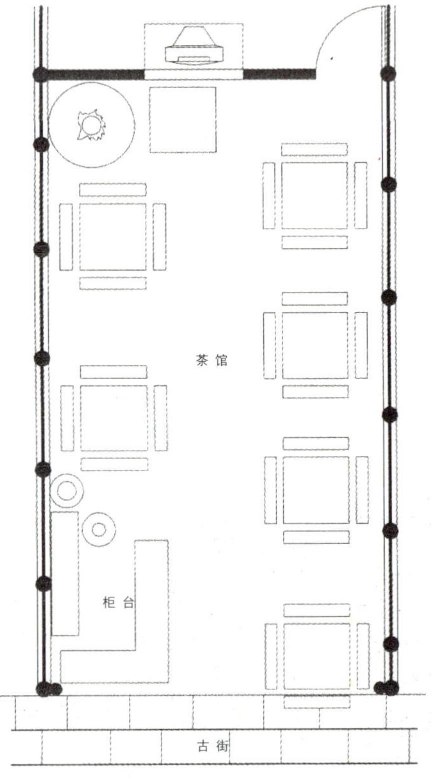

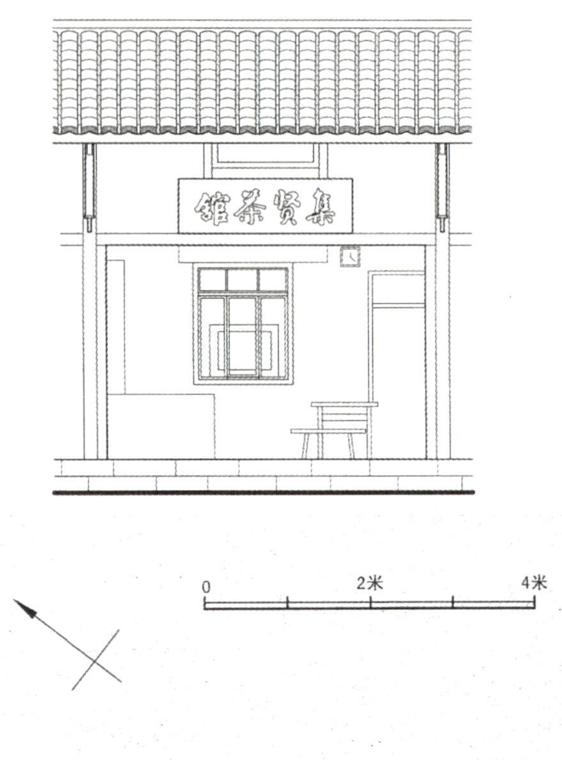

集贤茶馆平面、立面现状示意图

集贤茶馆内，宋老板与"玩友"们喝茶谈戏。提壶倒水的为宋老板

茶馆里休闲娱乐

聚在茶馆喝茶、打大二

茶馆内外

方都有错，裁判之后各交一半茶钱，如果责任主要在某一方，责任方除了交茶钱，还要照议定数赔偿对方。因此茶馆的正堂上都供有“关二爷”，以示“义”字为先，公平公正。

过去政府的各种税都在茶馆中坐收。茶桌上放着茶杯及收税“师爷”的一大摞税款收据，街上店铺的伙计会陆续前来缴税。镇上的联保主任或团总、保长们也会在赶场天坐茶馆里处理各种事务，如谁家没有按时交税款，该出公益而没出的等等。

酒馆也做茶馆，人多时桌子就摆到街上

其次，茶馆是商品交易的重要场所。民国时期尧坝公开的交易是粮食，大牲畜、竹木材，竹木质品、大烟、枪支弹药及土炮等，另有半秘密的交易，如壮丁买卖，可公开谈价，却秘密操作，茶馆中常看到的两个人头碰头的情况，往往都是在谈交易。各行各业有自己常用的茶馆。

其三，茶馆是重要的劳务市场。镇上的一些手工业者，如木工、瓦工、泥水匠，盖草房的梳均匠，做零工散活的，帮人操办婚丧嫁娶之事的，做佣人、奶妈子的等等，都在定点的茶馆内等待及交易。镇上的人或周围农村的人有业务需要，都会到定点茶馆去找人，并且在茶馆里交涉完成。据说1949年前，尧坝一带有名的泥水匠王金洲、王海洲及绰号叫唐泥水的人，家住附近农村，逢场必坐茶馆揽生意。

其四，茶馆还兼有俱乐部的功能。二十世纪三四十年代，尧坝场最为热闹，逢赶场天，街上总有不少赶夜场的，人们聚在茶馆里打“玩意儿”，[①]说评书、打麻将、字牌、扑克，茶馆里大多满座，有时街道上也挤满人。在听客、玩客中，有时听曲听到兴奋之处，常会拍桌打掌地痛骂一通保长、团总、或曾经招惹过他们的人，引来一大群人看热闹。由于人们爱坐茶馆，摆龙门阵（聊天），打玩友（业余唱戏），人群聚集在一起，各种信息、消息会很快传开。

3.制鞋业：贫苦下力人多穿草鞋，但制鞋业只做布鞋，草鞋虽也是鞋却由篾匠一行来做。街上有身份的男性都穿青布鞋，青布鞋多自家做，少数请制鞋师傅来做。民国时期一些袍哥、绅粮开始模仿洋人，穿起皮鞋，戴起礼帽来，街上的制鞋店有个叫王玉才的，专门修理起皮鞋和胶鞋。

4.成衣铺：清以前尧坝的成衣铺为手工做衣服，一件通常要一两个月。民国以后，尧坝场的姜裁缝在泸州以80元大洋买了第一部缝纫机，以后成衣行业从几家发展为十几家。尧坝商业的兴旺，让周边乡下人逛一次场就像逛了县城、省府一样开眼界，因此镇上的富商绅粮们也格外看重自己的仪表。老人们回忆，三、四十年代，尧坝场的裁缝也学做些时髦的衣服，例如乡绅们出来，身穿海港蓝的海服，当时流行宽大的长袍，有钱有闲阶层才穿，很神气。为此尧坝街上的裁缝也格外风光。

5.剃头铺：1933年尧坝专门店理发店有四家，只用刀子剃头、刮脸。1934年后李银山来尧坝，开始用剪刀理发，镇上理发、剃头店很快发展到二十五家。

三、各类作坊

尧坝场作坊十几家，其中酒坊最多，有九家。染坊、油坊、豆腐坊好几家。

1.酒坊　尧坝是重要的粮食产地，主要有水稻、小麦、高粱、红苕及各种豆类。稻米、豆类卖到贵州，高粱多用来酿酒，供本地饮用，部分卖到

---

① 打“玩意儿”，即川剧演唱，是民间业余文艺活动。

贵州的赤水等地。尧坝街上李姓为酿酒大户，共有三座酒房，即大糟房、二糟房、三糟房。大糟房原为一座四合院住宅，上下两层，房子建造得考究。高高的台阶，三开间门脸，当心间开大门。进入宅内，一层周围廊，二层跑马廊，朝向天井，宽敞舒适，穿过天井，后为卧室、灶房之用。二层为伙计所住的房间。后来房子改做酿酒坊，称“大糟房”。民国年间大糟房转卖给了王姓，王姓老板又把房子捐给了政府，用作尧坝乡公所的办公地，一直用到1982年。

二糟房在现王祠堂巷下面，是一排简易的房子，约四、五间。三糟房位于回龙街的南侧，一排四间。在尧坝外围的塘湾头、李湾头也有三家较大的酒坊。酒坊建筑与一般商铺差异不大，通常三开间，进深两三进，木结构。临街做酒店门脸，后进为作坊和居住。尧坝的大糟房初建为住宅，后改成酒

原大槽坊，整修后的情况

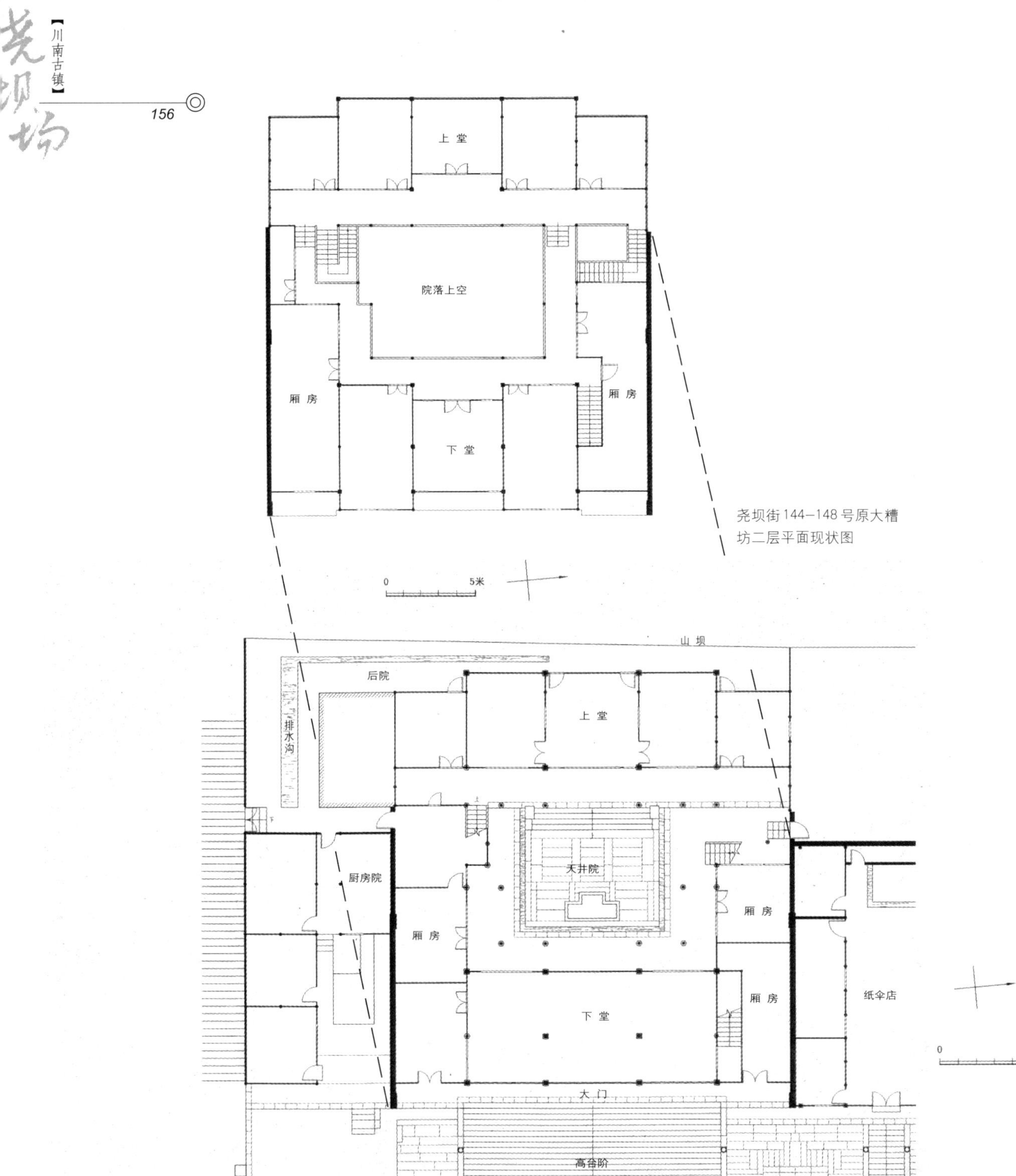

尧坝街144–148号原大糟坊二层平面现状图

尧坝街144–146号原糟坊一层平面现状图

坊，所以显得较为讲究，实际是个特例。

这三个糟坊生产的都是高粱烧酒，生产规模不大，但酒好喝，名气大，成品装坛子，叫“酒瓮”。酒瓮用竹子编的外套拢起来，挑到镇子周边各个小场子上卖，有部分销往贵州。“尧坝第一栈”后面住着一个叫咎时财的人，一家子专做挑酒夫。住在回龙窝的阎姓也是终身做挑酒夫，据说挑酒可以得些实惠酒喝。也有贵州人专程来买酒的，自己挑回去。

尧坝原大槽坊立面

酒坊铺房都设置柜台，柜台边是高凳子，有点像现在的吧台高凳，在接待那些来批发酒的生意人之外，柜台上的常客主要是街上人或上街办事的散客。尧坝场上多是苦做苦吃的人，累了、痛了、烦愁了、高兴了都会来酒坊或酒馆，坐在柜台前高凳上，用不多的一点钱喝一杯酒，叫做喝“单碗儿”。一个单碗二两，约合现在是五角钱，就是这么便宜，照样不少人要赊账，等到年终一起结。喝“单碗儿”常用煮葫豆（即蚕豆）下酒，好一点的是一小碟花生米。尧坝街上三天一场的聚会，熟人碰在一起喝单碗称为“单碗朋友”，常常是一边喝着，一边唱着酒令：“豆豆酒，好朋友。你开钱，我吃酒。我开钱，你吃酒。昏昏醉到太阳西，有的回家了，有的还想酒。”

乡下人来镇上常请人代笔书信，不需要花多少钱，还个人情，就请喝个“单碗儿”做为报酬。在茶馆里聊天常会地听到，“上次我花了一个‘单碗儿’，请那八字先生写了封信”，“一个单碗给我看了个方子”等等，因此酒店总是那么热闹，尤其是赶场天。

2.染坊　1949年前，尧坝一带的百姓基本上穿手工自织的棉、麻土布，经过用蓝靛草汁土法染色而成蓝土布，做成长衫、衣裤，做铺盖。民国年间尧坝共有三家前店后坊的染坊，染坊也接受外来加工，乡下人带着自织土布

原大槽坊门脸

原大槽坊内现已改成茶馆

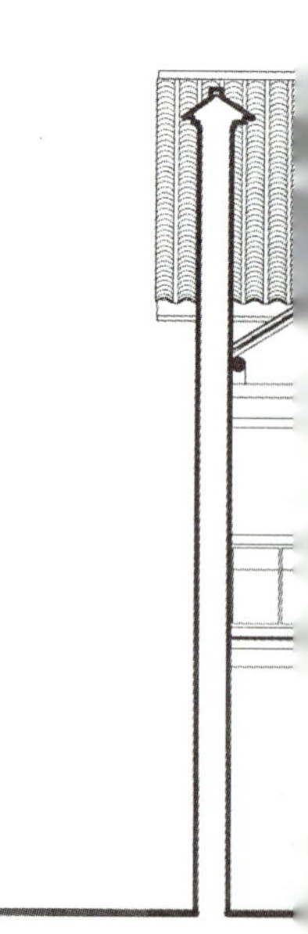

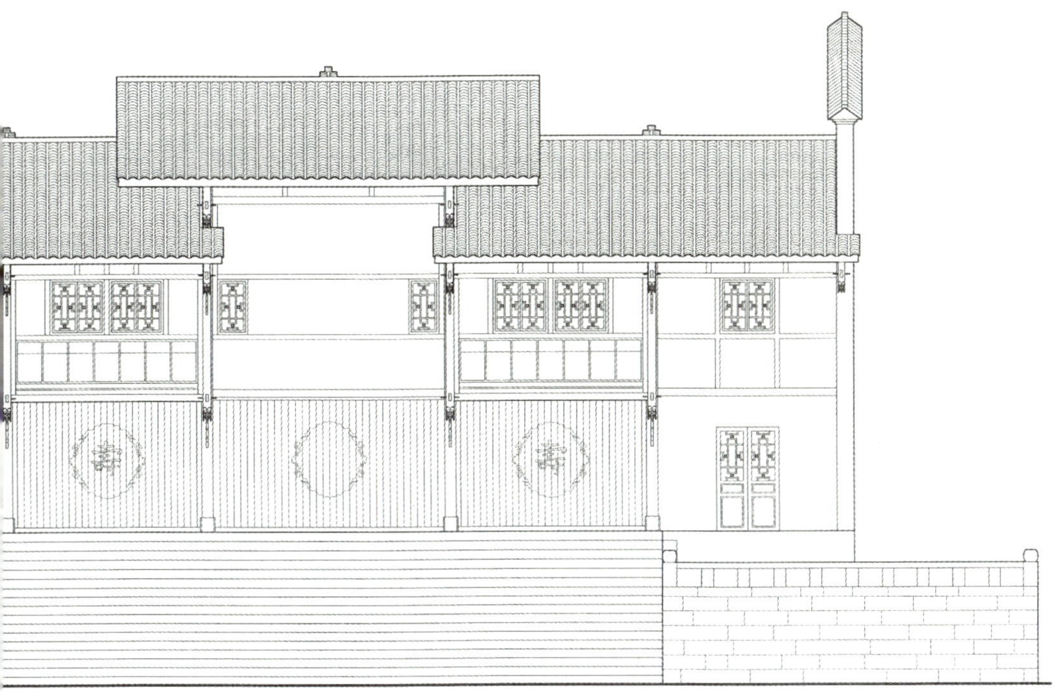

尧坝街 144–146 号原大糟坊沿街立面现状图

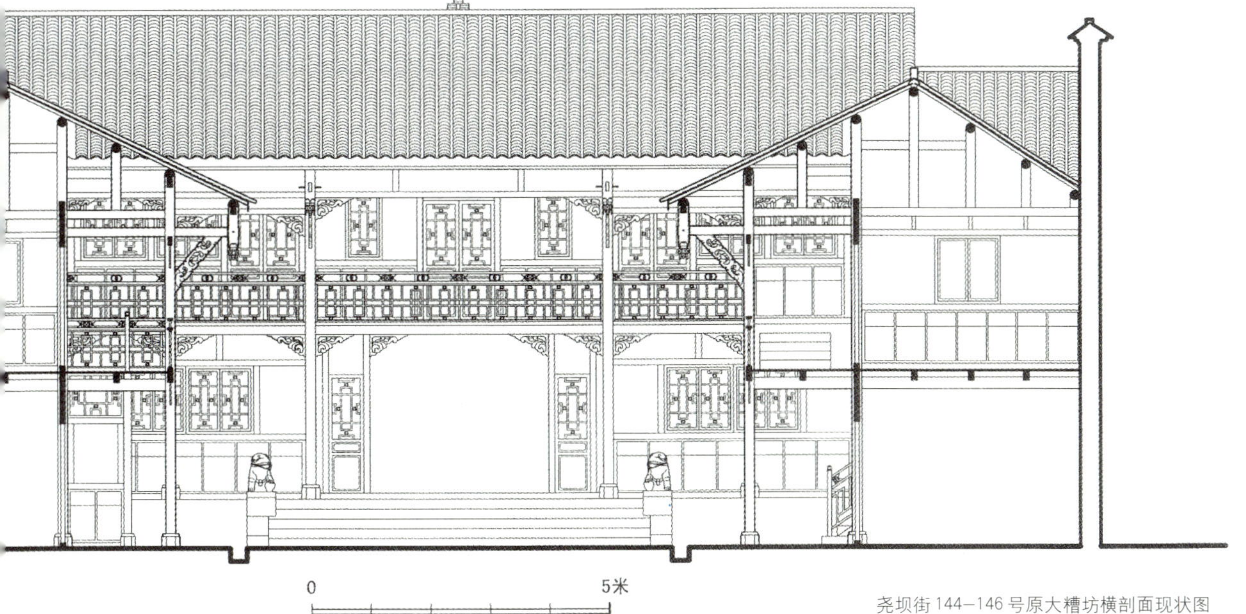

尧坝街 144–146 号原大糟坊横剖面现状图

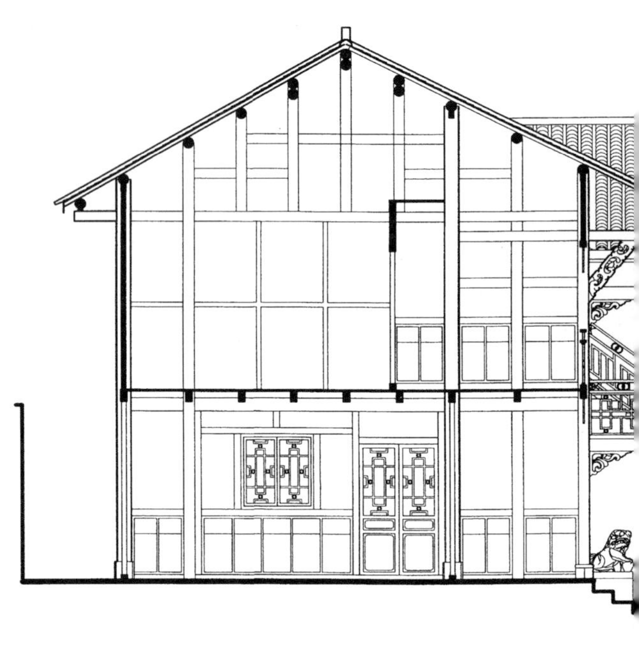

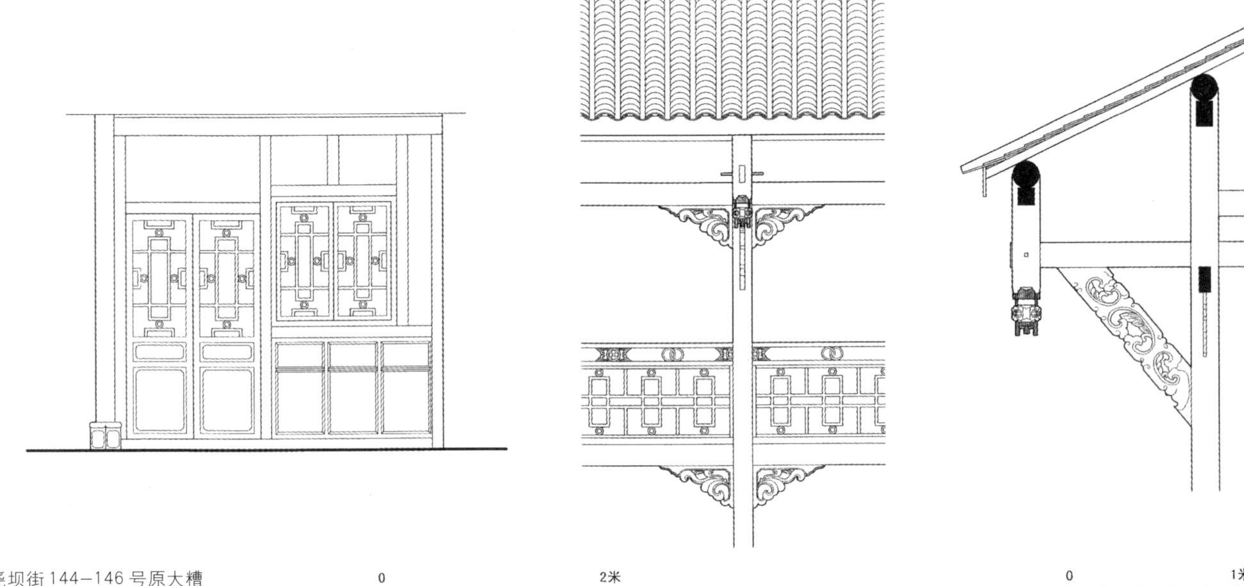

尧坝街144–146号原大糟
坊局剖大样图

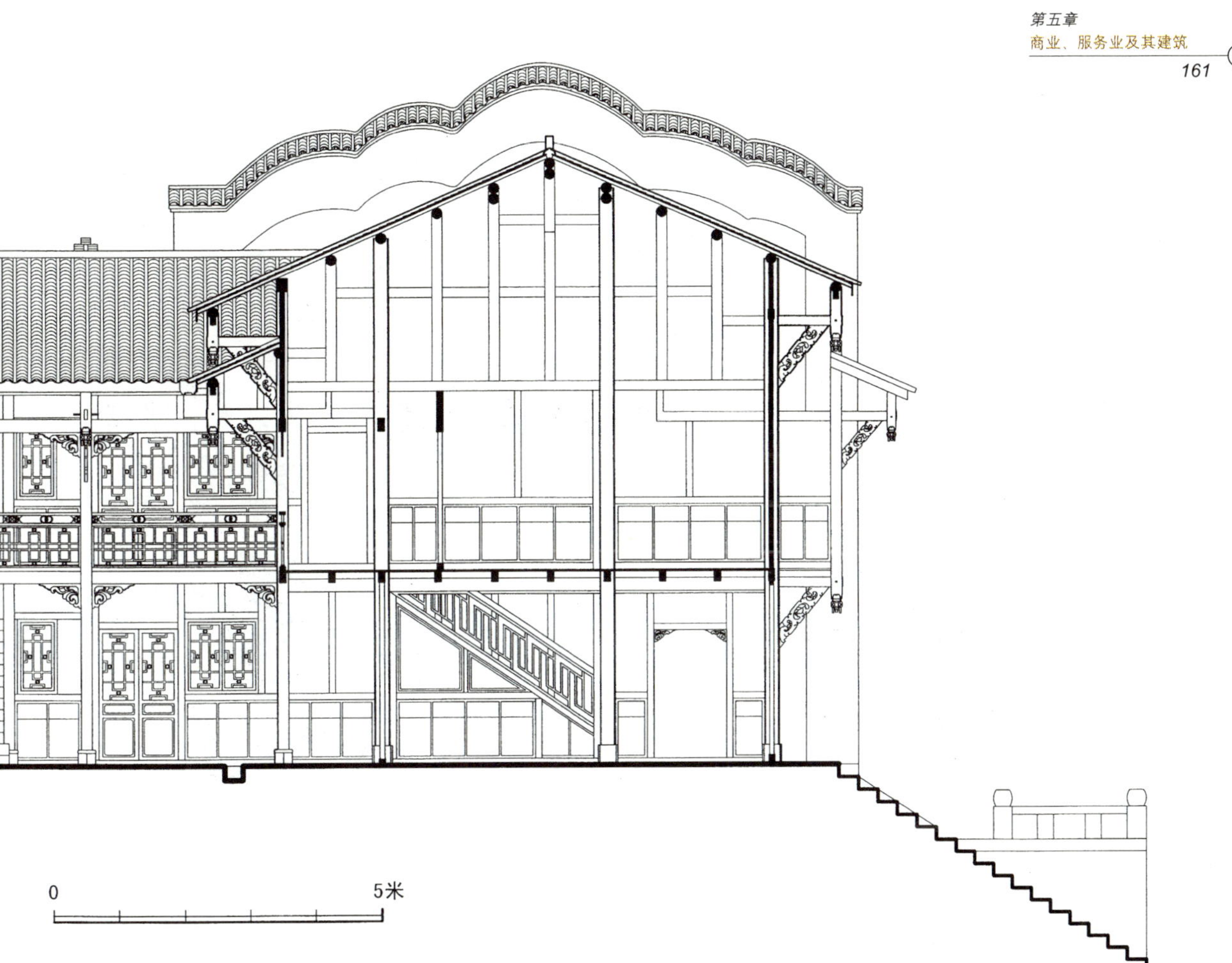

尧坝街144–146号原大糟坊纵剖面现状图

俯瞰原大槽坊

到染坊来染。这些粗蓝布，结实耐用、耐晒，褪色慢，至今百姓们还很喜欢这种蓝土布。

3. 油坊　尧坝场上曾有一家油坊，位于尧坝的长湾处，采用牛拉碾子木榨机生产油，卫生条件差，产油量低。油坊需要较大的空间而且脏，因此油坊与油铺不在一起。

四、其他行业

尧坝场不大，与生活相关的行业十分齐全，如医药、屠宰、纺织、木器、打铁、编篾、裱褙铺、丝烟铺、胭脂铺及建造业等。

1. 医药业　长期以来，贵州的草药、皮毛、山货靠“背儿子”背到泸州、重庆，返程时带回盐巴、粮食、布匹及日用品。尧坝作为“栈口”，也有不少人很早就参与到贩运药材的行列中，民国年间不少人打着贩运药材的名义，私贩违禁的鸦片，尧坝约有十六家药铺，其中借药行做幌子销售鸦片的占一半以上。

1949 年前尧坝的医药业主要经营中医及中成药。二十世纪三四十年代，场上有名的中医有：豆焕章、肖玉奎、任全安、许益山、喻柱成、陈钧玉、王干霖、周惠之、喻沛然、喻栋梁、陈济生、王建儒等。药店有字号，至今人们还能想起的有“治安堂”、“杏林堂”、“洛生堂”、“济生堂”等。济生堂的后代陈颂全①说：父亲陈济生在尧坝场上行医，兢兢业业地为百姓看病，当地有风俗，为人治好病，病人出于感激，称大夫为干爸。至今陈颂全与其父亲所收干儿子、干女儿还有联系，有些感情还很深。陈颂全家里还保留了两块大匾，其中一块为：

恭颂

大国手济生陈老夫子　雅鉴

君实生我

弟宋荣安脱帽鞠躬

民国廿五年季春月下旬　吉立

也有送“华佗在世”，“起死回生”，“是良医也”匾。

做医药的人在尧坝场设立民间组织“三黄帮”，行医者交钱入会，方能在场上坐堂行医，一旦遇到麻烦也得到帮会的保护和帮助。

药铺门脸都不大，单开间居多，一般进深为两进，上下两层。少数有两开间或三开间的，均是同时从事几项生意，如炳兴客栈临街三开间，既开药铺坐堂行医，

陈颂全保存的“君实生我”匾额是民国22年乡人赠送给其父的

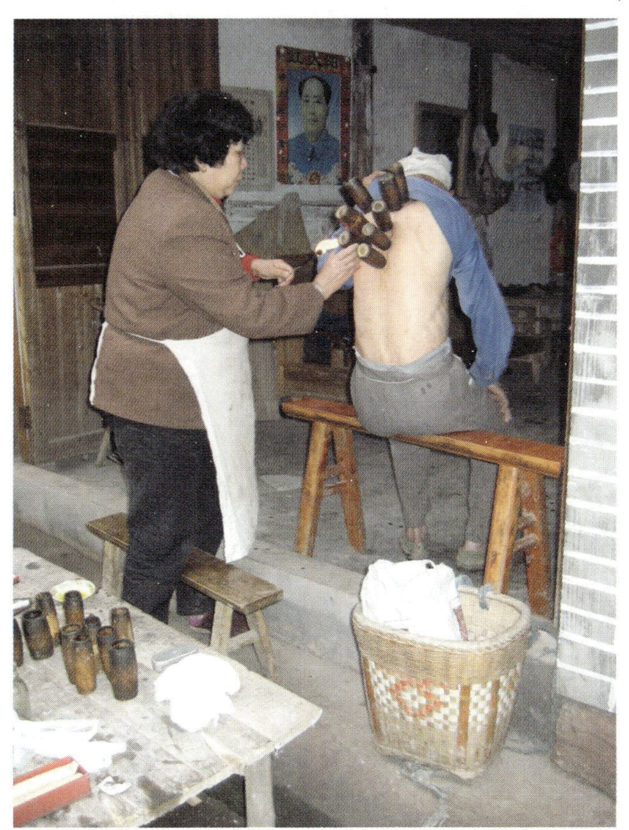

尧坝街上土法治病

① 陈颂全1952年生，为“济生堂药铺”陈济生郎中的儿子。

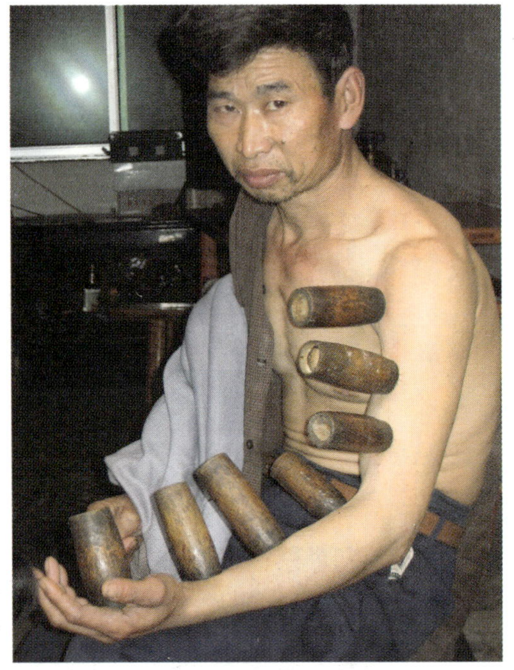

土法治病最常用的方式是拔罐子，哪疼拔哪，驱风祛寒，很见效。罐子是竹筒做成经济实用

又卖百货，同时又经营客栈。药铺的建筑格局与其他商铺没有太大区别，临街的铺面采用可装卸的板门，白天板门卸下，面对大街敞开，铺子里的药品一览无余。店里有桌子、床、条凳等家具，郎中就坐在堂内等候病人，兼卖药。有些行医郎中自己加工草药，制成丸、散、膏、丹出售，但主要还是用土法、土方治疗，因此沿街药铺的门脸前，通常会放一些拔炭炉，锅里煮着黑黢黢的竹筒筒，消毒后为病人祛风拔罐。那些闪了腰、扭了脚、受了风寒或头痛脑热上了火的，拔火罐化淤血，除风湿，治扭伤、寒痛效果很好。在药铺前常可看治疗的人从脚踝直到脚背，从肩膀到后胸，拔着十几、二十个几竹筒子火罐，竹筒子一串串排在身上很是壮观。民国十五年（1926年）尧坝场上有了牙医，但只限在场上设摊拔牙为主，没有铺面。

由于长期缺医少药，人们多信神信鬼，问占卜，求“药妈”，跳“端公”。妇女生产因破伤风、脐带感染、产褥热等的死亡率很高。有的产妇因胎盘不下，就“吊草鞋“，或请药妈、巫婆作法，贻害了许多生命。小孩生病也是请神问卜，大门上或道路边常常看到写有“天黄地绿，小儿夜哭，君子念过，睡到日出”的符咒，都是为病人祛病除妖而贴的。农村里得了重病或受了外伤的，无法医治，有的就借助鸦片来镇痛，一来二去，竟成了依赖鸦片的瘾君子。

民国年间尧坝街上的烟馆有十几家，除了为少数场上及附近绅粮服务外（其中有不少自家都备有烟具），主要是为过往的买卖人和背夫、脚力准备的。因此烟馆不讲究，什么房子都能做，条件非常简陋，烟榻多是木板通铺，铺草席，糠皮枕头，床边备烟盘子，装烟灯、烟枪、打火石、扦子及一小杯烟

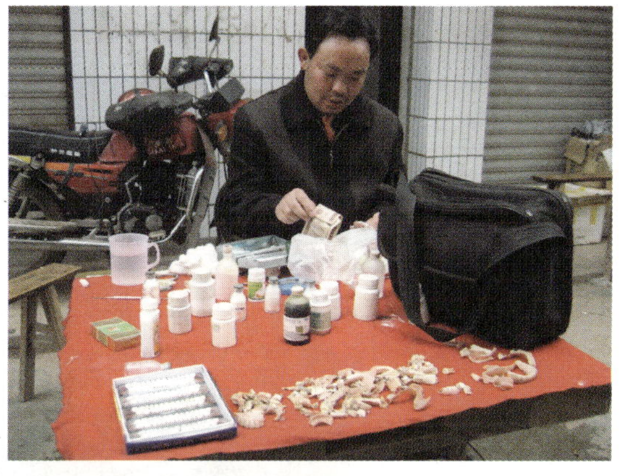
赶场时摆摊的牙医

膏。尧坝街南端，街面下有个地下过街排水隧道（现尧坝街9及11号街下），将东边的山水排到西边场外的农田。它长20米，宽2米多，高3米，水小时人可以在里面自由通行。隧道内冬暖夏凉。民国初年有个叫李文显的便在洞内搭起烟榻，开起烟馆，由于这里便宜，无惊无扰，逍遥自在，吞云吐雾胜似神仙，不少烟民在此吸鸦片，给它起了一个雅称“神仙洞”。尧坝老人们说，神仙洞是那些脚夫、背儿子们吸烟解乏的地方，一张草席为铺垫，一块青砖当枕头，通铺上能睡十几个人，白天涵洞内昏暗，雨天洞内一片泥泞，但一吸食上鸦片，不管条件有多么恶劣，瞬间都有仙人一样的感觉，排水洞也就成了神仙洞，那叫美！

茶馆前设摊卖草药

2.木器业：尧坝街上木器行四家，专门用油桐木挖瓢、制木桶、木盆、饭甑子，另有制造木农具的。木店兼谈判木材生意，也做棺材。尧坝还有三家专门的棺材铺，川剧“莲花闹”里唱道：“莲花闹，两块牌，这边打来那边来，一走走在棺材铺里来，这棺材做得好，一头大来一头小，死人装着跑不了。”尧坝周边是农业区，木器店也做木质器械，如车水的龙骨水车，木质碾米机，筛米用的风车，榨油机等。

赶场卖草药

3.铁制业：街上铁制业有六家，其中有打铁匠、专门销售铁制品的铁器铺，还有一家专门生产锯条的铺子，街上人记得铺主人叫刘俊高。

4.竹篾业：制作销售斗笠、箩篼、竹席、筲箕、小篮、鱼篓，……以及小小的花椒篓等。也编人穿的草鞋和牛穿的草鞋。尧坝街上有一种用谷草打的草鞋通常称作“偏耳子”，合现在一元一双。另一种称“麻窝子”，是用苎麻编成的草鞋，形状有点像早年僧人穿的鞋子，鞋帮稀缝，由麻线或布带编成，帮、底都是竹苎麻编就，一双相当现在五元。还有一种当地方言称“水巴虫草鞋”的，这是一种极粗极便宜的草鞋。川黔人一般都穿草鞋，但这种“水巴虫草鞋”只有下力的穷苦人才穿，长途贩运的背夫们，通常一双鞋能走一到两天。

民国时期，有大量肉牛经贵州一路贩到重庆，那时川黔道不论宽窄，都已经铺上了石板或石块，牛在石板上走不到一个时辰，蹄子就会受伤，为保证贩运的顺利到达，牛也要穿上草鞋。牛蹄子是偶瓣，人穿一双草鞋，牛一只脚上就要穿一对草鞋，由于身体重，牛草鞋底子扎得很厚实，走一两天换一双。

竹席、草席店

5.裱褙业：裱褙铺又称纸扎铺，做花圈、各种冥器，做年节闹社火、耍龙灯、游神等道具。也有兼用竹子做油纸伞的伞架子。民国年间，尧坝街上共三家的裱褙铺，均为单开间，二、三间进深，临街是铺面，后面住宿及作坊。

裱褙铺最大的生意是每年正月十五的龙灯会，为了准备一年一度的盛大灯会，裱褙铺的匠人在年前就要开始备料，竹子、纸张、颜料、蜡烛、花样等等，一直忙到正月前一天。龙灯的制作较复杂，是由龙头、龙身、龙尾一个个单体灯组成，为了耍龙灯时能够上下翻飞，一条完整的龙灯，要有十一或十三个灯的单体。单体灯都用竹丝编成，下面作一个背篼做框架，背篼里可插蜡烛，外面糊上白布，在布面上用鲜艳的色彩画上。闹龙灯非常热闹，仅尧坝街上就有很多条龙灯，而尧坝邻近的如分水、沙坎、新殿、先市、二

竹编花椒篓一元一个

里等地乡村的人也要前来，带着他们做的各种龙灯一比高下，看谁的龙灯扎得最好，耍得最好。据说经过多年的评比，大家认为尧坝阮明清师傅的龙灯扎得最好，造型生动，且结实耐耍。忙完了闹龙灯，紧接着开始制作清明祭扫的各种传统纸扎产品，直到农历四月纸扎店才稍稍轻松一些。

6.屠宰业：尧坝每逢赶场，街上都会杀猪，通常固定肉铺和摊位十三家，逢年过节，一些乡下人到街上设点卖自产猪、牛肉。但平时街上买肉的人并不多。百姓们说固定肉铺生意最好。

1949年前，每月销售量少时也能杀二十多头，多时杀六七十头猪。

7.工匠与建造业：二十世纪四十年代街上还有了铜器铸造，“采铜匠”叫米明钦，专门设计铸造各种五金器具、器械、装饰物品，会融铜、铁、锡，重新进行翻砂铸造，当时很时髦，很受街上人的夸赞。

尧坝场上各行各业中，从事建筑行业的工匠，包括大木匠、小木匠、泥水匠、雕花匠和专门建草房的“梳均业”的“盖匠”均没有店铺，主要靠赶场时坐茶馆来接洽生意，街上的人凡要建房，不论住宅还是商铺，都到茶馆中来找工匠。

裱褙铺主要制作祭祀及丧葬用品

尧坝从事建筑业的大概有十几个工匠，目前还健在的大木兼雕花工黄育之，1927年生。据黄育之说，他祖父清末时定居尧坝新店后村的“江头”，他1岁时，父亲黄海云，携妻带子来到尧坝，开始跟老木匠邓师公学大木手艺，1930年代黄育之的父亲成为尧坝一带小有名气的大木工匠，绰号“任木板板”。黄育之十二岁时，开始跟父亲学做木匠，学拉锯、画线、计算工料，后又学雕花技术，然后免费给别人作帮工练手艺，二十多岁时可独自承担一般的大木活和雕花活。

黄育之说，尧坝一带造房子，确定地段后就要找阴阳师看吉向，按业主的生辰八字、房子的功能来确定建筑的高矮，大门位置和朝向，以便人丁和财运两发。然后选定期日，即黄道吉日，举行开山动土仪式。动土仪式上敬鲁班、敬天地神，供上刀头，即猪头、酒、肉、鸡、香烛和纸钱。接下来石工开工打基础，地基做好后，安放石柱础。与此同时，大木工开始做房架，用篾竹片做好尺寸，一榀一套，然后将榀架一榀一榀编好号，立房架。先立堂屋一对中榀屋架，但留着脊檩位置空着，留待上梁仪式时装配。接着装边榀梁架，待所有木架都立好后，即等“发梁”仪式开始。

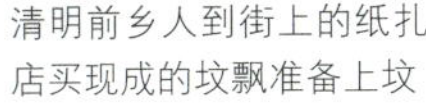

清明前乡人到街上的纸扎店买现成的坟飘准备上坟

发梁由大木师傅主持，随着“万丈高楼平地起，相帮弟兄齐努力”的《发梁歌》唱起，两名大木工一左一右，各抬明间（堂屋）脊檩一头，一步步攀上梁架。每攀一步就要唱上一段贺词，一直将脊檩摆放到一对中榀梁架的位置。此时房主要按规矩发放吉利钱，大木工一拿到红包，脊檩一下子就放到位，上梁仪式这才正式开始。

匠人正在制作纸狗、纸猪，供祭祀用

大木匠左右各一人站在脊檩两端的一对中榀屋架上，手拿木锤，将脊檩对准榫头。下面匠人一齐唱上梁歌，唱一句，木锤向下砸一锤，众人们同时和一声“好”。

“此鸡不是非凡鸡”。众人同喝“好。”

“头顶红冠子”。“好”。

“身穿五色大毛衣”。“好”。

“弟子捉住主人家上梁鸡”。“好”。

“鸡血点腰梁”。“好”。

“儿子孙子穿锦袍”。“好”。

“鸡血点梁尾”。“好”。

“儿子孙子高中举”。“好”。

上梁号子一唱毕，明间堂屋脊檩扣榫定位完成，下面鞭炮、火铳齐放，有钱的人家此时还要向前来恭贺的人们散些小钱，祈求平安吉祥。

上梁仪式后，在新屋前摆上酒席，宴请各位工匠，结算一天的工钱。下面除上檩子为大木工匠的活，其他铺瓦等就是泥水匠的事了。

盖草房由木匠立屋架，上面的草顶由“梳均业”，又称“盖匠”来完成。如果建筑采用竹编抹灰墙，也要盖匠来完成。建草房不要任何仪式，过去尧坝街上草顶的店铺很多，农村也大都为草房。

尧坝的窦其昌老人是一位有名的雕花匠，1931 年生。1946 年 14 岁拜师开始，学雕花，师傅管吃管住，一天两升米的工资，四年出徒后，与其他人一起承揽活计。窦其昌老人说，雕花匠为小木行，但大木构件上的简单花饰也雕，主要雕花窗，做各种建筑上的雕饰构件，如撑拱、吊桶、卷板（轩顶）等，过去没有专门做家具的，家具就归小木行的雕花匠来做。大绅粮、大商人家里用的家具很讲究，一张“双凌波床”，一个雕花匠就要雕上几年。尧坝场街上的店铺讲究点的都要在窗户上、支撑檐口的撑拱，有俗称“牛腿”等处雕饰些花饰。如正对东岳庙的几间铺子，檐下的撑拱就雕得很精致，有钱的商户希望门脸漂亮些，好揽生意。

老人说，过去建房在选定日期后就要筹集木料，确定房子雕饰的样子，雕花匠便开始工作。木料由房主出，雕刻内容通常由雕花匠定。雕个狮子头、做个撑拱都要花十多个工，如果房主有特殊要求，就按房主的来做，但工钱要多些，一天工钱要十升米。

五、金融业的雏形

尧坝街上以小本生意人为主，自产自销，当街上的商业、集市贸易日渐火红，商品流通迅速加快，资本量增大时，原有单一自产品已完全不能满足市场需求，街上的商人便定时到泸州大市场购进些时新的日用百货、绸料布匹，以及南货、糕点、副食等。泸州距尧坝三十多公里山路，要进货需头一天过去，住上一夜，第二天买好货再往回走。由于本小，每趟所购货物量十分有限，有时一月要往返两次购货，费时费力。为了多进些货，初时一些小商户向大商户或绅粮们借钱，大商户或大绅粮们便将家中多余的谷子拿出来，通常是二、三十担租谷，将租谷做投资，借给那些小本生意人做为流动资金，借谷人每年支付给大商户一定的利息。但小店经营不善出现亏时，投资租谷的人不但拿到利息，甚至连投进去的租谷的本都赔进去。为保证借与贷双方利益均不受损害，尧坝街上有了不成文的规矩，即：投资租谷的一方信誉要好，号口（即店铺）经营时间要长；所经营的商铺本身的价值不能少于所贷租谷的价值，一旦倒号可以用房产，或田产、山产等来偿还租谷钱。有了这样的保障，贷出租谷的商人或绅粮才不致蚀本。小商户有了大户投资的帮助，一次可进较充足的货品。街上的老人们说，早年进货单身一只担子来回就够了，有了借贷方式后，每次进货都要请三、五个挑担工，进一次货可销售一两个月，脚力、时间省了许多，货物品样式也充裕丰富了许多。

清代末年，租谷投资的形式在尧坝商业中开始兴起，多数小本经营者，为了生意长久，都以借贷方式增强实力。中等经济实力的，希望巩固自己的地位，生意做得更大更好，也采用借贷的方式。由于借贷双方都看到了这里的利，一些大商户便主动将租谷贷给生意好的买卖，人们觉得借贷不好听，就俗称为“寄存租谷”。

二十世纪三四十年代，王子俊靠乡政府的关系，开了“尧坝第一栈”，因号口、生意红火，在他号口内寄存的商人约二、三十位，每年约有100多担谷子的租谷钱。寄存的租谷越多，栈房的信誉越高，生意就越加的好。当然，既然是寄存，商人们在急需钱时，也可以向商家临时借钱，偶尔也允许短期透支，下一次收租来钱再入账补齐。百姓说，由于资金充足，这样的大号口是不会轻易倒号的。

在一些中小“号口”内，寄存租谷者如急等用钱，或赊账超过所存租谷钱时，为保险，店主要求借钱人将实物做抵押，大到土地、房子，小到猪仔、衣物。1946年以后这种抵押方式越来越普遍，全镇大约有三十到四十家这样商铺。信誉好的柜台上随时可办理各种抵押业务，但只限在店内寄存有租谷的客户。抵押有期限，过了期限不来赎，东西就作充账。平日绅粮们用钱或买东西钱不足，也可到所寄存租谷的店里，也就是“当铺”支取。店铺记账，半年或一年结一次。这种做法实际上起到了小银行整存零取的作用。老百姓说，尧坝1949年前没有银行，但各大“号口”又都是银行。街上虽然没有典当铺，各“号口”实际上又都兼做典当，经济生活随意而方便。

用寄存代替银行，赊账以物作价代典当的两种经济形式，让尧坝的商业发展更加自如，据说个别号口还曾印过代价券，这是尧坝商业经济活动步入银行和典当业的初级形态。

第二节　三、六、九的赶场日

尧坝的土地适于农作物生长，是重要的产粮区，贵州赤水等地的人便用药材、山货、土纸等到尧坝换取粮食。尧坝附近四乡的百姓逢三、六、九赶场日，也都到这里进行物资、农产品的交流，猪娃鸡雏、山货土产、时鲜瓜果、柴薪树苗等摆满场坝每个角落。由于货物丰富，价格低廉，商贩、农户

尧坝的农贸市场内出售蔬菜

逢场期都会趁着热闹来耍一耍，有生意谈生意，即使没生意做，也借机会会老朋友，或到茶馆摆上一场龙门阵。

1940年以前尧坝的墟场为半日，也就是早上开场，中午过后赶场的人就渐渐散去，下午基本上不再有摊子。1940年以后，尧坝场期，从天亮开场到天黑都有赶场的人。一些远道来的人，当天走不了，在尧坝住一夜，第二天才回去。

逢赶场，尧坝街上人头攒动，喧闹异常，四乡来赶场的人多。狭窄的街道上，肩挨肩，人挤人；提篮的、挑担的，最多还是背竹篓的。乡民们多头包着白帕，身穿蓝靛粗布衣褂，腰扎白布腰带，赤脚穿双线耳草鞋。背竹篓的乡下人在街上像水一样流动着。来时背篓里背来的是时鲜的蔬菜、农产品，或手工的竹编、农具，顺带将小娃仔放到背篓里一起赶场逛街。背娃的多为妇女，下场时土产卖掉了，背篓里带回的是盐巴、农药和各种日用品。娃仔依旧在背篓里，手上多了一块黄米粑粑。

新鲜蔬菜

为了整个商业秩序，赶场时，街上设有许多供交易的临时摊点，这些摊点按照规模和性质分布在街头街尾的不同区域。比较集中固定的有：猪市、牛市、鸡鸭禽蛋市、鱼市、米市、杂粮市、柴市、箩篼市等处。卖菜、卖瓜果、卖草、卖山货、卖吃食等担挑的小贩则适时游散在场内各处，街上无处不热闹。据说1949年前，街上临时开放的摊位竟达300个，足见市场的人气之高。

猪市　尧坝场活猪生意非常好，由于买卖活跃，南半场和北半场各有一处猪市。南半场活猪市场在石牌坊坎上以南的西侧，紧挨着乞丐住的“栖留所”，地名就叫“猪市上”。另一处在北半场现在的猪市巷内。

赶场的热闹首先开始在石牌坊上面的“猪市上”和北半场的猪市巷内。赶场日天刚亮，这两处的猪市场便大猪哼，小猪叫，人声嘈杂。几个猪经纪在人丛中打转，看见谁对哪头猪多望几眼，就赶上前去打招呼，称赞这条猪的架子怎样，如何不择饲料，一天能长斤半肉。其实，他不但不知道这条猪，连卖猪的姓甚名谁也不知道。但他的职业就是作说合人，当地称“打总成”。引导双方成交，他可以从中得佣钱，吃顿成交饭，称“合食”。到买猪的被他说动了心，问到价钱，他便把手缩进袖筒里，在袖筒里和卖方捏捏手指，又转过来和买方也捏捏手指。经过三番五次地在买卖双方间捏弄，就把拴猪绳子夺过来，强塞在买方手里。如果还有一方不同意，而不同意的一方又是乡下人，他便连哄带威胁地教训那乡下人一顿，迫使他不得不成交。然后，便是到豆花儿饭馆去吃合食，兑钱。合食是买卖双方各出一半钱。猪价则由买方交到猪经纪手里，再由猪经纪交给卖方。到底卖方开价多少？买方还价多少？双方都不知道，全在猪经纪的袖筒里。因此，除了公开的佣金外，到底猪经纪落了多少钱，也只有猪经纪自己明白。如果买卖双方的一方是街上人，尤其是袍哥大爷，是不会吃亏的；要是乡下人，而又比较老实，那就要大吃亏了。

尧坝猪市现在新街上，每逢赶场人们就在这里进行猪交易，依旧用老方式——袖管内掐手指定价

到吃早饭时候，猪市慢慢散了，米市，柴市，杂粮市，菜市，鸡鸭市渐渐热闹起来。

牛市　尧坝有两处牛市，一处在街北的“场口上”，另一处在“观音嘴”巷的路边。这两处都是半边街，一半商铺，一半是牛栏。往常贵州贩牛的从场背后过，需要吃饭、住宿，习惯上将牛栓在“场口上”或“观音嘴”。逢赶场时这两处和位于场背后的大田里，就成为牛的交易市场，交易方式与猪市一样。牛市早上开场，中午过后便散场。

鱼市和箩篼市　位于东岳庙山门的北侧露天空场上，集市时卖些河鱼、黄鳝、小虾、螺丝，也卖鸡鸭禽蛋等。鱼市和箩兜在一起，各占一边，箩篼市主要是卖日常用的竹编、草编，如背篼、背篓、席子、菜篮、米篼，也卖草帽、草鞋等等。为遮阳避雨，鱼市和箩篼市搭有草席棚子。

米市 在东岳庙，与猪市一样，是本镇主要买卖场所之一，说是米市，其实是杂粮市场。逢集，天色微明，小贩们便将满担满担的白米。糠皮、麸子及各样麦类、豆类、杂粮等源源挑来，将东岳庙山门前的空坝及庙内戏台下全部塞满，只留着窄窄的一条路径，让买米的与米经纪来往。由于粮食市场在街内，常常见到晚来的卖米人挑着米担，一边连声高喊："得罪，得罪"！"撞到，撞到"！向街内挤。

由于米市占据了东岳庙的地方，庙里的和尚便借看粮食成色为名，这摊上挖半碗米，那摊上舀一罐豆，一个早场下来就能得到10来斤粮食。尧坝的老人们说，清光绪年间，精米二十几个小钱一升，二十世纪四十年代一升米要几万元"国币"，东岳庙的和尚靠赶场收粮，还有积存，摊主半为怕得罪和尚，半为布施就随他们去了。1953年东岳庙成为尧坝乡人民政府的粮站，每年周边的利合、文明、新店、二里等乡都有部分粮食存到东岳庙，直到1965年，粮站才从东岳庙搬迁到新殿，以后又迁到先市。

菜摊及其他 街上各个巷子、空场上都摆满了摊位，那些卖时令蔬菜、瓜果的乡下人，就拥在街道宽松的地段上，将出售各种菜蔬、鸡蛋、鸭蛋、菜秧、树苗的篮子和竹箕，一只只在地上排成一排。夏季生产瓜果的季节，鲜果在街上堆成一堆堆的，红的、黄的、绿的，整个街道都被装扮得绚丽起来。

赶场日，街上还有些娱乐活动，打金钱眼的、押三星宝赌博的、演杂耍的、卖玩意儿的。

第三节 行帮与商业的管理

一、帮、会及习俗

从清中叶起，随着商业发展的需要，尧坝街上商人的势力日渐壮大，为维护商人的切身利益，减少社会黑恶势力对商家的干扰，抵制官府设置的种种勒剥，也为了协调商户间相互竞争和倾轧，在同行之间成立起行帮，使行业归口管理。

行帮各有行规、名号及行业祭祖日。小行帮之上有更高一级的行会，行会在街上具有一定的权威性。它们协助乡政府管理街上的商业，划一货价银码，抑制恶性竞争及哄抬物价等。此外，还规定税款收交日期及抽取标准，以及对帮伙学徒和主雇关系的种种约束。每年各行帮还要备上酒、香烛和刀头（猪肉），约集同行祭拜行帮的祖师，共聚一餐，表示同心同德。

尧坝场上八十多岁、年轻时到处跑码头的李柱陶老人说，尧坝是乡政府所在地，又有袍哥码头和商业行会，他们都对“尧坝街”这块肥肉馋涎欲滴，三方之间经常相互扯皮，也相互利用，相互制约。东岳庙米市曾有一副对联写道：“交通天下，士农工商皆朋友；义重秋山，挑抬背撑亦兄弟”，表达了街上各方势力希望达致和谐的态度。

乡政府权力大，手中有团防乡丁，常让行帮包办厘捐（即厘金），负责认捐包缴，或按所定厘捐额摊征，定期收解厘捐局，保证了乡政府财政税收的稳定。同时还利用行帮替政府组织承差，例如1943年至1945年之间，合江县修兰桥湾飞机场，尧坝乡长何朗斋就借助行帮力量派下任务，或出工役，或捐资代役。又如何朗斋第二次修尧坝街，一半是乡政府行为，一半是行帮行为，乡政府组织，行帮承差。尽管政府与行帮之间互相合作利用，在他们之间往往也存在着许多的矛盾，为此经常看到、听到街上茶馆内的评判和理讼。

尧坝行业几乎都形成了行帮，不过规模都不大。例如：

雷祖帮：以做米、肉、京果、饮食业为主，每年定期聚会，祭祀雷祖。

蔡伦帮：为油、盐、糖、纸火和裱褙等行业，以蔡伦为祖师。

杜康帮：酒坊、酒馆等业。供奉杜康祖师。

木帮：木器店及经营木材、青山业者。供奉鲁班大师。

药王帮：贩药材及中药铺，每年农历四月二十八祭拜药王菩萨（李时珍）。

张爷帮：屠宰业、肉铺。以张飞为祖师。

机仙帮，又称梅葛帮：祖师爷为机仙菩萨。梅葛仙翁主管染色。帮会以纺织、印染及各类布匹丝绸等行业共同结成。每年农历九月十六日机仙帮会期，人们要组织起来到东岳庙内祭拜祖师爷机仙菩萨和梅葛仙翁。

金花帮：针线、小百货等。

烟帮：烟贩及烟馆。

盐帮：盐贩及盐铺。民国年间尧坝场最著名的盐贩子叫李三盐巴，是李跃龙的后代，住在尧坝南三里的“凉嘴”，有一千多担租谷的田产。据说他曾一次购进一千多斤食盐，共10多挑，尧坝街“大窝凼”有他的几间盐铺。民国年间盐价变化较大，合江、尧坝最便宜时的盐价为一升米换一斤盐巴，紧张时五升米换一斤盐巴。贵州的盐价始终很贵，便宜时也要一斗米换一斤盐巴。贩盐利润高，但风险大，李三盐巴凭胆子大，豁得出去，几年就发了。

除了行帮，尧坝街上还有小商户组织起来的各种“会”，如老君会主要是铁匠一行。达宕会为油漆匠和从事油漆行业的人。轩辕会，又称为缝衣行，由裁缝店组成。传说每年农历九月九日重阳节为轩辕皇帝制衣日，轩辕会的人要到东岳庙祭拜轩辕菩萨。罗祖帮，也称罗祖会，包括剃头行、理发行。东皇会，挑担子、抬轿子等卖力气人。另有茶仙会为花馆、即娼馆的组织，尧坝并没有挂牌子的花馆，但

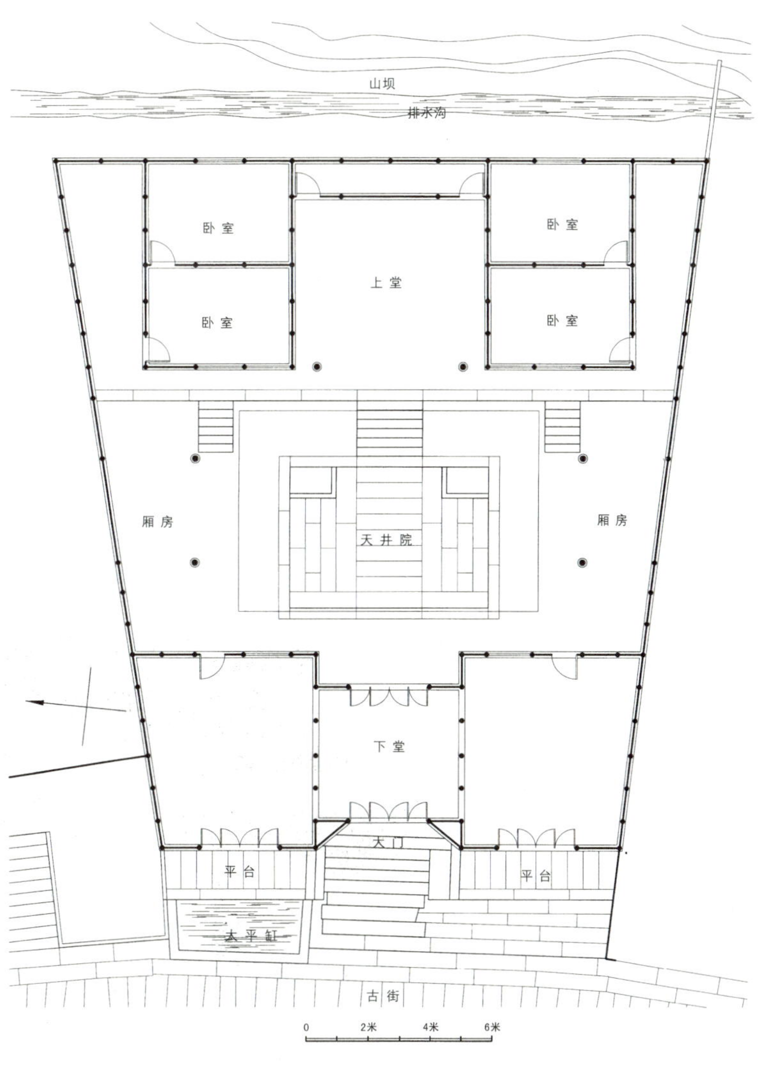

尧坝街138—140号（染坊）平面现状图

曾用来染布的踹石，现已废置不用

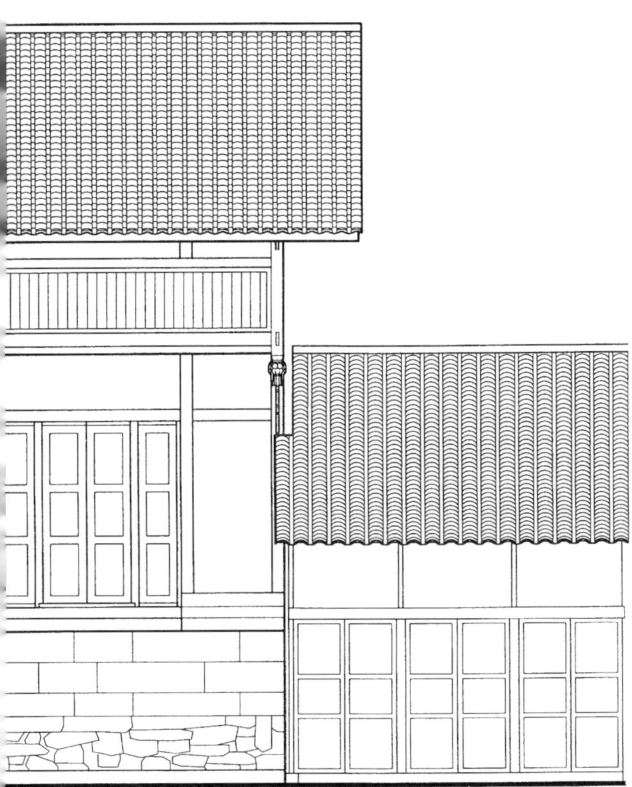

尧坝街 138–140 号(染坊)沿街立面现状图

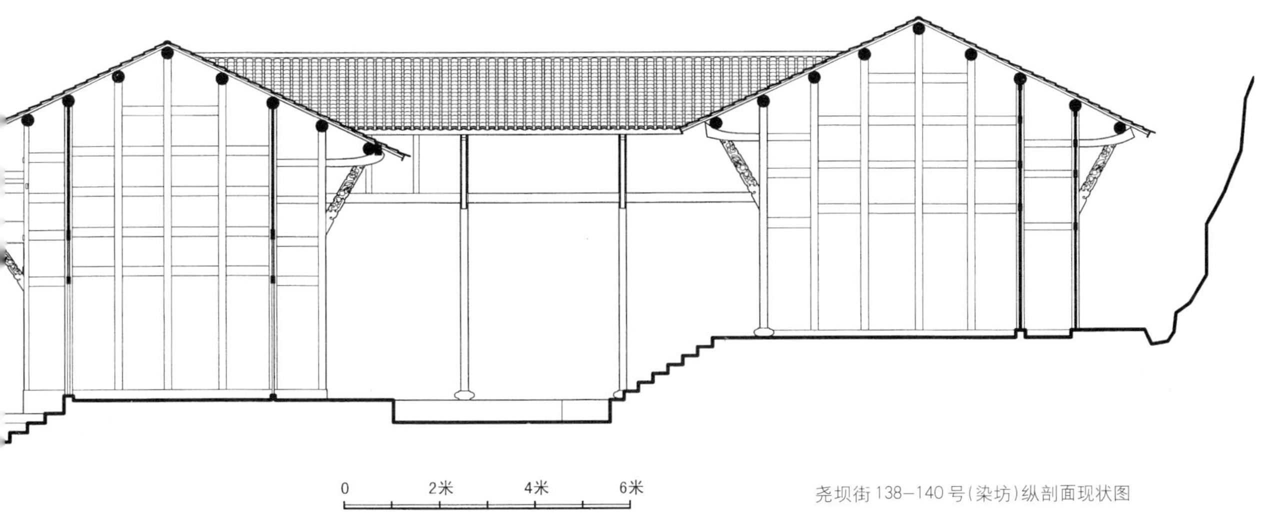

尧坝街 138–140 号(染坊)纵剖面现状图

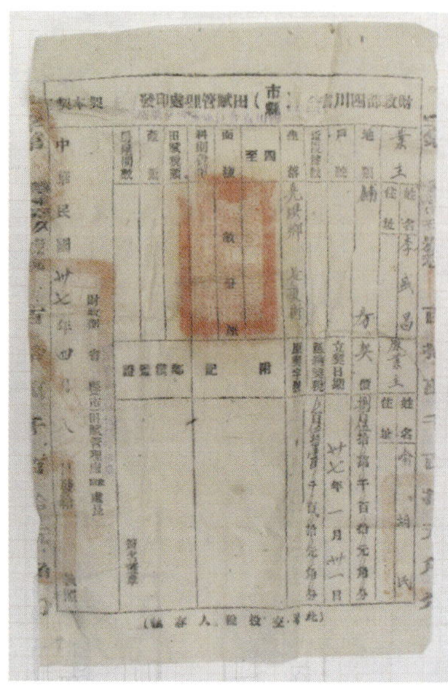
尧坝民国三十七年的房契

栈房、旅店，甚至烟馆、茶馆内都有花馆的生意，称私娼。

“行帮”和各种“会”之间出现问题，通常均有“行会”解决，包括规范商铺，调整市场。

二、街市上的事务

民国年间，尧坝街上设有稽查所、税管所等，由乡政府负责管理，帮会不参与。

税管所负责征收街上商铺的营业税，集市贸易的摊位税，特殊商品“盐”税，以及粮税。粮税民国四年（1915）收银元，1941 年改收实物稻谷。

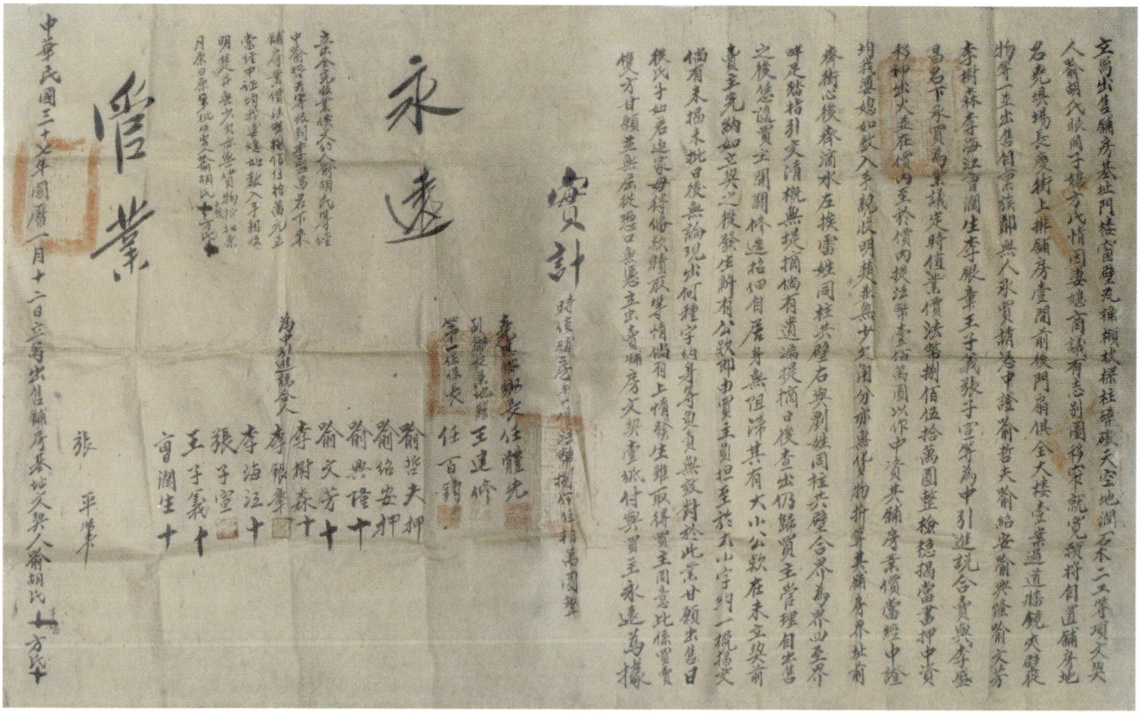

民国年间尧坝铺房买卖十分频繁，这是当时保留下来的房契

尧坝现在幼儿班的教室所在地就是当年“尧坝第一栈”的位置

1949年前，尧坝街上有典当土地、出售铺房的，契约为民间自行解决，有中保、证人、执笔人。典当找中保人，在茶馆签约。而街上房屋铺面的买卖，在双方签订之后，要到税管所备案，检查买卖手续，收印花税，至今尧坝场政府内仍保留了许多买卖街房的契约。如清光绪末年买卖铺面房产的契约有：

立出卖街房、门楼、窗壁、铺面、地基文契人李锡光同弟，情因舍旧图新，于弟兄商议将先父遗留大窝凼右边铺房二间出售，特请中证李明显等说合议定，时值铺房价玖陆色银叁佰壹拾贰两整，卖与李安文名下永为业。其铺面地界限左边连李明心隔壁，一分心；右边连李元钧隔壁，一分心；前抵街心，后抵李姓水脚，其界即日指踏交，□□亦即日付焚。自卖之后，锡光房族人等毋得异言，倘有异言，有锡光一面承担，□□□□□□甘意愿间中。无屈从，恐口无凭，故立卖契与李安文为据行。

实计房价玖陆色银叁佰壹拾贰两整。当价稳租，签书画押一并在内。

李明显　宋焕谟

凭中说合人：李荩臣　马荣安

喻海川

光绪三十二年岁运丙午冬月二十四日出卖街房铺面地基文契人

李锡光同弟璧光

依口代笔人宋庚扬。①

① “立出卖房产人约人，合江县官公营庙会产清理事务所所长王鸣籁，清得西四区房产业，地名三元街冯正开，标卖与卢子明为业，价银洋壹百贰拾壹圆□角正，其详收。清至四至界址，原约注明卖约为拟。

实计价银洋壹佰贰拾壹圆□角正

喻楷

证人：赵德新

李华浦

中华民国十九年（1930）十月二十九日　王明籁”。

税务管理之外，街上的邮政代办，信件收发、电话、电报，以及街道卫生、防火、铺面招幌等也由乡政府负责。另外，每年由街上各帮会组织和商会共同捐资办正月十五的灯会，虽然活动由商会等组织筹办，但乡政府要负责街上治安的管理。

尧坝是个小社会，三教九流聚集于此，镇上各种社会问题也层出不穷。清代末年李春阳做团总（乡长）时，“猪市上”曾滞留了一些乞丐，游窜在商业街上，引起商家和百姓的不满。为维护街上良好的秩序，团总李春阳利用行政权力，在商会组织的协同下，在“牌坊上”修了三开间的茅草房，专门安置无家可归，四处游串的乞丐，称“栖留所”。李春阳为安抚叫化子，在栖留所建成后，还亲自买日常用品和粮食给送给他们，叫化子中的老弱，病了给他送药，死了还为他买薄棺安葬。1931 年李春阳五十八岁生日时，还专门摆桌请宴了叫化子。他的惠民之举使化子们很感动，称李春阳是“以德政为人”的团总（乡长）。此后，尧坝街上的秩序大为改观，不安定因素就这样得到了很好的解决。1933 年，李春阳六十大寿，街上的人纷纷为他贺寿，栖留所的二十几个叫化子也特意送给他一块德政匾。李春阳得到了街上和乡里人们的一致拥护，威望升高，为此连任两届尧坝的团总，退休离任时百姓依依不舍，一直把他送到距尧坝十数里邓山庄园老家。

尧坝第一栈拆掉后，很多人为之惋惜。为提醒人们爱护传统建筑的自觉，镇政府在原“第一栈”现在建筑的墙上刷上醒目的大标语“古镇是我家，保护靠大家”

第四节　商业建筑实例四

一、尧坝第一栈

“尧坝第一栈”位于尧坝场北口，“新街子”的街南侧，占地四百多平米，有近百间房，可住一百六、七十人，是尧坝场上最大的客栈，所以称第一栈。

清中叶，川黔道上除了贩运的马帮、背夫以外，贵州、四川两地的一些官员为公事也常常路经尧坝，在此歇脚过夜，但当时尧坝仅有小客栈，官家住宿深感简陋。周其斌看到这个商机，决定在“捡石山”西侧建起一座高规格的客栈，据说周其斌曾亲自上山选木料，客栈全部采用木结构，木板壁，建筑材料的规格整齐，质量很高。由于经费投入大，有人传说其实周其斌只占不足一半的资产，另一部分是周的两个生意好友出资的，一位姓温，另一位已不知姓名。

考虑到过往官员、绅粮和老爷们的身份，栈房内设计了不同等级的客房，最好的是两间“天”字号的“上官房”，专门做为官员和大老爷留宿的客房。据李柱陶先生讲，“天”字号的上官房十分讲究，配有全套雕花木器家具和讲究的铺盖，如凌波雕花木床，上面罩青花蚊帐，“猪儿粑”枕头[①]，绸布面料的被褥。还配有专门沏茶倒水的使唤人。官员或老爷的随从则住下等大房间，男一屋，女一屋，大通铺上可容10来个人。

二十世纪二、三十年代，尧坝场八、九家客栈，有的客栈住宿条件已很不错，相互间有了竞争力。王氏家族的王子俊作了乡长，他借用手中的权利，及身为袍哥大爷的优势，将“第一栈”以一年五担谷子的价钱租下，作为官家接待站，交给太太经营。王子俊的太太姓肖，聪颖勤快，长得漂亮，人称“肖美人”。栈房买下后，肖美人对官家大老爷热情周到，栈房里还为客人准备好了烟枪和私娼。客栈的生意好了，川黔古道上，“尧坝第一栈”的名字也越来越响，肖美人更是家喻户晓。

“第一栈”现已毁，原有建筑坐东面西，有人说前后共五进，也有说只

① 枕头一边做一对如同猪耳朵一样的装饰，称猪儿粑枕头。

三进院，中轴左右另有辅院。老人们回忆，第一栈大门三开间朝向街道，正中为大门，左右次间做商铺，卖些日用杂货。大门内为一座小戏台，台下出入，上面是戏楼，精工细作，雕梁画栋，翼角凌空，非常华丽。逢有会事，或祝寿办酒都可以请戏班唱戏娱乐一番，戏台前是宽敞的天井院，作为观众席。第一进正房三开间，单层，当心间为过厅，通向后进。次间做客栈的柜房，即账房，登记、交钱、结账都在这里，登记后由店里的“招呼”，也就是服务人员，带客人到所选定的房间。厢房均为客房，楼上楼下两层。

进入第二进，天井院正中建有一座方形亭子，称凉亭。四根石柱支撑，上部木结构，四角高翘，高出一进、二进的厅房屋檐，几乎将二进院全部遮住，构成一个十分宽敞的半开敞空间，亭内设置石条案、石桌、石凳，夏季遮挡住阳光，宅院内凉爽舒适。二进院正房三开间单层，比第一进地平高出五级台阶。二进的厅房，用于接待贵宾，商讨各种事务，还作为尧坝场乡公所的公堂，曾审理过很多案子。据李柱陶老人回忆，民国十几年，抓住的土匪都在这里由乡公所来审案，有时案子重大，还要请合江县上一级的人来一起审。民国时，一次抓住了惯匪叫霍广玉的，尧坝乡公所与合江县的人一起审案，判处死刑，由县城防队在尧坝叫做“新房子”的后面拱桥上执行了枪决。尧坝的袍哥组织也在这里判决过一些纠纷案，因此尧坝百姓至今还称这厅房为“小公堂”。左右两厢为两层，带前廊，上层就是当年最高等级的“天”字号“上官房”。下层是“地”字号，居住舒适度稍稍差些。

第三进分为两院，其中一院是厨房，有火灶。供应开水、洗脸水、洗脚水，那时下层的贫苦人出行都自己带干粮、咸菜，住店后就在客栈第三进的厨房将干粮馏热了，就着开水算是一顿饭。以前往来的官员都骑马，绅粮们坐轿，第三进的另一座小院就供轿夫和一些杂役们居住，院内存放车、轿等。小院背后是捡石山，客栈在那里还设有马房，草料房。

中轴建筑的两侧是辅院，街上人说有五、六个小院，有九、十个天井，小院之间互通，它们与中轴建筑之间也都有小门相连，辅院中也有客房，部分杂物储藏及伙计住房。

“第一栈”虽然住宿人多，但没有常住客，是个“过栈”，住一夜就起身的过路人。春夏秋三季节，客栈里住得还算满当，冬季两三个月住宿者寥落

街上铁制品铺子

无几，客房长时间空闲。王子俊为生意考虑，特地从泸州请一位厨师夏成章来主理后厨，辟辅院中一部分临街房子做专门的餐馆，既为那些官员、老爷们做菜，也为镇里的袍哥“打会”、绅粮们宴请等各种活动服务。由于厨艺高超，“第一栈”厨师的名气很快就传了出去。泸州、赤水过往的客商慕名在这里歇脚，特为品尝一下“第一栈”厨师的手艺和见一见远近闻名的肖美人。后来尧坝的城隍会每年的会事聚餐，就由组织会事的人出钱、出粮在第一栈举办，每次都是几十桌，还常常请个戏班唱些折子戏娱乐一番，非常热闹。

可惜的是，1951年尧坝场要建一座礼堂，作为全镇集中开会学习和举行各种娱乐活动的场所，因礼堂规模大，1958年后人戏称它为“人民大会堂”。建礼堂需用大量木料，便看中了木料既多又规整的“第一栈”。拆除了它前面的两个院后，“第一栈”只留下了最后一进院。1990年尧坝场建中学需要木料，“第一栈”后一进院又被彻底拆掉了。

二、店宅坊合一的铁匠铺

铁匠铺单开间，规模小，建筑质量差，通常临街是铺面，后面居住。每天打开铺门，铺口是打铁的火灶、风箱、砧子，以及各种打铁用的家什对象。也有两间的铁铺，一间为作坊，一间为售铁货的铺面。民国以前，路过尧坝的马帮多，马要钉掌、修掌，马帮又不能进场，所以铁匠铺在场背后（即场的外侧）大路边的多。后来马帮减少，铁匠铺也随之减少，所剩几家都散在

尧坝街上的打铁铺

街内，以生产铁制农具和工具为主。

现尧坝138、140号原为一家，曾是尧坝最大的铁匠铺。传说①，二十世纪三十年代军阀混战时期，北洋军路过尧坝乡，走得匆忙，丢下了两包银子。一个叫陈焕堂的铁匠捡到了，等了几年都没人来取，就用这些银子买了房基，建起了坐东朝西，面向街市的一幢大型四合院。四合院为前后三开间，全木结构，隔墙为竹笆抹泥。临街铺面三间，当心间及一侧次间为铁货店，卖各种铁制品，如铁锅、铁铲、铁马掌、镰刀、铁钉、锁链等。另一次间为主人居住。四合院中部是天井，左右是敞开的厢廊，铁匠的作坊就设在这里，有炉灶、铁砧等打铁的各种设施和工具。

后座正房底层当心间为敞开的上厅，又称祀厅，供奉着“天地君亲师”的牌位，边上供铁匠的祖师太上老君牌位。平时这里做一家人生活起居和待客的地方，两次间为卧室。楼上做储藏之用。建筑很讲究风水，为求财源茂盛，宅子的平面建成梯形，内宽外窄，形如口袋，据说不易散财。因此在上厅两次间左右还各有一个房间，如次间面积大小，它与厢廊连成一体，宽敞舒适。由于建筑背靠东岳庙的山坎，地基高于老街地面近3米，为此，临街

① 李中义提供。李中义1945年生，现住尧坝古街140号，尧坝信用社退休职工。

铺面当心间，由高高的石阶上下，左右两次间前做成两米多宽的一段高台。为安全，高台靠街一边做石栏杆。由于建筑为两层楼，特意在二层两次间做腰檐，当心间不做腰檐，这使得建筑十分壮观，立面形象丰富。当年这幢建筑初建时，在尧坝街算是第一等的铺面。

陈铁匠的铁铺开张后生意不错，四十岁上娶媳妇成了家，媳妇是个贫苦人家的女儿，勤劳朴实，跟着陈铁匠没黑没白的辛劳，赚了些钱，日子越过越好。可惜这时陈铁匠抽上了鸦片，上了烟瘾。

在陈铁匠宅子旁边不远，即现尧坝街130号，住着一个厨师，叫李志国，开了一家饭店，因厨艺不错结交了不少饭桌朋友，其中有些是黑道上的土匪，李志国靠这些势力在街上经营，一般人不敢惹他，饭馆的生意十分顺利。

李志国的住宅内有一口龙眼井，本是尧坝的风水井，自陈铁匠开了铁铺后，井水的水位逐渐降低。李志国觉得不吉利，害怕有祸事临头，便怀疑是陈铁匠打铁炉太热，烧干了龙眼井，破了自己家的风水和财气。于是，利用与土匪的关系威逼陈铁匠，不许他在此打铁，让他搬走。陈铁匠初时并不当真，继续打铁，结果不断遭遇土匪明里暗里的算计和威胁，加之吸食鸦片把积蓄用光。无奈之下，1942年将这幢盖了不久的四合院，卖给了街上姓冯的教书先生。

冯先生听了破风水之事后，怕住在此不吉利，又将房子前进的当心间租给了一个卖桶的，北面次间连同后进的卧室租给了王绍基卖砂锅，南面次间租给了谢少清开染坊。1958年“大跃进”时期染坊归集体所有，又被乡政府征用为招待所。谢家的人便搬到外面居住。不久尧坝开办了集体食堂，家家都不再开火做饭，王家的砂锅也就越卖越少，挣不到钱王家就关闭了铺子，改营其他生意。

三、前店后坊的豆花店

豆花饭是尧坝街上最普通的饭食，既可当饭，也可当菜，醇香细滑，营养丰富，且价格便宜，大家都爱吃，因此街上多豆花饭。尧坝街“转拐拐”处有一家最普通也是最典型的豆花店，卖豆花饭也卖有限的几种炒菜。由于店小没有响亮的号名，就称为“豆花店”。现为尧坝街72号。

尧坝街72号的豆花店为单开间的门脸房，前后共两进，间隔有小天井，后面是小院，建筑的平面为一屋一天井形式。这种平面形制是商铺中最多的，多为全木结构，穿斗式构架，墙壁为竹编抹泥，上下两层，屋顶盖青瓦，建造较为简洁，质量不高。铺面采用排门形式，白天卸下，晚上装上。

豆花店临街一间做饭铺的前堂，摆三张方桌及条凳。铺前沿一侧为牛角形灶台，安放两只大铁锅，灶台上空顺墙边挂着一溜咸肉、火腿、灌肠、鸭干、鱼干等腊件，灶台内侧是作业的案台。店里有小柜台，在灶台对面，齐胸高，这个柜台很有心思，酒罐子是藏在柜台里的，罐口与台面齐，打酒的时候不必“高抬贵手”。酒罐子很多，有高粱酒、普通的水酒、梅子酒和药酒。柜台内侧靠墙有货架，一层层摆满了各种常用的油、盐、糖，煮葫豆为主的小菜，还有一摞摞的小酒碗。来客以吃一碗豆花饭，喝一杯黄酒的为多，只在柜台前坐一刻。吃炒菜的才坐在方桌边。

豆花店做豆腐

豆花店以买豆花饭为主，为方便普通客人，豆花锅就坐在店前的火炉上，另有装满白米饭的饭甑子，客人即来即吃，总是新出锅，蒸的饭热气腾腾。

豆花店第二进为两层，下层为小店的作坊，磨制豆浆，做豆腐、豆腐干等，上层用来储藏，放置各种工具，兼居住。后面的小院为厨房、厕所和猪圈。院内山脚岩石上凿了个神龛，内塑“猪倌圣”的彩塑，逢初一、十五都要恭恭敬敬地上香祈祷，保佑猪长得肥壮。奇怪的是猪官圣白面长髯，很漂亮。

这家豆花店现在的老板叫李新荣，出生在尧坝附近的龙井沟，十几岁时和一群同乡来到尧坝做生意，开始只是摆地摊赶场做小买卖，后来有了些资本，就租了刘玉全的这间铺房，开京果铺，卖油，盐，糖，副食品以及各种纸张、日用小商品等杂货。民国37年（1948年），李新荣与乡政府的官员拉

制作纸伞骨架

纸伞装配

制成的伞架

纸伞要上三遍油后阴干

上了关系，成了拜把子兄弟，便买下了这整幢建筑，直到今天。

尧坝街上，目前完整保留下全套传统的制作豆花的工具以及制作方式的已没有几家，而李新荣一家依旧采用传统工具和作法制作豆花，卖豆花。

四、纸伞坊

四川阴雨日多于晴日，过去出门跑生意要风雨兼程，身上除了带上盘缠外，还带三件宝：油纸伞，草鞋和干粮。油纸伞面很容易破损，修补是常事，但伞骨架要结实，乡村人日子过得省，只要伞架子不坏，就年复一年地在伞面上打补钉。做纸伞生意利薄，常常与裱褙、纸扎在一起做。做油纸伞是门手艺，不需要特殊设备，只要有足够大的地方用来扎制、放置伞架子，展开晾晒油纸伞，就可加工制作。尧坝142号的油纸伞铺为前店后宅式，临街为门脸，里面为作坊兼居住。

油纸伞有两类，一类是日常使用的伞，为桐油纸伞，浅褐色。一类是女眷们使用的花伞，讲究的人家花伞是陪嫁之一。民国年间尧坝生产油纸伞和油布伞，油布伞比油纸伞更结实耐用，但分量较重。有了塑料雨伞以后，油布伞和油纸伞基本上不再使用。二十世纪九十年代以后，随着旅游业的兴起，花纸伞作为传统工艺逐渐被重视起来，尧坝142号的油纸伞铺专门做花纸伞。由于是旅游产品，花纸伞轻巧华丽，也略小一些，依旧采用传统的工艺制作。

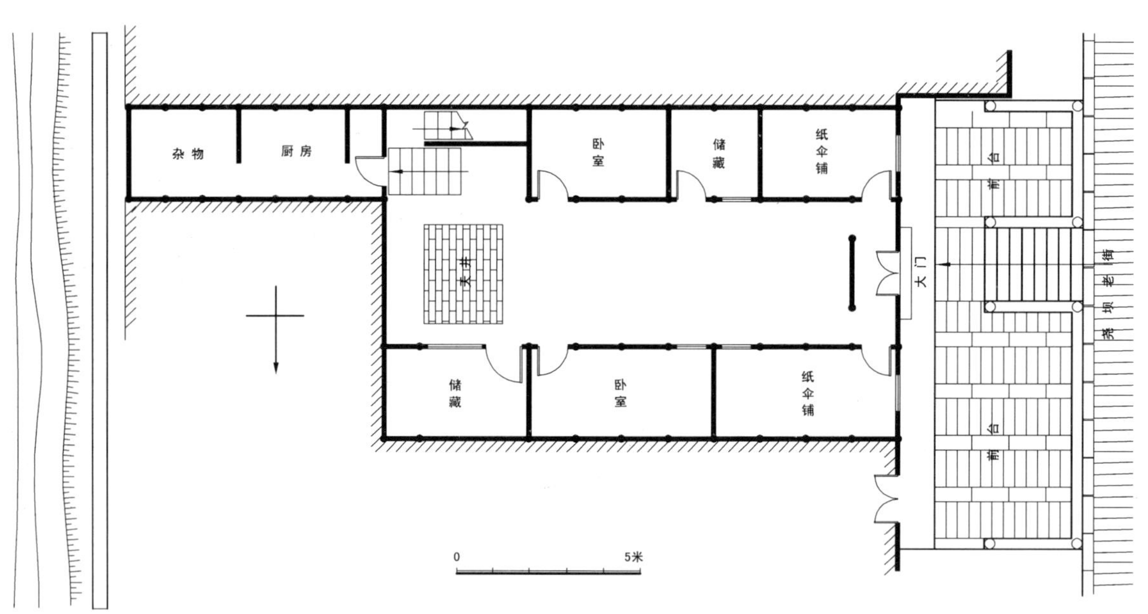

尧坝街142油纸伞平面示意图

第六章

居住建筑与商人的家

第一节　尧坝街上住宅的特点

尧坝街形成之初，街上的建筑以住宅为多，到清末民国年间，街上以商铺为主，住宅已很少，只有周、李、王几家资本雄厚的大商户在街上还有专门的住宅，称为公馆。公馆不是单纯过日子的住宅，它也兼客商洽谈生意时做临时接待、休息之所，是商业前线的一个重要哨所。商人真正的老家则在

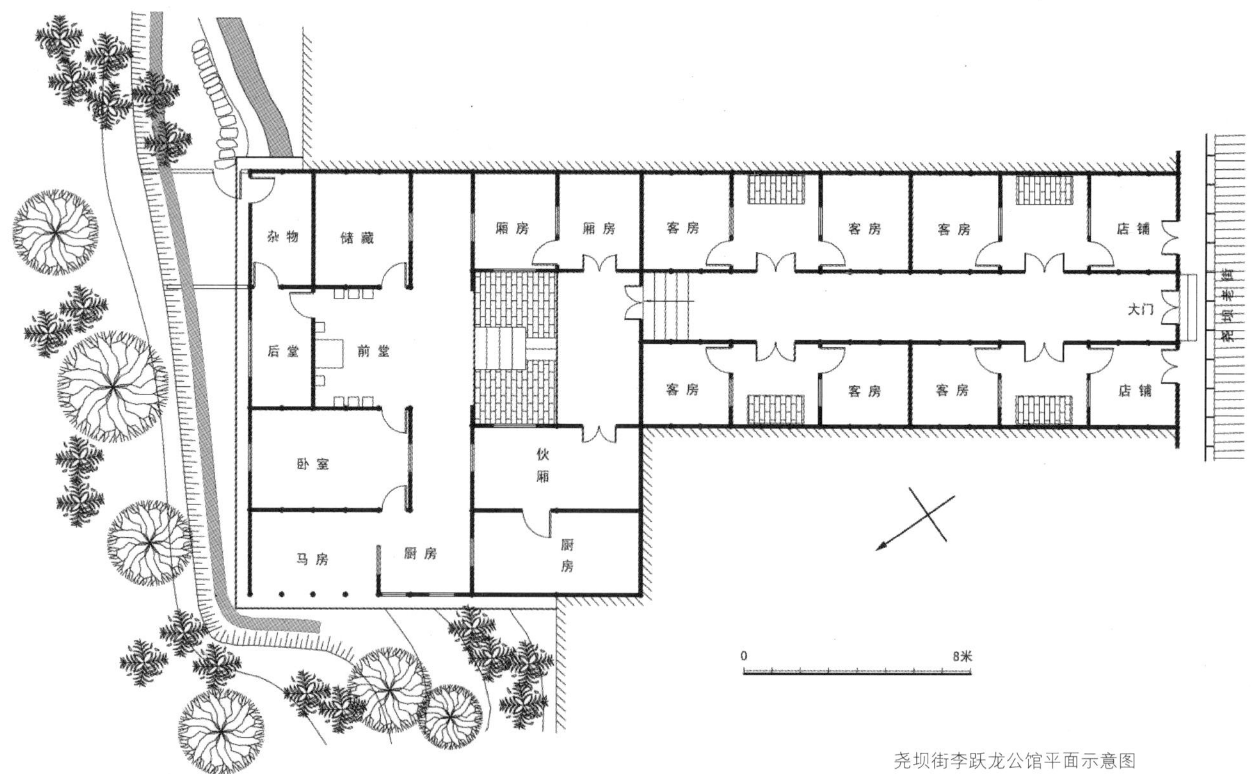

尧坝街李跃龙公馆平面示意图

周边乡村。俗话说商场如战场，商人们在前线打拼，后方老家以农业作为后盾全力支持，一旦前方出现问题，商人们可退居老家的大后方，靠土地休养生息，蓄积实力以备再战。公馆虽然是私人建造，但平时乡下本房的人赶场，都会在本房人所建的公馆逗留、休息，尤其是每年街上举行各种民俗活动时，公馆就自然成为本房人休息或聚会的场所，因此公馆还兼着多重功能。

李跃龙公馆大厅现状

一、李家的两座公馆

李姓曾是一段时间内尧坝场经济实力最强的家族之一，在街上建了数座住宅和公馆，随着商业经营的扩大，住宅逐渐外租改作商铺，只有两座公馆保留下来。一座是李跃龙在清同治年所建的李公馆，另一座是清代末年李仕官所建的槐荫公馆。

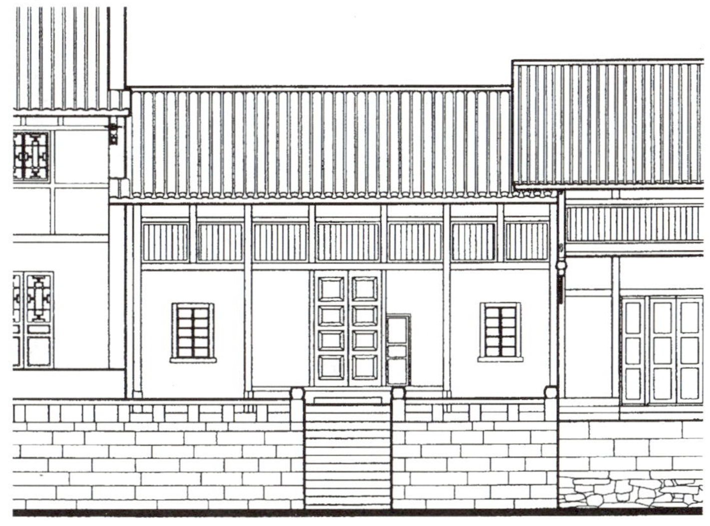
槐荫公馆正立面图

第一座、李跃龙与周其斌一起修建尧坝场，随后建起李公馆。李公馆位于老街“转拐拐”南侧，为一座砖木结构的三合院，坐东向西，大门临街。院内有客厅、卧房、客房、烟房、厨房及马厩等。据现在居住在李公馆的李跃龙后代讲，李跃龙平日住在尧坝场一里外的老宅“城墙上”，逢赶场日骑马到街上公馆。待拴好马匹，喂上草料，人便到街上一定的茶馆坐下，照应生意，处理各种事务。中午，李跃龙回公馆内吃饭，休息，下午骑上马返回“城墙上”老宅。

李公馆正房三开间，当心间厅堂敞亮、高大。开敞不设门窗。厅堂的太

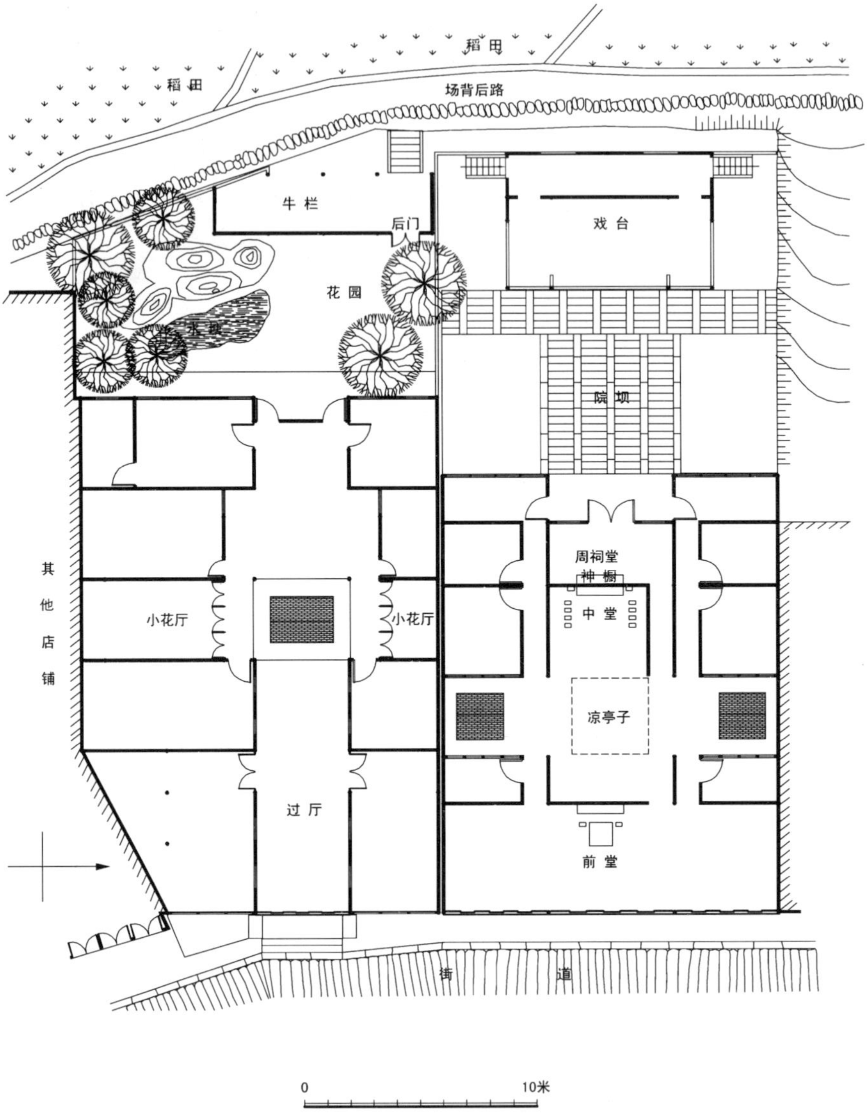

尧坝街周公馆、周祠堂平面现状图

师壁，壁板高2米多，在板壁之上有一扇完整的步步锦格子窗，独特而具装饰性。太师壁前摆讲究的厅房家具，厅堂两侧板壁上挂条幅、卷轴画，前檐柱上有精致的木雕对联。右次间为李跃龙卧房，内置雕花床，桌柜等家具。左次间如今是杂物间，由于两厢装饰很少，更衬托厅堂的气派。

左厢房为客房，如有一般客人，就临时安置在厢房内休息，右厢房是厨

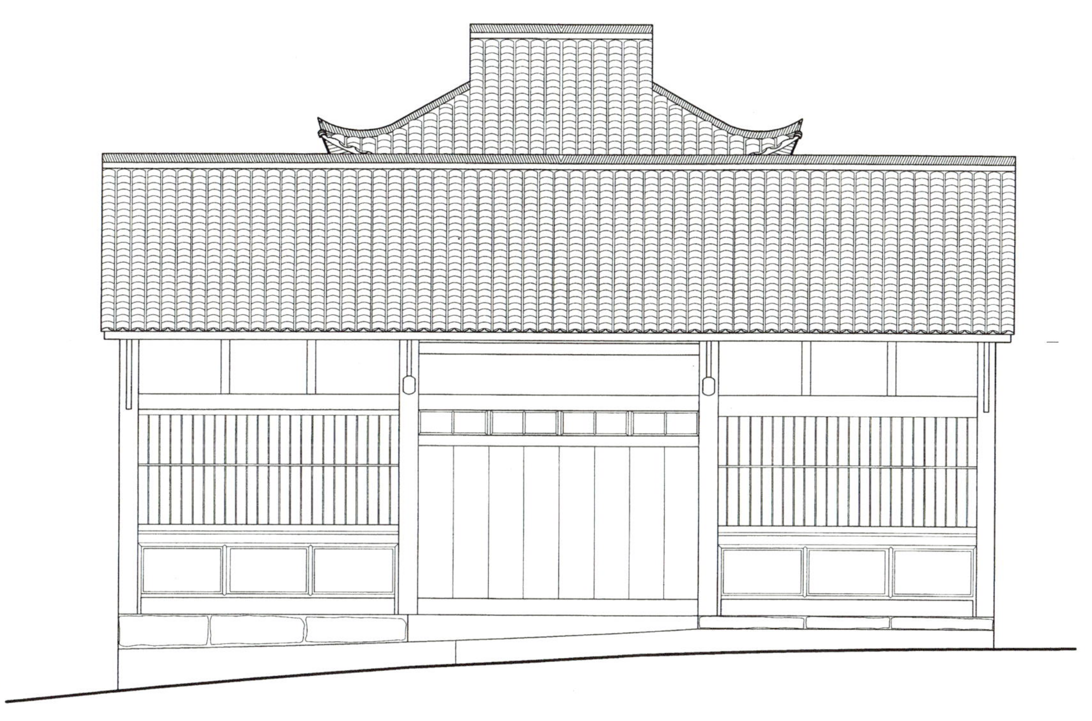

尧坝街周公馆沿街立面现状图

房，厨房北侧是个空场为马厩。李公馆内雇有佣人、厨师，料理公馆内的一切事务。有时生意上的朋友相聚，或码头上解决一些棘手的事，茶馆内打不开局面，便到公馆中，一边吃饭，一边解决问题。李跃龙去世后，李公馆由他的直系子孙居住至今。

第二座、李仕官为李跃龙第三代孙，是清末的秀才，有文化，为人公正，每年又有二、三百石的租谷收入，经济实力强，清末被推举为族长，执掌家族的事务。清代后期李仕官在尧坝现140号位置建起一座宅院，作为自己读书作画的别墅，取名“槐荫公馆”，也在这里照料街上的生意。宅前种有一株石榴树。

槐荫公馆为前后两进院，每进三开间，前进为厅房，后进做卧室、书房和厨房。采用砖木结构，没有装饰，简洁朴素。房子建起后李仕官便长期住

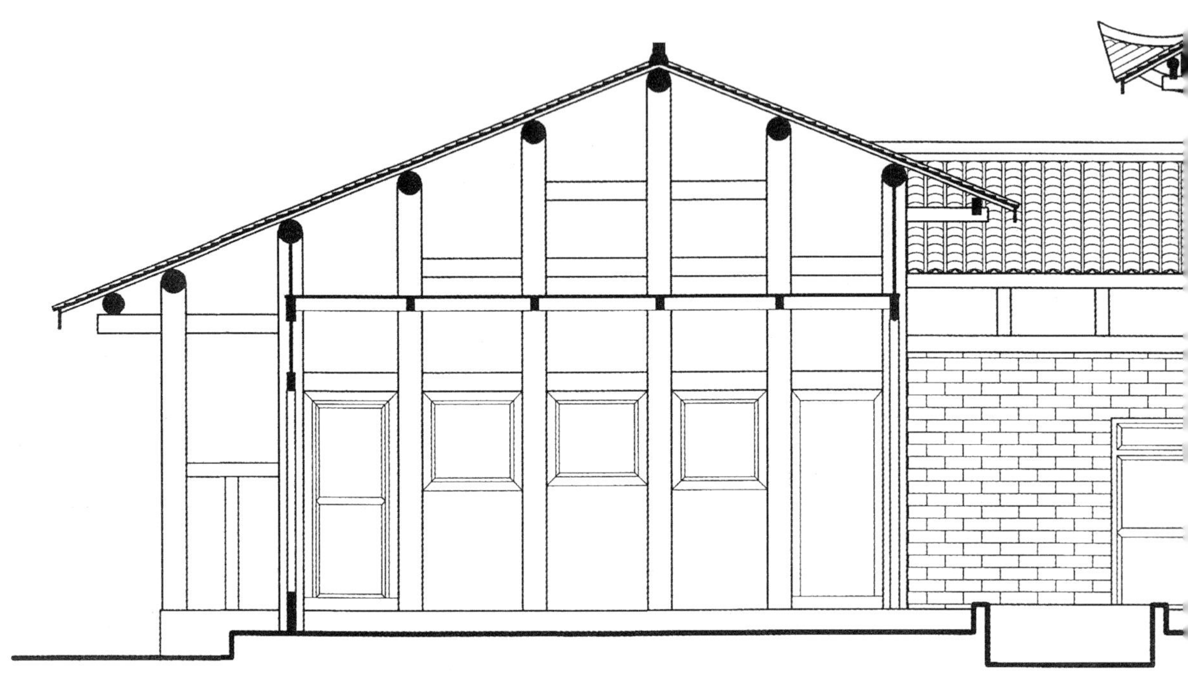

在这里，照料街上的事务，逢年节才回乡下老家一趟。据说当年的槐荫公馆是尧坝街上建造最规整的建筑之一。民国年间李仕官去世，他没有儿子，最亲的堂侄、堂孙都在外面经商，便将公馆卖给了王姓，改作为染坊，后几经易主，格局已大变样。

二、周公馆

清中叶，周其斌在与李跃龙携手修建尧坝场之后，周氏的北半场建筑较为疏松。周其斌有七个儿子，为儿子们的日后发展，他在尧坝“新街子”一段建起七幢住宅，以待儿子成人后作为他们发展的资本。但那时孩子还小，

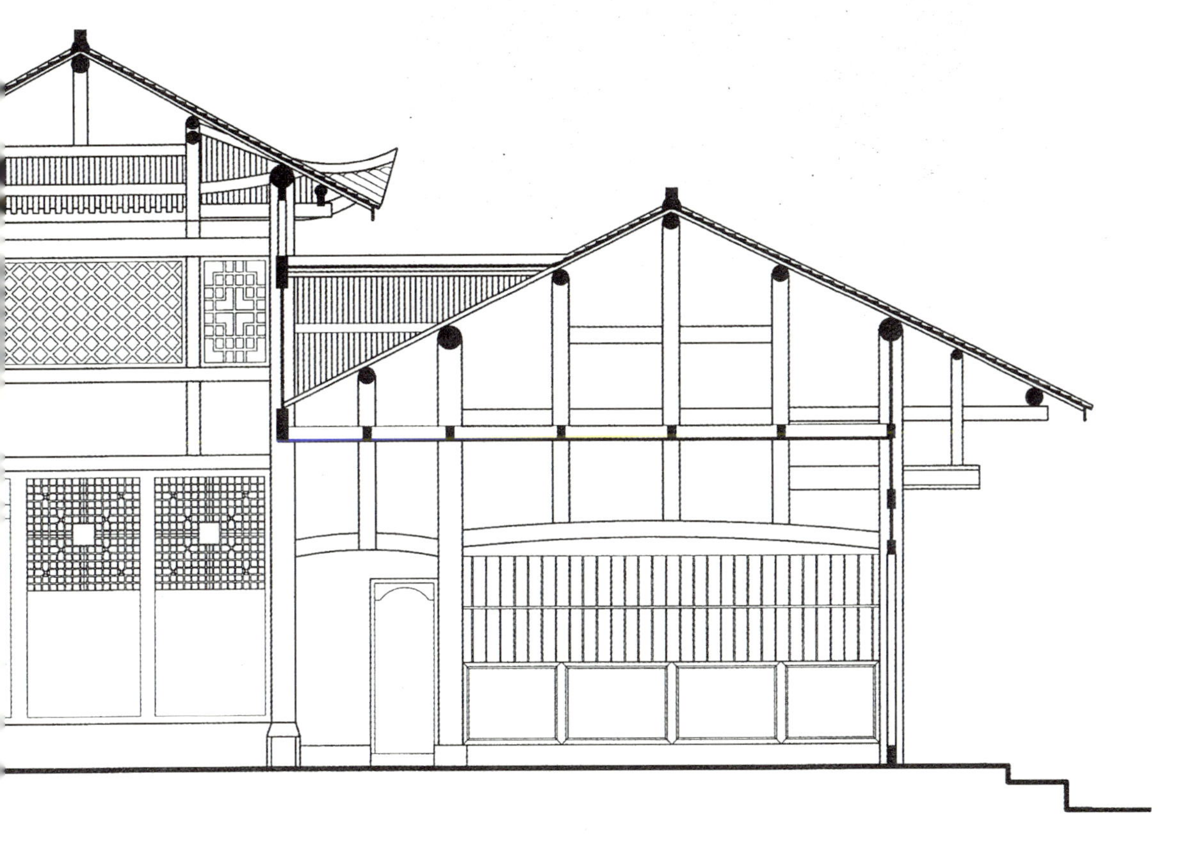

5米

尧坝街周公馆纵剖面现状图

都住在尧坝场东一里的“新房子”住宅中，周其斌将几幢临街建筑作出租的商铺，只保留一座临街的，稍后建起的周公馆，这是一种说法。另有人说，周公馆并不是周其斌所建，而是周其斌的族孙周正阳所建，当年周正阳建这座房子，除照应生意、与客人谈买卖，还作为周氏家族子弟的读书处。传说周正阳是个勤奋敬业的人，每日到街上忙碌，中午就在公馆吃饭，晚上再回“新房子”的家，周公馆就是他的办公处。紧挨周公馆东侧是周氏宗祠，传说它建于民国年间，比周公馆建造年代晚，共前后三进，第二进后曾建戏台。自从建起周祠堂，周氏家族中的公共事务便改在周公馆内。每年周氏家族都

周公馆内的凉亭子

在此祭祖，祠堂内除供周氏祖先牌位，还供关公及观音菩萨。1940年代后，家塾也办祠堂中。还有第三种说法，说是周公馆为周虎堂所建。由于历史原因，一些情况现已很难弄清，但有一条可确定，就是周公馆属于周氏家族所有。

周公馆位于尧坝“新街子”的北侧路西，坐西朝东，是一座两进式住宅，前进临街，三开间，中间是大厅，一侧次间待客，一侧次间做店铺，窗内设矮柜台，打开窗即可售货。穿过大厅是天井，为夏季拔风并遮雨，整个天井上建成一座高出四周屋顶的“凉亭子”。凉亭的后檐枋上挂有大匾，上书“骏业宏图”，枋下挂落雕饰着牡丹花，十分精致。凉亭左右的厢房为小花厅，有前廊，金柱位置做格扇门。天井凉亭内置花卉，整个天井空间敞亮舒适。第二进当心间为敞开的过厅，两次间是卧室。后面是一个很大的后院，里面布置有假山和小水池，种满了桂圆树。后院还有后门，出门就是“场背后”的川黔古道，过去一些老商客与周家谈生意，就从“场背后”经后门直接到公馆里来。夏季后院凉爽，更舒适，摆张小茶桌边品茗边谈生意。

周公馆是尧坝街上建造最讲究的房子，建筑形式外向，临街采用雕花格子门窗，与尧坝整体朴素的建筑风格形成鲜明的对比。据说这是周姓在外经商，参照江南建筑的风格建造的。

1951年土改平乱的时候，周公馆被收归国有，后改为尧坝乡卫生所至今，建筑遭到严重破坏，格扇窗、格扇门统统被拆掉，建筑内部格局进行了改造。后院的假山石、桂圆树也因建房全部砍光、拆光。

三、王家公馆

清末时王姓家族不足百人，那时王姓一方面不断在街上置办产业，买下

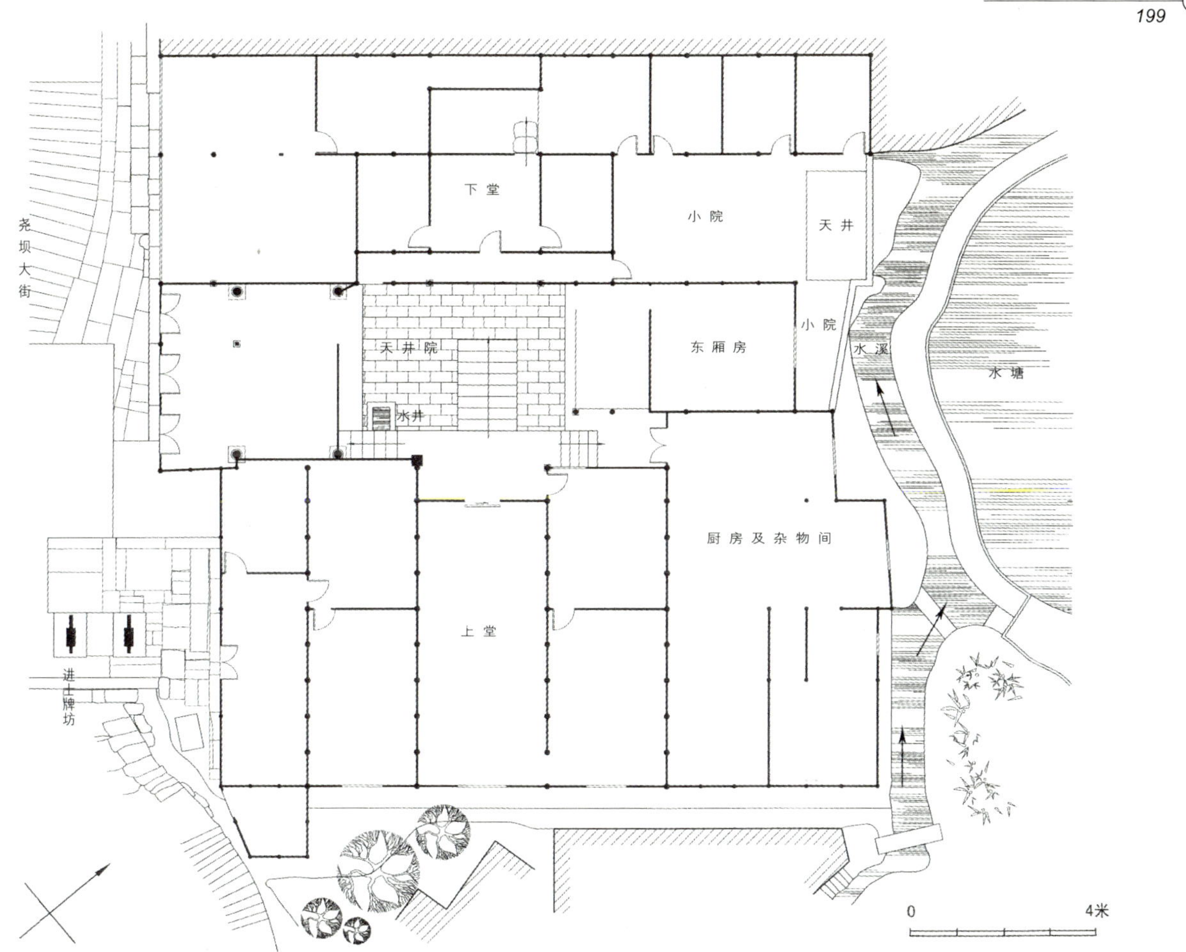

尧坝王家公馆一层平面现状图

不少周姓、李姓的铺子，另一方面到更广阔的合江、泸州等地进行商业投资，使家族经济实力很快超越周、李两姓，成为尧坝场上后起的商业大家族。

现尧坝街南端石牌坊下东侧的王宅，由工匠李惠三主持修建①。初时属李姓所有，后王、李两家联姻，王家便买下这幢四合院，这个王姓人就是中国当代著名美学理论家王朝闻的曾祖辈。住宅正门位于北侧，西侧临街，也有侧门出入。四合院的正房五开间，中间是上堂大厅，次间为卧室及杂物间。倒座五开间，下堂当心间的上空建成凉亭子式，两层高，闷热天起拔风降温的作用。次间为客房、厨房、杂物房等。西侧厢房两间临街，上下两层，一

① 李惠三，尧坝人，大木工匠，生卒年月不祥，曾主持修建王家住宅及李跃龙进士牌坊。

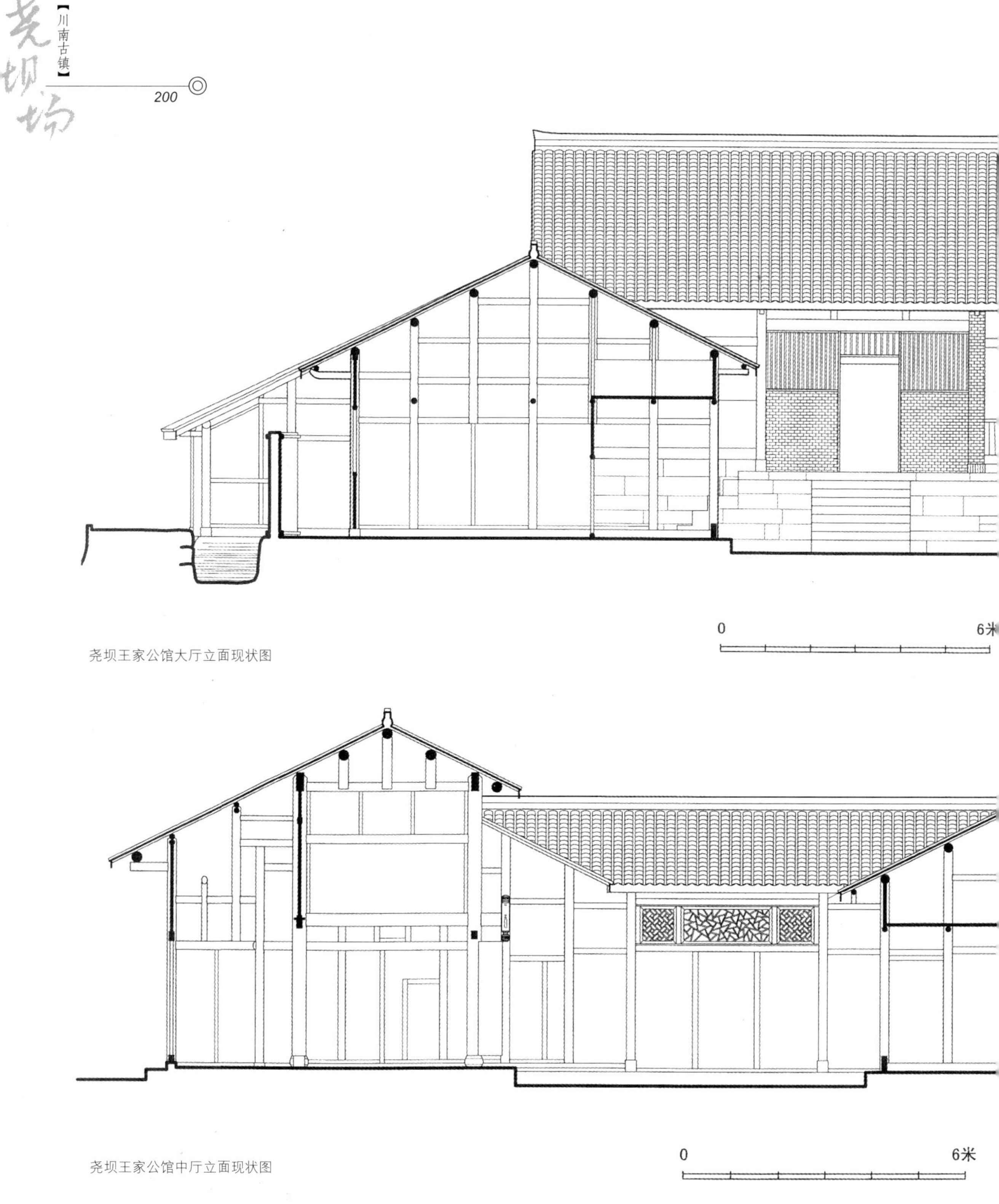

尧坝王家公馆大厅立面现状图

尧坝王家公馆中厅立面现状图

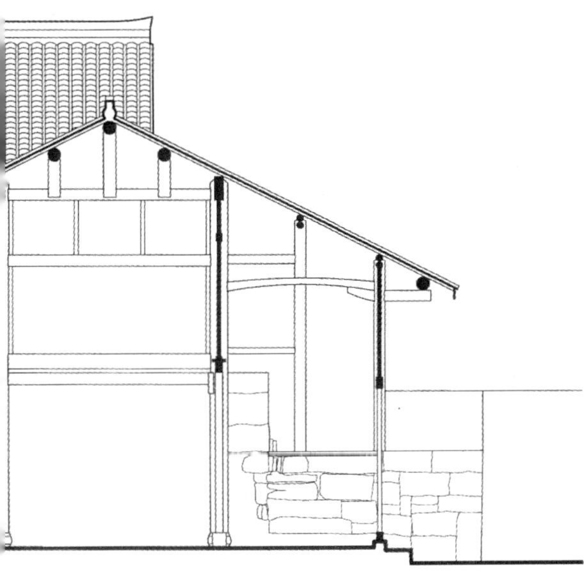

层为进出的侧门，二层是一座开敞的台子，据说王朝闻的叔母曾住在这栋宅子内，王氏老太太信佛，每天都在厢房二层楼上敞开的台子上诵经打坐，正心修行。王氏老太太积德行善，身体一直很好，王家称此楼为“添寿堂”。街上老人们说，王氏老太太在的时候，每日都能听到敲打木鱼的笃笃声，街上人就称它为“经楼”。楼上很宽敞，格扇窗下槛较低，距室内地板仅差二、三十厘米，因此当窗子全部打开时，楼上就如同一座小戏台，面向院子。王家在为家人祝寿时，利用经楼上演家戏，一家人坐在天井和对面东厢房内看戏，有时正房高台上也坐满人，其乐融融。

王家的这幢住宅，平时只有王氏老太太及佣人居住，没有其他人，仅在赶集看戏时，王家族人才偶来此休息、吃饭。民国时期，王家在外做木材生意，赚了大钱，于是举家搬迁，宅子又卖给了他姓。1949年后宅子收为公有，后作为铁匠合作社和包子铺。

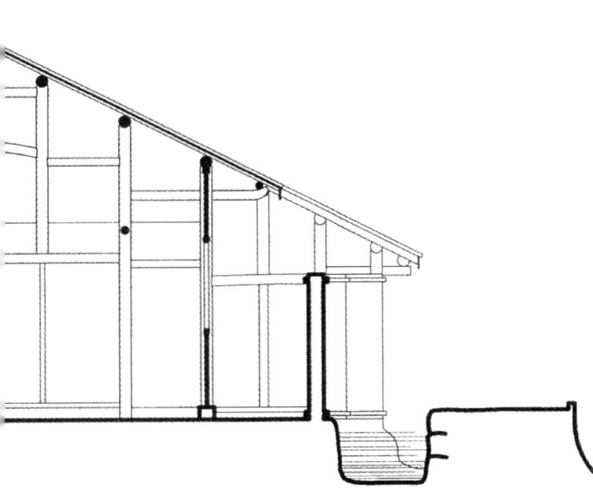

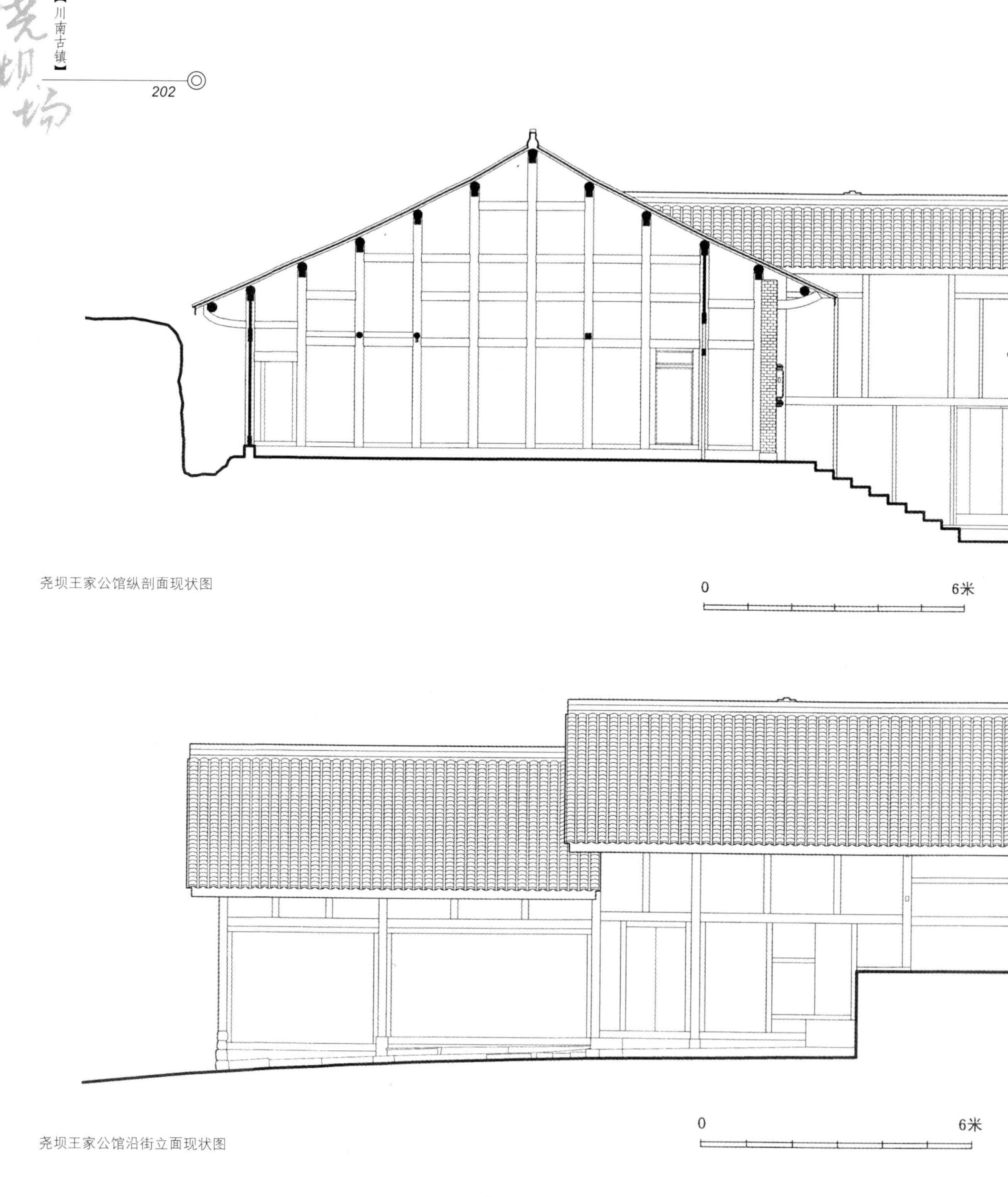

尧坝王家公馆纵剖面现状图

尧坝王家公馆沿街立面现状图

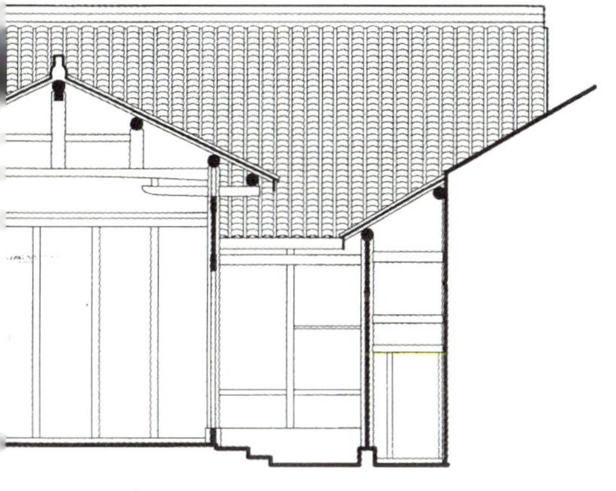

王家公馆上堂

王家住宅西厢房上层为经堂

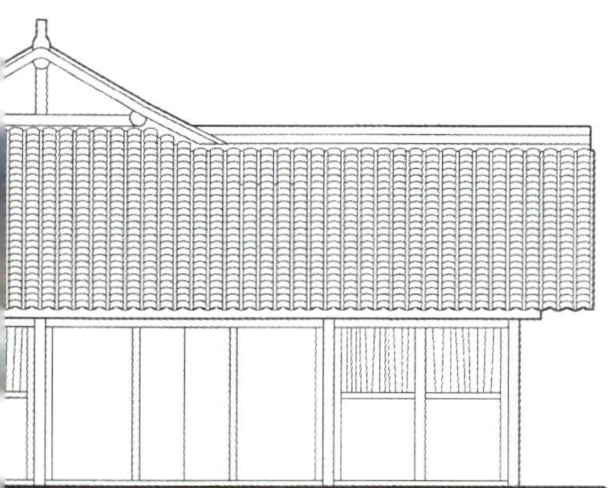

王家公馆凉亭子侧面

"城墙上"一带至今仍有许多草房

第二节 商人乡下的家

尧坝街上临街基本上没有纯居住房，大多数商店采用前店后宅，资本较厚实的商人，他们真正的家不在街上，而是在尧坝场周边的乡下。

商人在外面做生意，但离乡并不离土，商业街是打拼赚钱的前线，后方老家从事农业，不脱离田地，农业的保障是他们的根基。因此尧坝街上的大商户大都是地方上的绅粮，即大地主。据统计，中等绅粮家，每年可收入三四百担租谷，大绅粮通常在七八百担租谷之上，一旦生意赔本，或因战乱、灾祸商场受到损失，绅粮们可从容地从前线撤退到后方大本营，依靠家里的土地维持正常生活，蓄积力量，等待机会，以便重新开始。商人们正是依靠商业快速盈利和土地稳定获利这两个法宝，才进可胜，退可守，立于不败之地。由于商人老家是稳固的后方根据地，商人赚钱后，大都携资回乡，为自己和儿孙营造一处长远的住所，那个倾注了商人毕生心血的宅子才是他们温暖的家。正是这个原因，村里的大住宅要比商业街上的建筑讲究得多。

尧坝场附近讲究的住宅、庄园很多，如尧坝场北半公里的李家“城墙上”住宅，位于尧坝场东南1公里的王家“桂花园”住宅，紧邻尧坝街东面的周家新房子，尧坝西北的“诸老井”喻氏大宅，还有尧坝场南3公里的邓山庄园，尧坝西北3公里后村任姓中西合璧式的楼房，及尧坝东1.5公里的曹嘴村曹家大宅等等，主人都是在尧坝街上经营的大商户。这些住宅都选在环境优美的地段，宅子规模大，有“九厅十八井”、“十八厅二十四井”之称，内部雕梁画栋，建筑质量高，生活、生产、休闲及防御设施等十分完善。

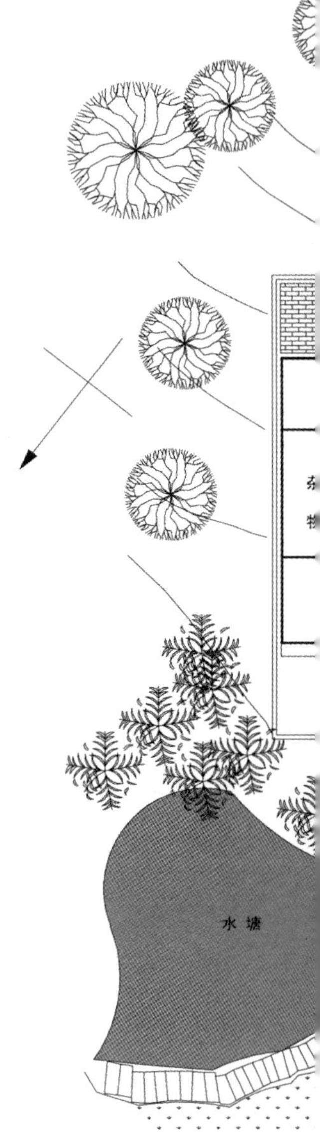

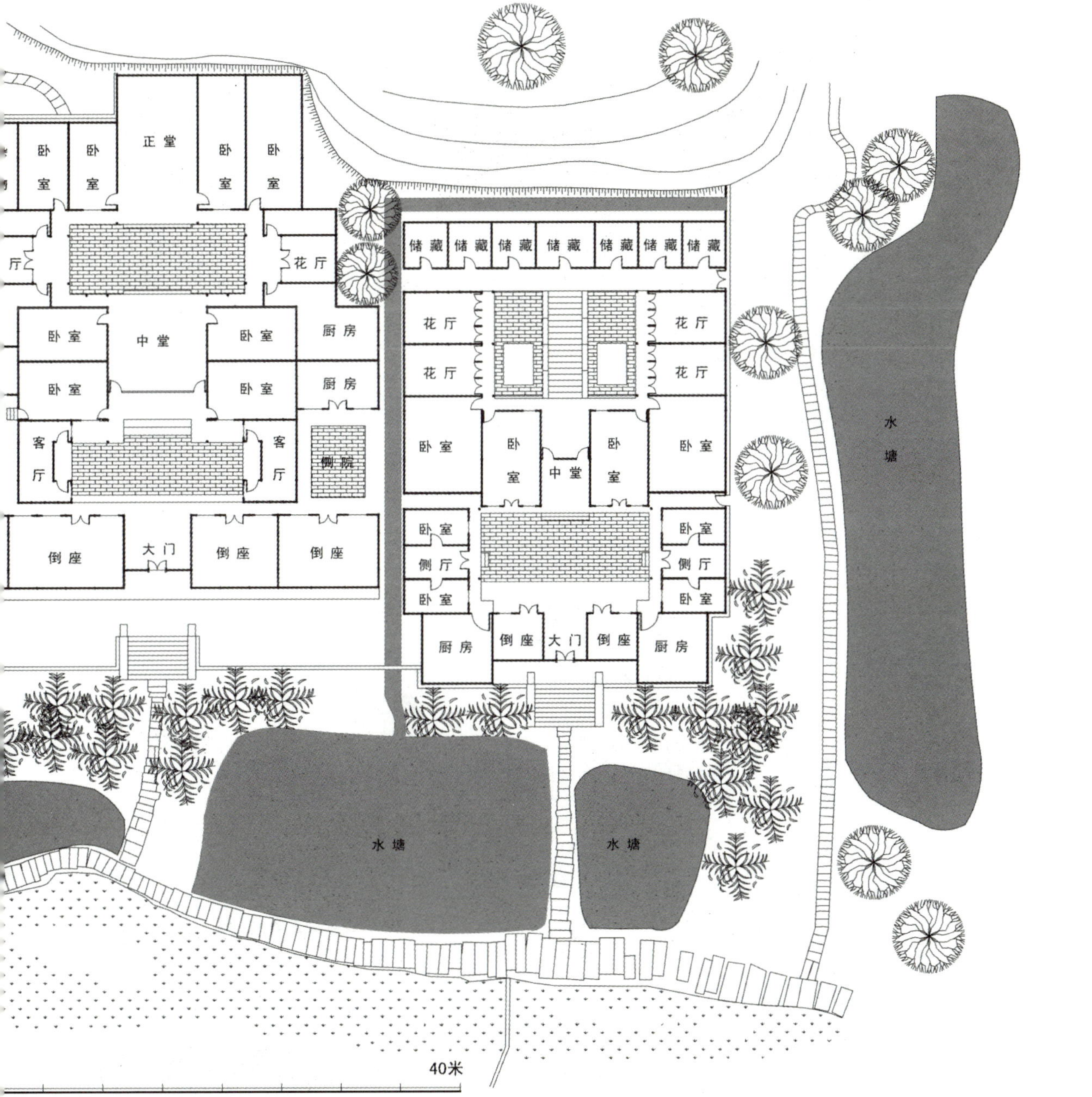

李跃龙城墙上老宅示意图

李跃龙城墙上住宅大门

李跃龙城墙上右侧住宅现状

一、李跃龙进士府邸

李跃龙城墙上住宅前水塘

李跃龙因剿匪有功，[①]得官帑修建了进士第。进士第坐东朝西，背靠一座小冈，宅前左右是小丘及大片的农田，十分开阔，远处是仙顶山。出于防御的需要，宅子用整齐的青石垒了坚固的围墙，完好时有三米多高，可与合江县的城墙相媲美，村民因此称此宅为“城墙上”。李跃龙精迷信风水，风水中水是财的象征，为保住财，李跃龙在住宅前开挖了一个水塘，宽6、7米，长30多米，水塘上架小石桥通向住宅大门。住宅正前方是仙顶山，形如笔架，水塘如砚，池边种植高大的竹子，如支支毛笔，都是有关文运的因素。水塘竹木不仅让住宅环境优雅恬静，还解决了住宅的消防用水。

李跃龙有两个儿子，当年建造府邸时先造了北面一座，考虑以后儿子长大分家，紧挨着它同样又建了一座，两座宅子的格局、质量相同，既可合起来使用，有门互通，亦可分开独立使用。宅子均为前后两进院，各有自己的院门，当地称“朝门”。朝门为八字式，高大气派，两侧有一对石狮，门枕石上刻有精细龙纹的石抱鼓，门柱上有门联，门前有一对石桅杆。

上台阶进入朝门后是宽大的天井院，前进正房三开间，正中为过厅。左右是卧室，厅房两侧厢房各三开间带前廊，作为客厅、客房、杂物房等。穿过中堂到后进天井院，格局与前进相同，正房当心间内挂有正堂匾。前后两进的建筑前檐均有雕饰华丽的牛腿，格扇窗的雕饰纹样十分精美，中堂和正

① 清嘉庆年（1808－1809）间，尧坝的新科武举李跃龙奉命剿匪，屡立功绩。嘉庆十五年（1810）李跃龙中庚午科武进士，皇帝为嘉奖李跃龙在清嘉庆年间剿匪的功绩，特恩准他在家乡敕建立进士牌坊，及进士府邸。

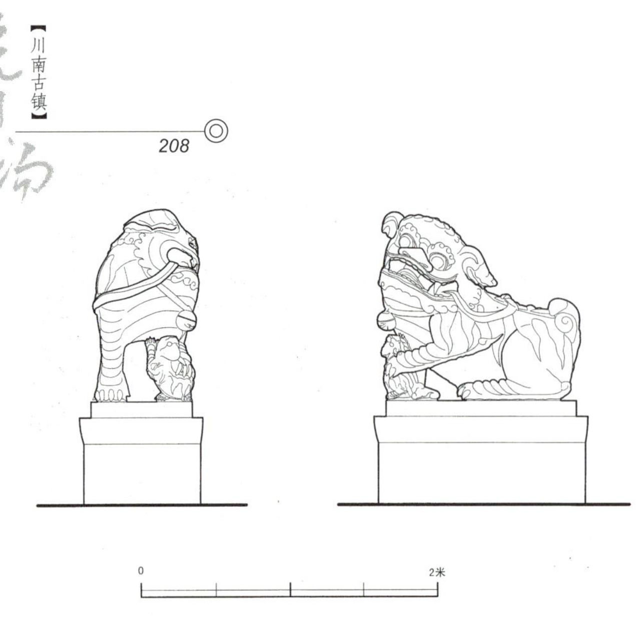

这对石狮子原本安放在李跃龙坟前,"文化大革命"时李跃龙坟被红卫兵掘了,坟内祭品被抢一空,坟外的石人、石马被砸毁,唯独这对石狮子保留了下来,被人搬到石牌坊前。这对石狮与李跃龙住宅大门前的石狮一样

堂建筑的屋角高翘,富丽堂皇。府第的轴线部分建造得规整方正,全部采用木结构。在轴线建筑之外,另建有跨院,作为厨房、仓房、农具房、猪圈、牛棚、马厩、鸡鸭舍等,雇工也住这里。为防火、防盗,除居住之外的辅助房,多用石条砌筑,窗栅为细致精美石雕。住宅的地面,天井及部分中轴建筑室内全用整齐的石条铺砌,下雨不存水,雨过地面干。天井院内摆些盆花,整齐舒适。尧坝老人说,1982年前后"喻嘴河"修建小水电时,缺少石材,就将当时已经成为公产的李跃龙宅当作石料基地之一,拆取了它的围墙、辅助房和部分铺地的石条。一年多的时间,小水电建成了,建造者们得到了表彰。人们大致计算了一下,李跃龙老宅竟贡献出一百多方

李跃龙城墙上住宅花厅现状

李跃龙城墙上住宅内现存的石花窗

李跃龙城墙上住宅花园现状

的整石条，不免为宅子的精工细作感叹。

李跃龙是个热心公益事业的人，他曾捐钱修了尧坝及附近许多座桥梁和道路，以及庙宇和家族祠堂，老百姓喜欢他，敬重他。土匪常想敲诈他，但鉴于李跃龙自身武功高强，有家丁武装，不敢轻举妄动，于是就故意找点麻烦，让李跃龙出点血，给点钱。传说，以前每逢除夕，李家朝门上迎新送旧，都会贴同样内容的一副新对联，即："父进士子进士父子进士"；"婆夫人媳夫人婆媳夫人"。这年对联头天贴好，第二天一早家人发现对联被人篡改成："父龟子子龟子父子龟子"；"婆卖娼媳卖娼婆媳卖娼"，明显是有人存心让他难堪。看看痕迹估计确定是"老二"留下的，于是李家急忙撕去，当日请了人，花了钱才将此事摆平，但不敢再贴那副进士联，换上了一副："银榜金花初得意"；"铜筋铁肘尽称奇"的新联。这件事之后，李家加强防御，在进士府高墙四角增修了碉楼，由家丁站岗护院。住宅不仅舒适气派，也安全可靠。

李跃龙"城墙上"住宅背后是个小山冈，树木茂密，紧挨林子南有片水塘，环境优美，结合自然地势形成了花园，平时供家人休闲，小孩子玩耍。在社会动荡，匪患猖獗的时候，商业无法正常进行，街上的商铺里只存很少货物，多数货物存放在家中，一些老商客便来到家中，在园子里谈生意。

邓山庄园的碉楼

邓山庄园是李春阳的家。李春阳清末中秀才，曾在尧坝当了两届乡长，他勤政爱民深受老百姓的爱戴

二、乡长李春阳的邓山庄园

邓山庄园位于尧坝南约3、4公里的“方基石”山脚下，住宅群建在一个平坝上，由三座并列的两进式院落组成，面积达3000多平米。相传，庄园原为清代中期邓姓大户修建，称“邓山庄园”。邓姓人嗜赌，在庄园还未完工时，连打了三天三夜的牌，把庄园输给了李姓人家，这个人家就是在尧坝做了两届团总的李春阳①的祖父。庄园归了李家，但人们仍习惯叫邓山庄园。到李春阳执掌家族事务

① 李春阳清同治十二年（1873）生，为清光绪年间的秀才，曾在尧坝镇任两届团总（乡长），为人仁义。曾在李春阳家里做了14年厨师的李后成的儿子说：“听父亲讲，李春阳生活极其简朴，他家二十几口人，一年才吃一头猪头，每个月吃几次肉，其实就是几片。”1949年川南解放，李春阳因此未受到任何政治冲击，1960年去世。

时，儿子都成家立业，庄园里算上佣人有二十来口人。

邓山庄园的建筑为传统木质穿斗式结构，三座院落并列，各有独立的大门，即“朝门”。中轴建筑为李氏家族的公用空间，一进正房三开间，当心间是过厅，左右是厢房，供家族婚丧嫁娶及日常待客之用。第二进正房三间，当心间是正堂，里面供祀着“天地君亲师”及李氏先祖的牌位，是李氏祭祖的香火堂。左右两侧偏院，主要用于居住和各种杂用。左侧偏院为李春阳居住。李春阳生于清同治十二年（1873年），

从后山看邓山庄园建筑群

尧坝一带的大户人家中神龛都雕饰得十分华丽。神龛大样立面图

自幼喜欢读书，清末中秀才，在家族中有威望和地位，当过两届尧坝乡长。左偏院中，一进天井内建有凉亭子，非常华丽，层层斗拱出挑，在顶部正中形成一个藻井，天井四周的房间，雕梁画栋、通透华丽的格扇门窗，打开门即与天井凉亭子合为一个大空间，夏季里凉爽宜人，平时李春阳就在这里待客，谈生意等。宅子二进正房是卧室，厢房是花厅，做书房兼办公。

右侧偏院的天井中央也建有凉亭子，川南夏季气候炎热多雨，凉亭子高大敞亮，拔风遮雨，家人可在此做家务，哄孩子。一、二进的正房由几个儿子分住，厢房做储藏、杂物等用。

在两个偏院的后面，还有一些杂房，多建成二层。一层主要用作厨房、水井、柴房、杂物房、养猪、牛、马和鸡鸭，并有厕所。二层多为通间，收获时节，遇有阴雨，是最好的晾晒空间。粮食晾晒干燥，便收藏在木柜式的粮仓里。由于两个侧院及后面二层建筑多，楼上有跑马廊相通，转角位置做有角楼。现住在邓山庄园的人说，邓山庄园原来的规模很大，大小天井院共24个，屋脊48条，走进庄园如同进了八卦

俯瞰邓山庄园屋顶

阵。传说，旧时每年家中的管家，要带着干粮，在宅子二层的跑马廊跑上一天，才能把全部房间检查一遍，足见庄园的规模。1949 年后，邓山庄园内陆续住进了十来户，部分建筑在几十年间遭到了破坏，或拆除或倒塌，但庄园的格局基本未变。

邓山庄园凉亭子仰视

庄园建在半山的一块平坝上，三面是陡坎，一面靠山，防御性能很好。二十世纪二、三十年代军阀混战，匪患频繁时，李春阳在住宅左侧的后方，又曾修了一座三层高的碉楼，一层与后进住宅的相通，有家丁在碉楼上日夜轮流站岗，可了望方圆几公里的情况。庄园每座朝门修有了望和射击的孔洞，避免了乱兵、土匪的突袭。

邓山庄园的碉楼

会花园住宅大门外景观

邓山庄园的自然环境更优越，住宅周围山坎漫坡上满是黄桷、樟树等参天古木，要二、三个人才能合抱，还有荔枝树、桂圆树和大片的竹林。宅前半月形水塘，白墙灰瓦倒映在水中，别有世外桃源的感觉。

会花园正房堂屋

三、王家“桂花园”（会花园）住宅

1940年代前后，尧坝王姓分为两支，一支称豪猪王，一支称蚂蚁王，经济实力早已超过其他姓氏。

王宪章是尧坝有名的大绅粮，属豪猪王一支。相传，清初“湖广填四川”时，王姓先祖从麻城孝感乡率族人入川，落脚在尧坝南2、3公里处。先祖去世后出丧，行至半路突遇风雨雷电，众人躲雨，雨停众人出来时，棺木已被豪猪拱土掩埋了大半，族人认为这是天意，遂将棺木葬在此，并取名“豪猪坟”，以后这一支的王姓便以豪猪王自称，以别于其他王姓。王宪章曾为尧坝

会花园 庭院现状

会花园住宅内的石柱础

袍哥的大爷，家族势力强，有多处住宅，其中一座在“桂花园”。据王宪章的后代说，其实这住宅应叫“会花园”，原因是这宅子是通过“打会”建起来的。打会是川南民间的临时组织，有两种形式，一种是合起伙来，凭势力向兄弟伙索财帛，另一种是十个、八个人凑在一起互相帮助，每人出一定数量的钱，这个月或今年，大家凑起给甲用，下月或下年凑起给乙用，这样轮流一周后，临时的“会”即解散。“会花园”便是采用了第二种方式打会建成。“会花园”前面及小院里曾种有桂花树，后来叫着叫着，就叫成了“桂花园”，直至今日。

“会花园”住宅位于尧坝街东南2公里，是典型的川南高台建筑。它背靠小丘，坐西朝东，宅子前面是一片水湾，周围是农地，一派田园风光。“会花园”由中间一座四合院和左右两个辅助院组成。正房五开间，厢房四开间，建在高2米的夯土台上。进入四合院的朝门，是宽大的院落，中堂内祭祀着天地君亲师的牌位，有香案烛台及祭品，次间及厢房做卧房、客房、书斋、客厅等，四周台阶上下，庭院宽大气派。

“会花园”建筑采用木结构穿斗式构架，材料整齐，做工精细，尤其是窗扇，花饰精雕细刻，在素雅的木板壁中间具有很好的装饰效果。院落用青条石铺地，平整洁净。村民说，建成这样的大院，石条铺砌整齐的地面，既显示家族体面，也是为了农作物收获时做晒场。孩子们从小习武强身，院子就是最好的练武场。

院子两侧的辅助房主要用做厨房、仓房、杂物房、养猪、牛、马、鸡鸭，以及茅厕等。它们的建筑台基低于主院四合院，用夯土或青石建造。

四、周家“新房子”住宅

“新房子”是尧坝有名的大商人周其斌的住宅。周其斌字双溪，清道光年为州同知，清嘉庆至道光年间经商发家，性爽直，与李跃龙既是好友，又是亲家。两人共同出资修建尧坝场、东岳庙以及附近的桥梁、道路。据李柱陶老人讲，周其斌有七个儿子，一个女儿，最初住在尧坝北一里“爹口石”的周湾，为了自己养老，及七个儿子日后发展，就在尧坝建起七座建筑，做为遗产留给后代。周其斌自己的住宅建在现今“尧坝中心校”[①]位置。这座住宅规模大，是清末尧坝一带建造最精良的宅子。由于建造壮观，一派新气象，取名“新房子”。

“新房子”遗址上建起的“尧坝中心校”校舍

“新房子”由三组并列院落组成，中间为三进式大院，左右两侧各一座两进式院落。传说周其斌为建造这座高档住宅，用了大量的心思设计，花了大笔资金建造，仅备木料、石材就用了三四年时间，建造也用了三四年，工匠请的都是当地一流的。

在新校舍读书的孩子们（黄海兴摄）

① 尧坝中心校，内设小学部和初中部。

“新房子”住宅已毁，街上老人凭回忆说，它最气派的是八字形的“朝门”，门台高大，前有十几步台阶，一条石条铺砌的甬道一直通向门前的水塘，水塘上建石拱桥到对岸，非常漂亮。就在建筑将要竣工时，有人将周其斌告到四川府，说他的宅门超越等级，建的像衙门口，于是乡里有人传下话来说，府里将来人视察，如确为违规便是杀头之罪。周其斌听说后，马上组织工匠进行修改，将水塘填掉一半，又将拱桥改为石板桥，这才躲过了一场祸事。

“新房子”的使用功能十分清晰，中间一组院子，作为接待宾客、举办家中事务的地方，有堂屋、厅房、客房、卧室等，因此院落宽大，平时院内布置有花台，十分典雅。在中轴两侧的辅助建筑内，有书房、客房、储藏、厨房、伙计房、牲口房、草房、茅厕等，宅子后面还有一个花园，里面种满竹木，一片荫郁。

尧坝附近的乡村至今有许多人仍住在草房里

“新房子”宅子建筑均为穿斗式木结构，柱枋都很粗壮。1950年宅子收归国有，作为尧坝乡临时小学，孩子们在堂屋里上课。有位在这里读过书的人记忆，厅里的柱子有40多厘米粗，小孩子淘气就躲在柱子后面，老师在前面看都看不到。宅子除了材料的硕大，另一个特点，就是雕饰多，牛腿为高浮雕，人物、动物、花卉雕饰栩栩如生。樘板上为阴刻雕饰。格扇门窗做得细致，格扇中间都有开光。

1955年以后将“新房子”住宅群拆除，利用原有木料在基址上建起一座新的小学，二十世纪九十年代，在原小学基址上又重新建设了现在的“尧坝中心校”，有小学和初中两部分。今天的孩子们都知道这里的地名叫“新房子”，但并不知道这名称的来历，更不知道这里曾有一座非常漂亮的大宅子，只有那些老人，每当提起“新房子”，都会为它叹息不止。

五、后村任姓绅粮与洋楼住宅

任姓是尧坝街上的五大姓之一，他们的老家位于尧坝西2.5公里的“后村”。据任启富老先生讲[①]：1949年前“后村”共有五百多人，其中在尧坝做生意跑贩运的有几十人，“后村”有70%是草顶或杉树皮顶的夯土房子，20%为土墙瓦顶，仅有不足10%的人住木结构的砖瓦房，那自然是些富裕大户。其中每年有50担以上租子收入的绅粮地主，大约有十来个。任海番是村中的首富，土地多，年收入100多担租谷，在尧坝经商，逢赶场必坐轿子来往，派头很大。任子昌是后村的绅粮，有土地，每年租谷40担，1944年当上了尧坝的乡长，管理尧坝、“识字”和“新殿”三个小乡，又在尧坝街上经营买卖，几年的功夫赚了很多钱，一度成了哥老会中举足轻重的人物。

乡村中土墙青瓦房较为普遍

1948年，后村的任体先当上了尧坝乡的乡长，尧坝有他的店房，老家还有四、五十担租谷的收入。任体先任乡长期间，住在尧坝乡政府内，出入往来都坐小轿。任体先穿戴讲究，当时一件阴丹士林布长衫要花一担谷子价钱，他就穿了这么一件，外套短衫，大襟衣，左轮手枪别在腰下，天冷时戴

后村洋楼在草房、土房中格外抢眼

① 任启富为后村人，1937年生。

后村任姓大宅门前的石狮

顶瓜皮帽，也叫“骨骨帽”。仅凭这身打扮就知道是个有钱有势的人。1949 年解放军开进合江一带，任体先上“鼓楼山”当了土匪，1950 年解放军解放了鼓楼山，任体先被活捉。

任自权是后村另一位绅粮，做布匹生意，贩布匹到贵州，返程时购回药材，他在尧坝街上有三、四间布店，每年乡下家里还收几十担租。

二十世纪四十年代，“后村”的任海番经商赚钱回村，准备仿照当时泸州

后村现存的任姓大宅

诸老井喻氏住宅现状

城里的洋楼建一座，以备好好享受生活，颐养天年。据说洋楼备料用了三年时间，后村一带没有大树和石料，全部从尧坝买来，仅人力搬运费就花了无数，多少年的积蓄都投到这栋房子上。

洋楼共三层，是后村唯一一座纯木结构的三层楼房，由于采用中西合璧式，平面基本上为方形。一层有客厅、厨房、杂物房，楼梯宽大。二、三层有客厅和卧室，对外的窗子很大，收进了四周的景致。就在洋楼接近完工时，也就是解放前夕的1948至1949年，鼓楼山剿匪战事吃紧，商业无法正常进行，造成资金和建材出现了问题，洋楼停工。1950年尧坝一带解放，洋楼一度被政府征用。目前洋楼已残破不堪，但由于洋楼高大独特的造型，使它在以草房为主的乡村野境中依旧格外醒目抢眼。

除了上述几大姓的住宅外，尧坝周边还有一些商人所建的大住宅，如位于“诸老井”的喻国贞住宅。喻国贞于1940年代留学日本，学习果木培植，

诸老井住宅的窗花

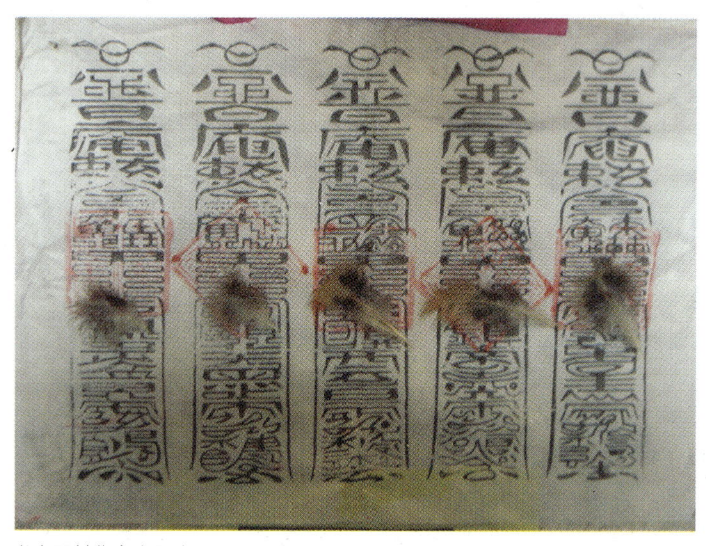
张店子村住宅堂屋内贴的"符"

回国后曾任怀仁县的县长，后在环境优美的"诸老井"建起一座十分讲究的住宅，平时在自家的苗圃里潜心研究果木改良，并将宅子前后进行环境设计和绿化，居住舒适，环境幽雅。

距尧坝南3公里还有一座曹家的大宅，兼做祠堂，据说1946至1947年开始建造，由于社会变化宅子没有完全建好就搁下了。这幢宅子前后两进院落，左右带辅院，建完的部分现在依旧能看到雕梁画栋的痕迹，能感受到它曾经的辉煌。可惜这些完成和尚未完成的建筑，大都被毁坏拆除，或被改造得面目全非。幸存的一点痕迹，埋在深草丛中半扇花窗，及长满青苔的花梁，给人留下的只是一声声无奈的叹息。

第七章 庙宇及民俗活动

第一节 尧坝的东岳庙

一、东岳庙历史演变

东岳庙地处尧坝场的中央，依九龙聚宝山西坡而建，前临古街，占地六千平方米，是尧坝一带百姓重要的精神寄托之所。

东岳庙建于明万历年间（1573—1620年），始建时仅为一间小庙，内供观音，稍后同时也供奉孔圣人。庙虽小，菩萨却很“灵验”，于是小庙的香火日渐兴盛起来。清康熙三年（1664年），由邑人杜天福募化增修了东皇殿，供主神东岳大帝，遂正式以东岳庙为庙名。东皇殿原址就在现在山上的大雄宝殿位置。此时尧坝街还没有形成，山下仅有些零散的过栈草房，人们朝拜进香都要从尧坝街“转拐拐”的位置上山，才能进到庙里。

俯瞰尧坝古街与东岳庙

尧坝东岳庙主体建筑群

清乾隆年间东岳庙逐渐有了些名气，香客增多，还有不少远道从贵州方面来的香客，他们进一次香，来回最少也要步行两、三天时间，而庙址窄小局促，不能满足香客留宿的需求。清乾隆年间，尧坝的绅粮李跃龙的父亲李九如及周其斌的父亲周占鳌[①]两人捐资，在东皇殿前建起一座小四合院，内设城隍、火神、阎罗等诸神殿，增添了管理世俗生活的各种神灵。今东岳庙内《重修城隍庙碑记序》石碑记载了此事[②]："县属西乡有古刹名东岳者，其殿前城隍诸庙以及□□，乾隆乙卯岁（1795年），虽

东岳庙侧面

① 李九如尧坝人，为李跃龙之父，字天保，生于乾隆十二年（1747）丁卯十月初七日，亡于嘉庆十九年（1814）甲戌四月二十日，葬于城墙上。生前做"吏员，为人正直无私，与人排难解纷，望君如望岁焉。虽身入公门，豪不私取"。周占鳌尧坝人，与李九如年纪相当，生卒不祥，为周其斌之父。

② 《重修城隍庙碑记序》全文详见附录四。

东岳庙

经九如李翁、占鳌周翁之创制，然年湮代远，不无风雨之飘摇。”第二年，清嘉庆元年（1796年）邑人陈以尧继续募捐，修缮东皇殿，并在殿前，即西面建起魁星阁，并供奉道教护法神将王灵官、财神、文昌帝和弥勒菩萨。还在魁星阁山坡下，临尧坝街建起一座小戏台，面朝魁星阁，背对尧坝街，每年在此酬神演戏。

不多年后，李跃龙的堂兄弟李凤岗、李凤联、李凤荣三人，[①]为满足百姓祈福的需要，在东岳庙内魁星阁前的高台上竖起灯杆。据道光二年（1822年）所立的《舍白碑叙》[②]记载：“闻之书有赞劝之义，则知有正其事者即有助其事。以东岳庙前灯树，每值元宵燃点，其所由来者有年，李凤岗、李凤联、

---

① 李凤岗生于乾隆33年（1768）、李凤联生于1772年、李凤荣生于1788年，他们为李跃龙的堂兄弟。

② “舍白碑叙”现存东岳庙第四进院内。

全文如下：“闻之书有赞劝之义，则知有正其事者即有助其事。以东岳庙前灯树，每值元宵燃点，其所由来者有年，李凤岗、李凤联、李凤荣等兄弟三人，因祖父所遗场中九房铺面基址，一向铺后草宅地基在内，至高坎下为界，其铺灯左右两边各依从前管理抵庙僧为界，每年佃钱□千文，兄弟乐捐，将此铺纳入。李凤岗、李凤联、李凤荣

东岳大帝前每年佃收值年灯，首与庙僧收谷为新元宵灯油之助，庶几绵祖父之泽，以伸吾兄弟□□□碑也。但事经久远，志其不朽，勒石以为后据。

道光二年冬月下浣日　　住持□□□

法王寺山门

李凤荣等兄弟三人，因祖父所遗场中九房铺面基址，一向铺后草宅地基在内，至高坎下为界，其铺灯左右两边各依从前管理抵庙僧为界，每年佃钱□千文，兄弟乐捐，将此铺纳入。”

“东岳大帝前每年佃收值年灯，首与庙僧收谷为新元宵灯油之助，庶几绵祖父之泽，以伸吾兄弟□□□碑也。但事经久远，志其不朽，勒石以为后据。道光二年（1822年）季冬月下浣日　住持□□□。”李氏三兄弟在捐建东岳庙前的灯树后，将剩余资金对观音殿、东皇殿及川主庙三座大殿进行了整修，九龙聚宝山西坡形成了东岳庙完整的庙宇群。

历经了十几年风雨后，清道光十四年（1834年）士绅李跃龙、周其斌见东岳庙建筑“露染霜零，虽必榱题之巩固，不事今日之重修，则前功亦几尽弃也。所以有李君耀（跃）龙、周君其宾（斌）者睹庙宇之倾颓欲倒，因戏台之阘淡，欲壮其观。然一毛终难见驥、而集腋方可成裘。爰邀集绅耆同劝善果，因募化商贾共结善缘，幸四方不惜缁铢之较，百工时加奋励之心，不数月而庙貌果著其辉煌，楼台稪昭其丽矣。”①李跃龙、周其斌再度率领邑人集资修建东岳庙，首先将原有低矮的戏台重新设计，建成一座华丽壮观的戏台，称“万年台”。戏台下层为东岳庙临街的山门门厅，然后在戏台左右建起男女宾楼。其次将原单层的魁星阁改建为三层。其三、加建东岳庙周围护墙，进行庙内地面全面铺整。这次整修规模较大，时间较长，仅出资募捐者就有500多户，有绅粮、商人、普通乡民。李跃龙、周其斌两人出资最多，他们作为修缮的领袖，也就是总指挥，名字至今还留在东岳庙男宾楼的檩子上。

法王寺内做佛事

① 东岳庙内现存《重修城隍庙碑记序》记载。全文请见附录四。

脊檩上题："皇图巩固，帝道遐昌"，金檩上题"领袖赐进士李跃龙，同知周其斌；经理 俞秉理，张洪浚"，前檐檩上题"大清道光十四年甲午大吕月上浣吉旦。 匠士：任正启、陈国凤、张孝明、伍星月、任纯石，主持僧德裕"。

距尧坝约十几公里有座法王寺，是川南规模最大的寺庙之一，兴建于唐代，清中后期至民国庙景最辉煌，这时期东岳庙与法王寺联系较密切，有互通交流。为支持东岳庙的发展，清末还曾有十八、九位法王寺僧人到东岳庙落籍，宣传佛理教义，在有大型的法会、道场时，两庙间都会互派僧众前往支持，由此尧坝周边的庙宇也都相继与法王寺建立往来。清末时，尧坝西侧"三殿神庙"的周和尚，在管理三殿神庙的同时，还是法王寺的知客师，直到1949年。[①]

随着尧坝古街商业的兴盛，人们享受到了物质生活的丰富和满足的同时，不忘对神灵的信仰与崇拜，尤其赶场天，庙里的香客要比平日多很多，人们利用赶场的机会出售或购买所需物品，然后用部分钱购买香烛到庙上在神灵前面磕几个头，许个愿，求神灵保佑。磕了头许了愿，心里得到一种慰籍。东岳庙的扩建，众神灵的汇聚一堂，自然成了一处人们精神寄托的家园，"有求必应"的圣殿。在尧坝场上，东岳庙与商业街一样重要，他们形成一个整体，满足了人们物质与精神的双重需求，商业的发展促进了庙宇的建设，崇神的力量又进一步聚集了尧坝场的人气。

二十世纪三四十年代，东岳庙的道长去世，仅剩两个道士，乡政府借此迁进了东岳庙，许多殿堂改做了日常行政办公之用，魁星阁的正堂做了"乡政府衙门"，镇上各种民事纠纷都在这里审理和解决，直到1949年。

1951年东岳庙内的道士遣散回乡，乡政府就将小学校临时安置在庙里，大殿成了教室，神像有的被移走，有的被砸毁。两年后，小学才迁出。1956年东岳庙又被改造成镇上的粮站，尧坝乡十几个"生产大队"收上来的公粮就存放在魁星阁、川主庙等大殿改造成的粮仓里。东岳庙戏台底下是当年为收售粮处。1958年大跃进时期，尧坝场兴办公共食堂，戏台前广场两侧的男女宾楼底层被改造成公共厨房，吃起了大锅饭。1966年"文化大革命"开始，东岳庙遭受了历史上最大的破坏，大殿内所剩不多的神像被干净、彻底、全

① 尧坝曾吉富提供。

三圣殿
泮池
东英殿
山坝
丰都殿
天王殿
魁星阁
看楼
庭院
看楼
山门
街道
魁星阁
二层看楼
二层看楼
二层戏台
0
10米
20米

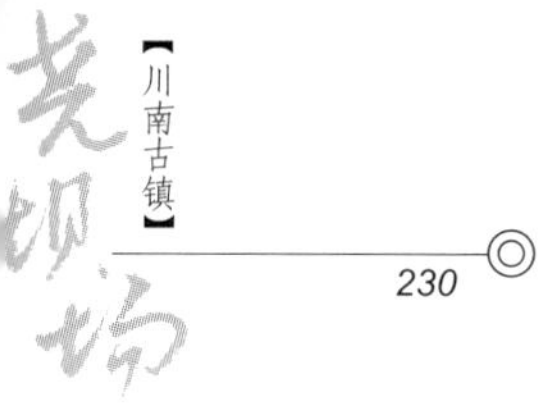

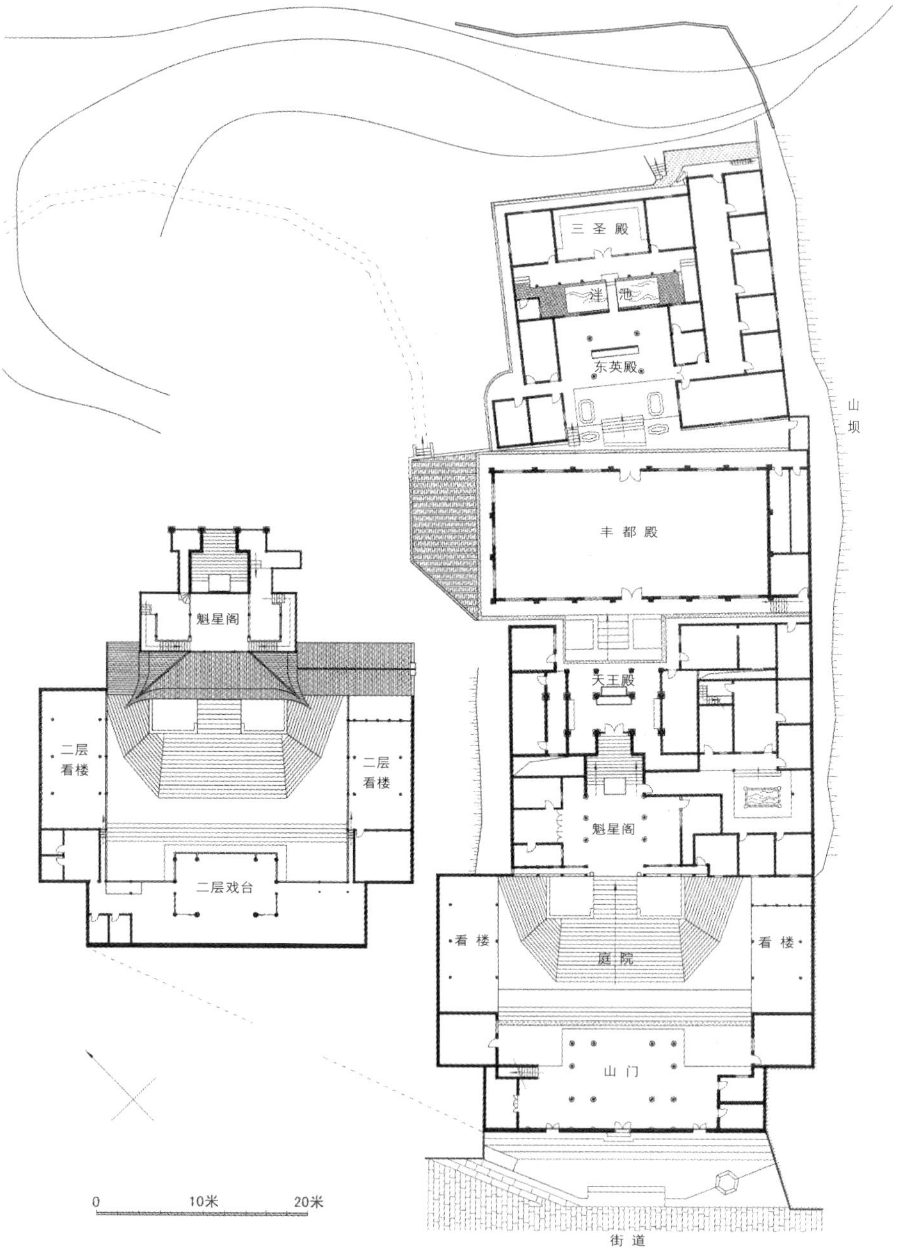

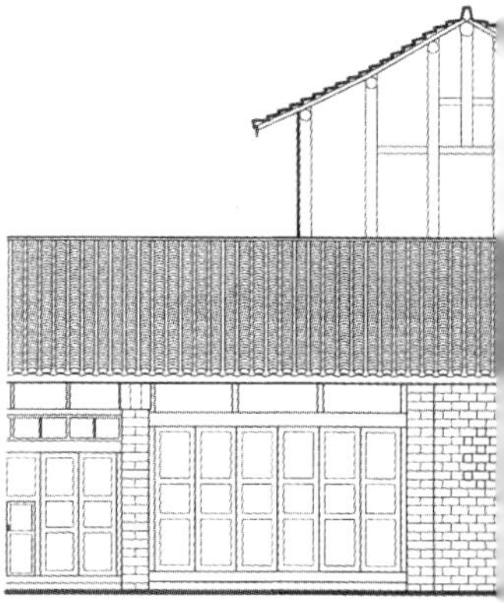

东岳庙一、二层平面图

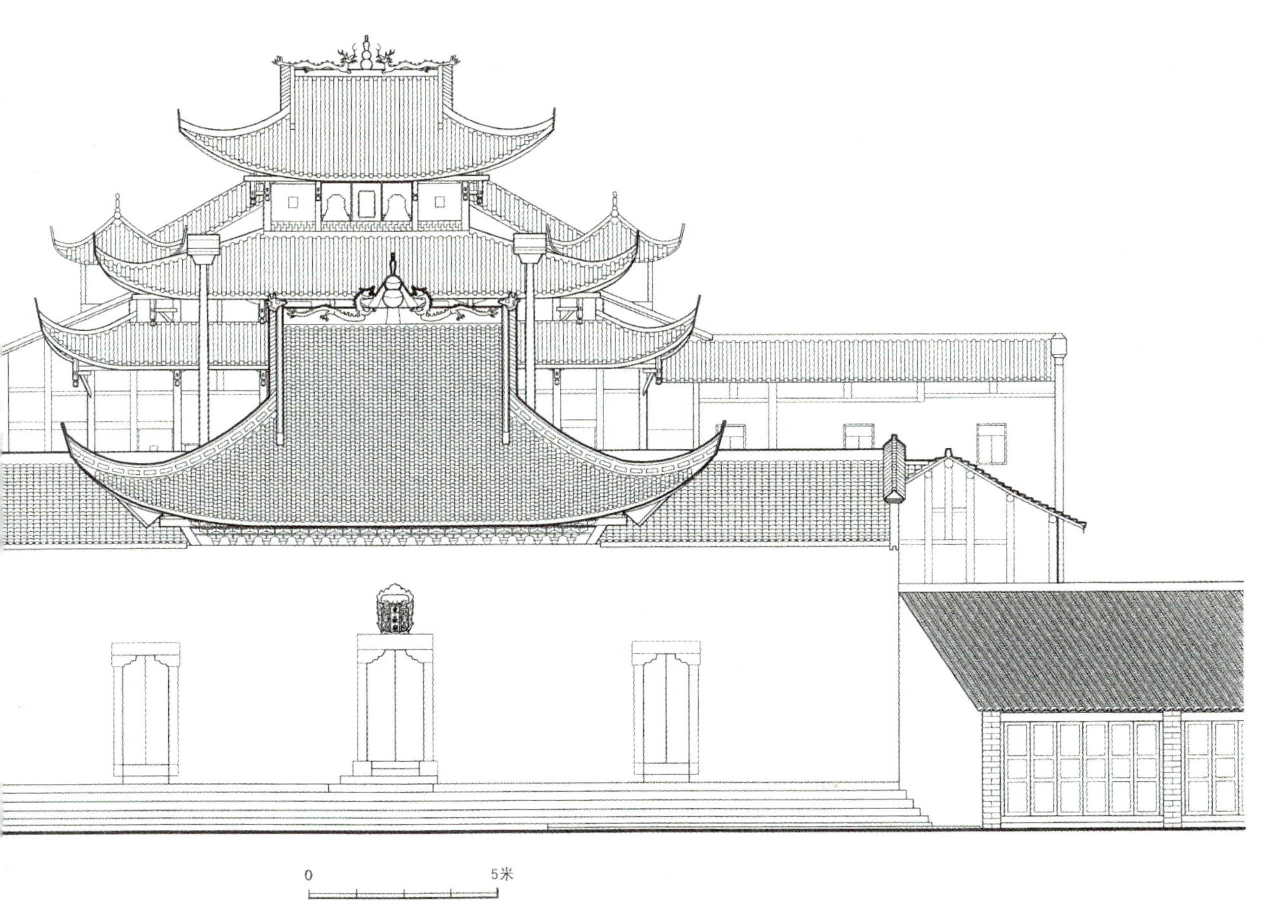

东岳庙山门正立面图

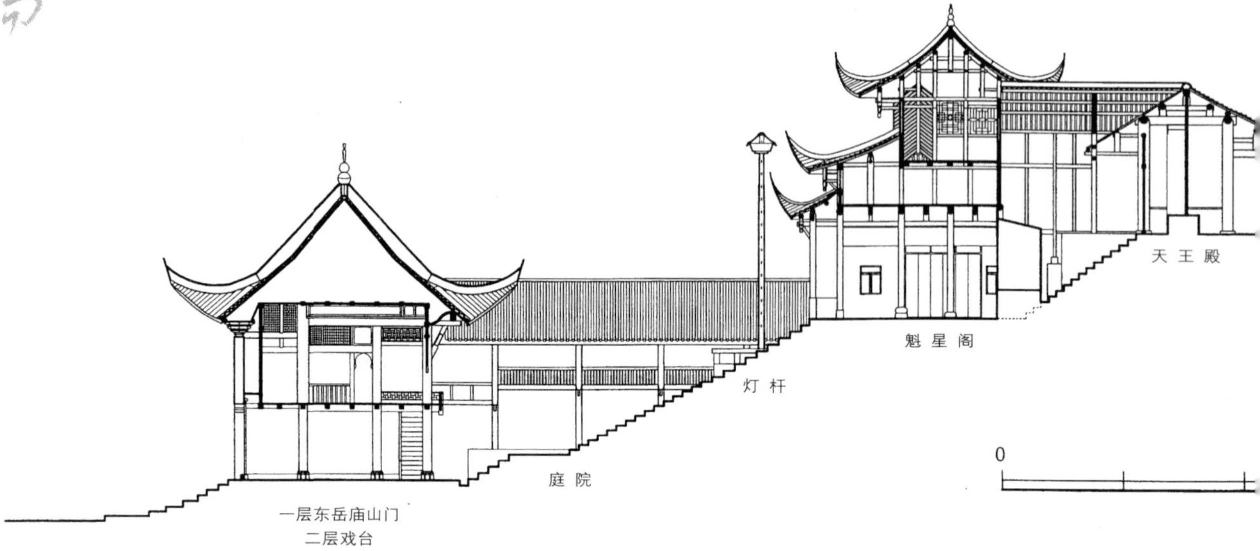

东岳庙纵剖面图

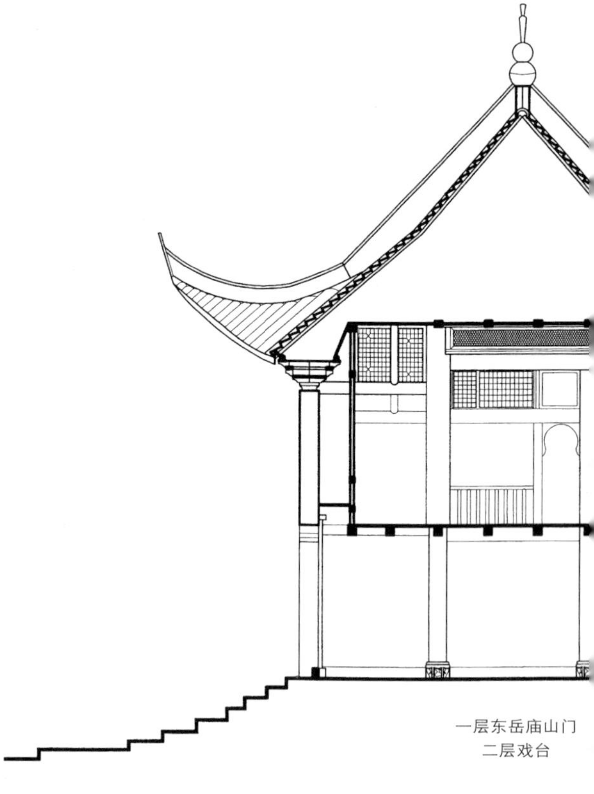

东岳庙戏台及魁星阁剖面图

梁架为1975年后新建
丰都殿
东英殿
泮池
三圣殿
山坝
20米

魁星阁
灯杆
0
8米

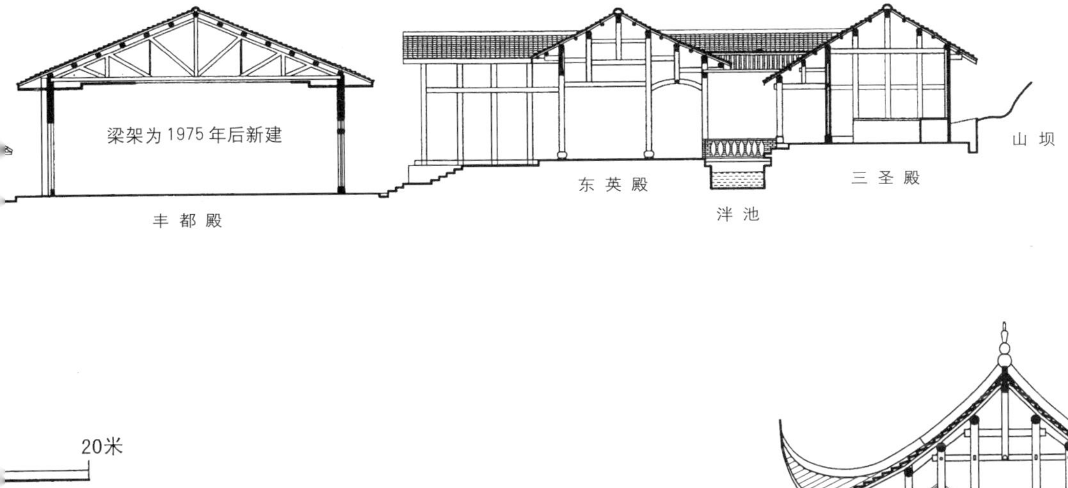

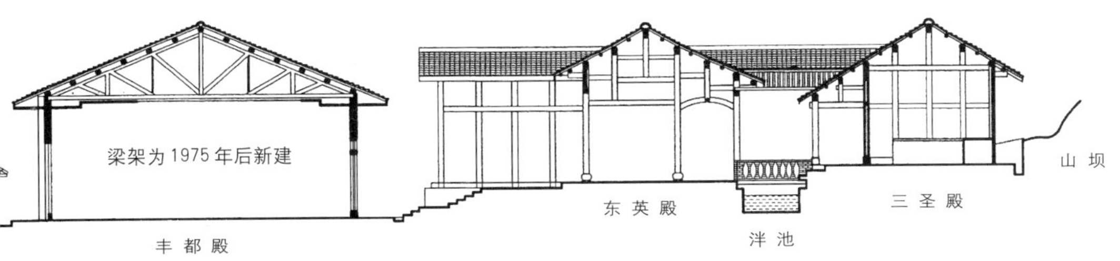

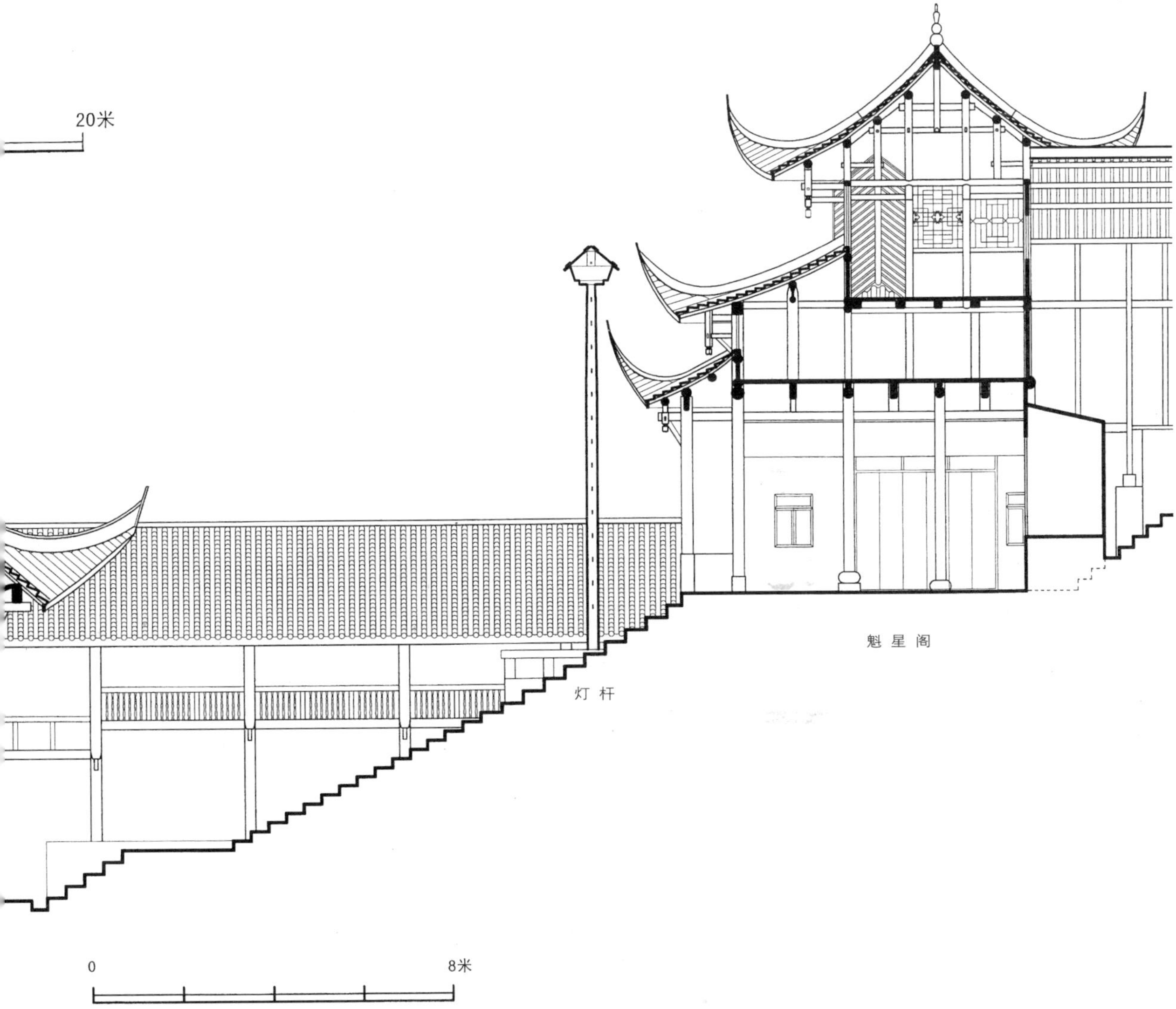

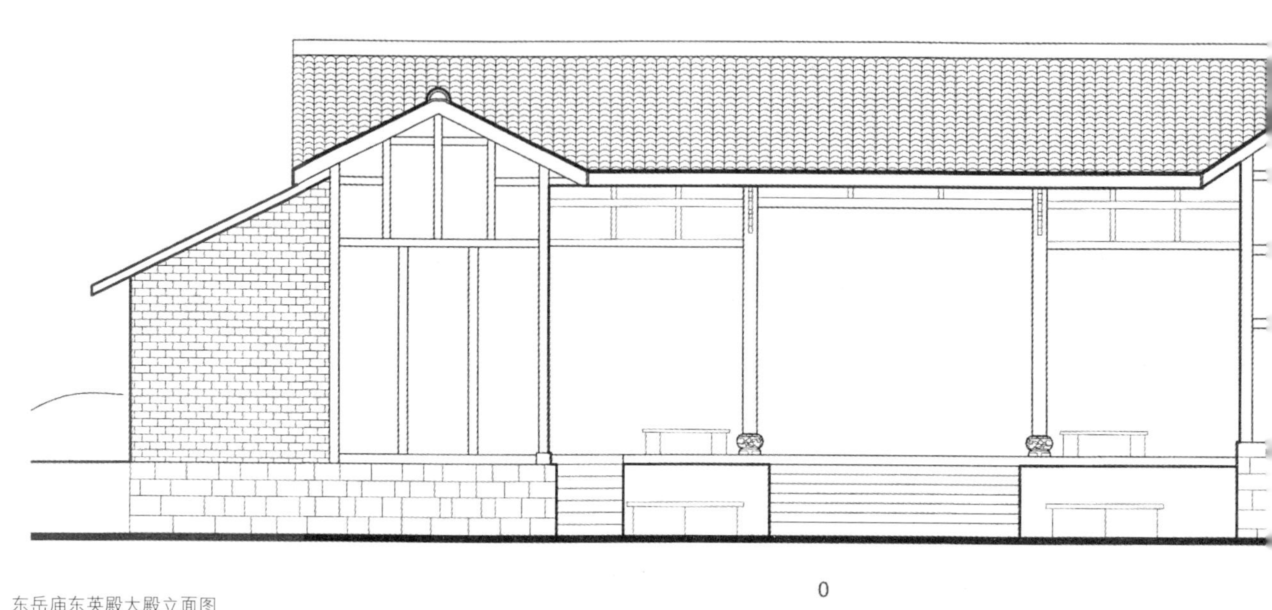

东岳庙东英殿大殿立面图

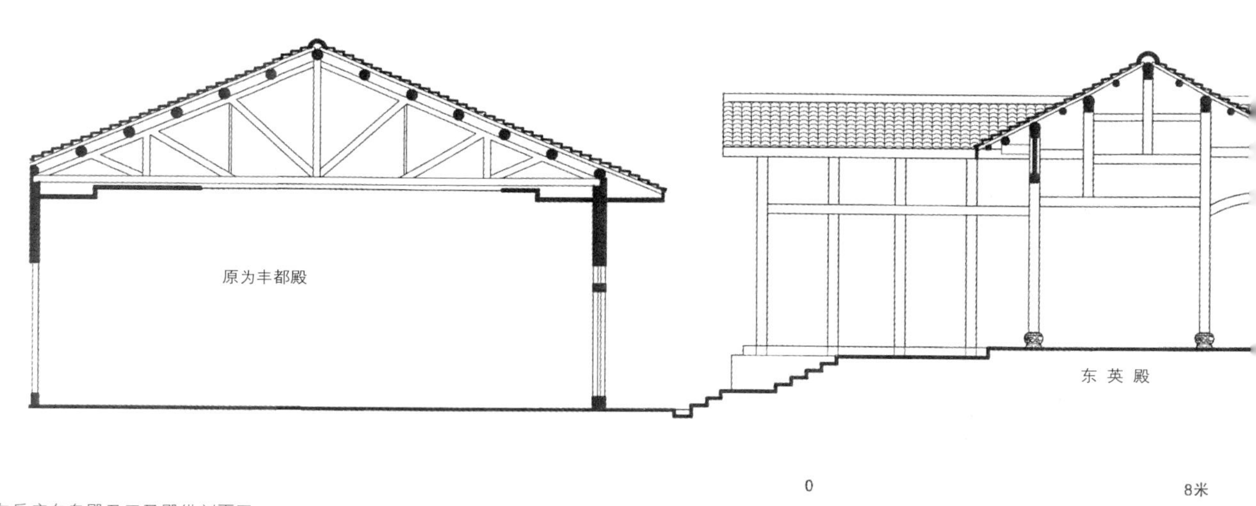

东岳庙东皇殿及三圣殿纵剖面图

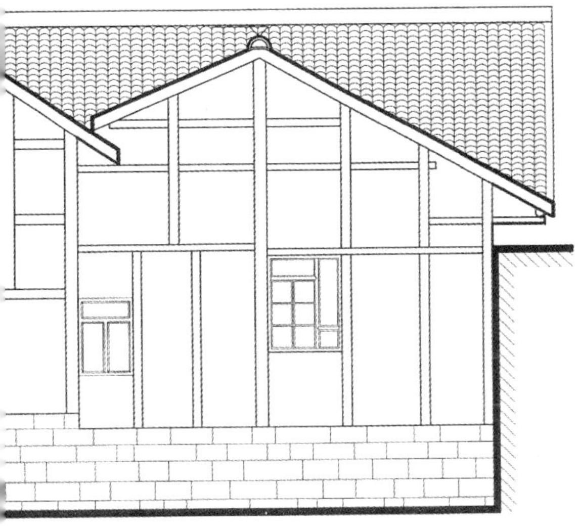

部砸烂，庙宇上的灰塑装饰、窗花，甚至连万年台前最精雕细刻的“照面枋”都被砸毁，庙里没了香火，没了香客，只有满院的衰草。

1973年，粮站迁出，东岳庙由尧坝乡政府使用。1975年，乡政府出资对东岳庙进行了局部改建，拆除了东皇殿，在基址上建起一座现代样式，木桁架砖结构的礼堂，里面可容纳上千人开大会。有这样一个大会堂，人们十分自豪。这时期在人们要求下，在庙内一年演一两场戏，为方便人们看戏，将魁星阁前的大台阶两侧加宽，成为三面转折形的台阶至今。

1993年，东岳庙列为“泸州市重点文物保护单位”。1994年后，东岳庙移交给宗教协会管理，乡政府才从东岳庙迁出。宗教协会开始了东岳庙的修缮，目前基本恢复了庙的原面貌和格局，被拆除的东皇殿无力新建，就将礼堂稍加修整，做为东岳庙的大殿，内部供奉了佛祖释迦牟尼及十八罗汉。

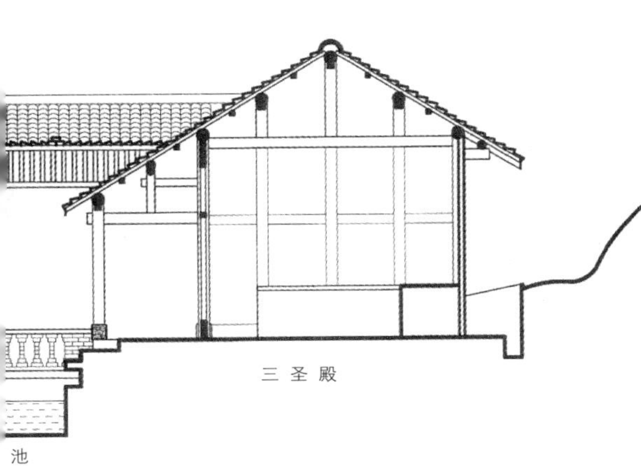

三圣殿

二、东岳庙的格局与众神灵

东岳庙位于尧坝街的正中，尧坝的南半场、北半场就从这里分界。庙的山门向西，临街，建筑依次沿九龙聚宝山西坡向上，一直到山顶。从

东岳庙山门、

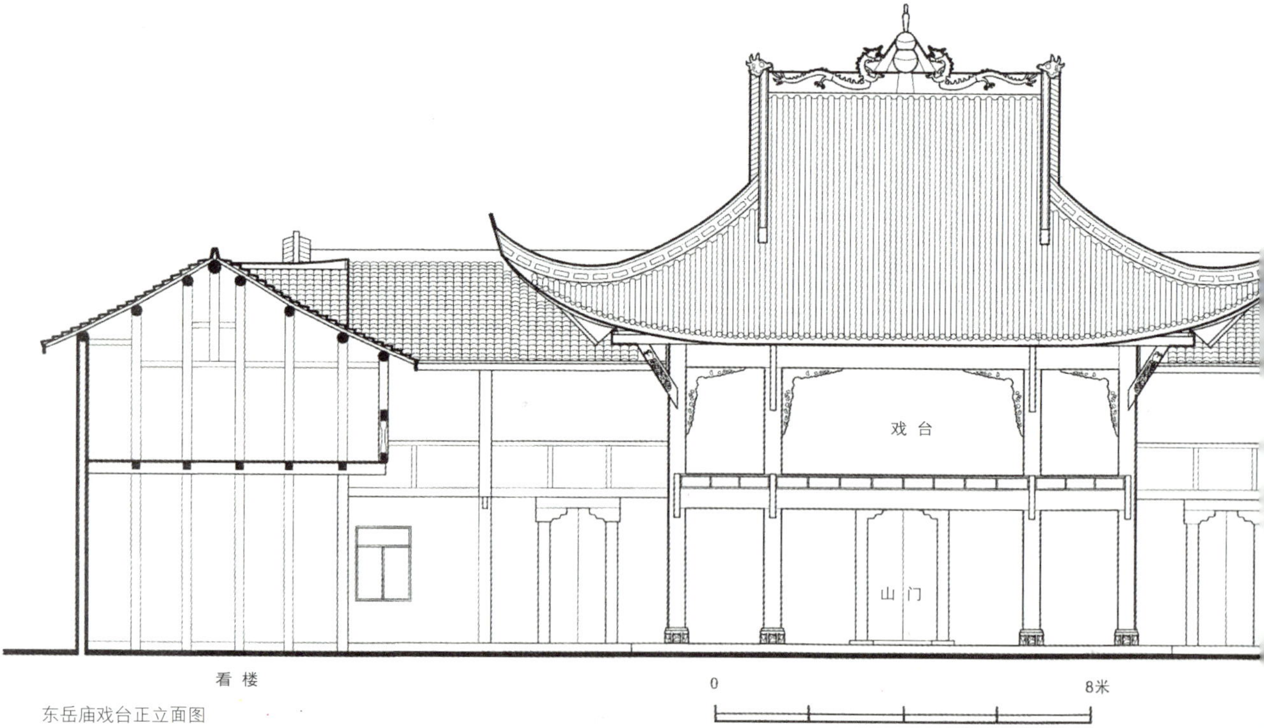

戏 台

山 门

看 楼

0

8米

东岳庙戏台正立面图

从魁星阁望大戏台
(贾大戎摄)

山门到庙顶高差约15米。中轴建筑基本对称，共四进院落。第一进是东岳庙的山门，朝向街面开门，有三个门道，正中门道额“东岳寺”三个大字。老人们回忆，1920至1930年，大门两侧还有对联：“天光下临东岳庙万马归槽群山朝拜，地德上载尧坝场九龙进宝众水拱降”。左右小门洞比中间大门洞矮些，窄些，左侧门额上书“不二法门”四个大字，对联为：“去去去，脱离红尘跳出三界外，来来来，投入佛门不在五行中”。落款是“僧人题”。右边小门额书“极乐净土”，两边对联为：“月色生性海，混俗和□不昧本来，水声净孽根，随顺自然能开觉悟”。

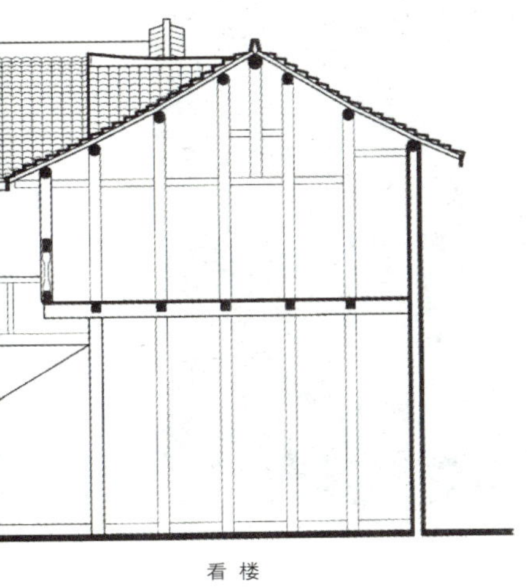
看楼

山门背面是戏台，旧时“演戏敬神，为世俗

通例”，庙里建戏台演戏就是为酬神邀福。从正中门洞进入山门便是戏台，台面高约3.2米。从戏台下出来，是东岳庙的第一进庭院，院子大而平整，称院坝。回头便对着戏台。

东岳庙的戏台三开间，平面为“凸”字形，进深9.5米，当心间宽5.5米，戏台左右次间是文武场，各宽为2.1米，台面总宽近10米。据说尧坝附近这样大的戏台很少。戏台前沿有照面枋，为上下两层雕花板组成，雕饰着戏曲故事。上层雕花板题材为“群仙图”，下层为七幅三国故事，有大破黄巾军、许田射鹿、三让徐州、甘露寺招亲、吕布戏貂蝉、大战长坂坡、七擒孟获等，生动传神，是整个戏台前脸最精彩的地方。①

魁星阁背面

① 尧坝东岳庙原有戏台上的照面枋，“文化大革命”期间当作四旧被拆毁，现在戏台上的照面枋是1980年代以后从合江其他地方买来，重新配上去的。

戏台的台口之上，迎面枋下有雕饰华丽的挂落做装饰。作挑檐之用的牛腿也以戏曲人物或瑞兽为题材，生动活泼。戏台内天花板做平阁，当中彩绘八仙过海，配上朱红色的柱子，热闹华丽。

魁星阁及鼓楼的屋顶

戏台采用歇山顶，正脊做有二龙戏珠的雕饰，翼角飞扬，轻盈舒展。川剧一般舞台上都不用布景，只用“三星壁”来做守旧，“三星壁”即绘福、禄、寿三星的中堂。福星祝人们财源茂盛，福如东海；禄星祝人们升官发财，官运亨通；寿星，祝人寿比南山，长生不老。

戏台前为院坝，院坝左右厢房称为戏楼，上下两层。旧时看戏讲究男女有别，院坝左边是男宾楼，右侧是女宾楼，有身份的人通常在楼上或楼下摆桌，沏上茶水，摆上零食，边聊天，边赏戏。有的听到高兴时还跟着唱几句，人称玩友，就是戏迷。

魁星阁正面

院坝之后，正对戏台是魁星阁，由于地势高出戏台很多，阁前的石阶梯有29级，普通百姓就坐在石阶上看戏，是最好的观众席。清末民初东岳庙内演戏，两边戏楼及大台阶上人都坐得满满的，最多可容纳上千人。在看戏的场子中间，夹杂着小贩、卖零食的，熙熙攘攘，台上唱着，台下应着，那场面极其热闹。

高台上的魁星阁是一座十分讲究的三层楼阁。一层三开间，明间作为过殿，过殿后檐正是太师壁，壁前为弥勒佛塑像。太师壁两侧耳门通往后面的天王殿，由于依山建寺，魁星阁与天王殿间有十几步台阶的高差。据说天王殿内最早供奉的是尧王的塑像，后来供奉风、调、雨、顺四大天王的塑像。从天王殿有楼梯上到二层，二层空间狭小，可从两边上到三层。在二层上三层的楼梯的转角处，上方有两座小亭子，为钟、鼓楼。、

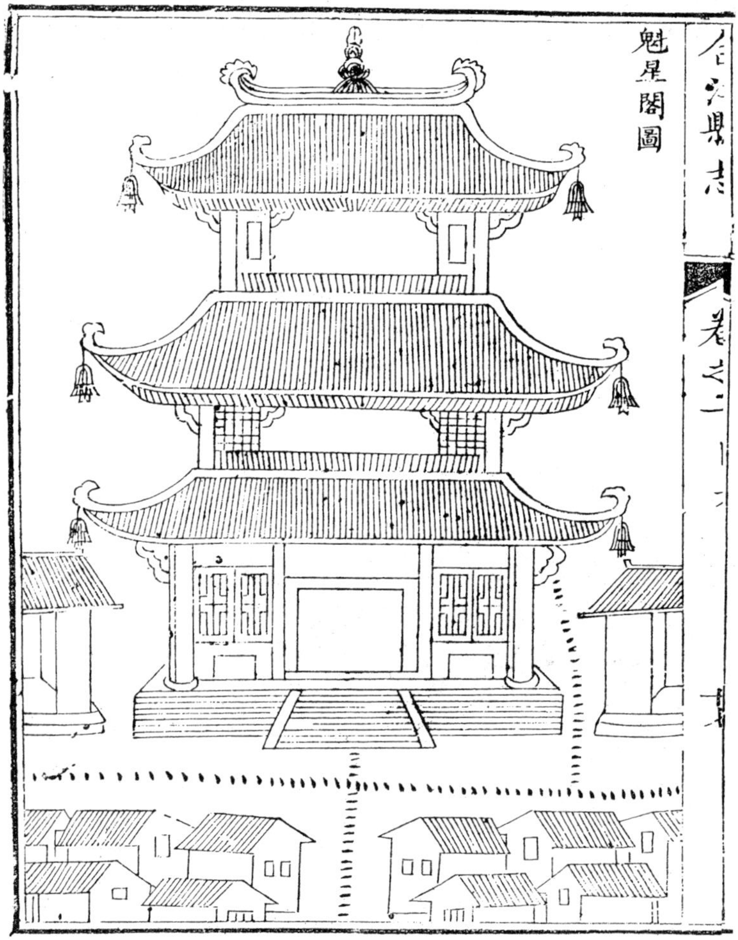

三层是灵官殿，这里最早供奉着道教的护法大神王灵官塑像，赤面、三只眼、手持金鞭，专门行使监察职责，对违法的神祇和邪恶鬼魅进行惩罚，形象十分威严。后来他左侧增加了财神赵公明的塑像，骑黑马，手执赶财聚宝鞭，保佑人们发财致富，右侧增加了文昌帝君，端坐威严，手执朱笔。不知从什么时候起这座三层大楼称为专门供奉魁星的魁星阁了。魁星阁三面做成透空的格扇窗，歇山屋顶，下面两层有腰檐与屋顶相称，翼角轻盈高翘。魁星主

合江县魁星阁图　采自清同治10年《合江县志》。百姓传说尧坝东岳庙的魁星阁就是参照合江县魁星阁建造

文运，旧时每逢有科考，附近的学子们都要来魁星阁许愿、祭拜，希求魁星点斗考中荣归。街上老人们说，高翘的屋角象征的就是学子跃龙门，从鱼变成龙的过程。因此魁星阁正脊上雕饰的是两条行龙。

魁星阁前面对戏台的大台阶两边，均有一方高台，这里架有高高的灯杆架，每年新春时都在此举行立灯杆仪式，灯杆上挂起三十二盏玉皇灯，祈求尧坝一方百姓来年风调雨顺，五谷丰登。

从戏台看魁星阁

在魁星阁的左侧是一个四合院，称城隍殿。实际这里不仅有城隍，还有其他各路神灵。城隍殿的门开在魁星阁过殿的侧面，大门有长长的过道，两边树立着牛头马面、黑白无常以及鸡脚无常的神像。鸡脚无常是人身，鸡脚、鸡嘴，长有翅膀，高2米多，眼睛圆睁十分怕人，以前小孩子是不能进入的。正对大门放着个大算盘，算盘珠如鸡蛋般大，当借钱不还，又不承认，双方就会来算盘前赌咒，据说赌咒十分灵验。一次一个借债不还的人想赖账，就在算盘前说了谎话，算盘索上的算盘珠无论如何也落不下来。人们见了知道是赖账人说了谎话，赖账的人十分震惊，只好乖乖认了账。没想到刚刚认过账，算

魁星阁建在高台上，十分壮观

原为丰都殿，1975年拆去建成现在的大会堂，近年又将大会堂改为"大雄宝殿"，供奉起释迦牟尼

盘珠子就哗啦一下都落了下来，吓得赖账人拔腿就跑。此后，再没有发生赖账事件。

城隍殿四合院的正殿供的是城隍菩萨及城隍婆婆，左右是判官和小鬼。城隍和婆婆全身金妆。殿内为这对城隍夫妇设有床帐，每日专人侍奉起居休息，早上给他们打开床帐，叠好被子，晚上为他们盖好被子挂上床帐。为什么他们能享受这样的待遇？传说尧坝的城隍是"京城隍"，等级比一般城隍高，权力比普通城隍大。自从京城隍被请到尧坝后，虽历经战乱，尧坝没有遭到太大的不测，人们认为都是京城隍的保佑和功劳。传说有段时间，庙里的执事偷懒，早上不给城隍夫妇叠被穿衣，晚上不侍奉挂帐入眠，惹得城隍生气，尧坝街场上出现一些蹊跷事。百姓奇怪，给城隍上了这么多香，怎么不保平安了呢，后来发现了执事怠慢城隍，庙里马上换了个人，街上的生活才又恢复了正常。为此尧坝一带的百姓非常信奉城隍，每逢新年，必举行盛大的敬城隍的活动，抬着城隍巡游，让他眼观六路，保百姓安全。

城隍殿的一个次间是阎王殿，挂满一卷卷的神像，一殿秦广王，二殿楚江王，三殿宋帝王，四殿许官王，五殿阎罗王，六殿平等王，七殿泰山王，八殿都市王，九殿平等王，十殿卷轮王。周围有刀山、油锅、磨子、敲鬼棒

大雄宝殿内现状

等阴间刑罚工具的灰塑。另一次间是道教护法神殿，供奉护法神将王灵官、财神赵公明。偏殿一间为尧王殿，供奉尧王，其他即为经室和客房。

从天王殿后面上台阶便到了第二进丰都殿，1975年，拆去旧建筑改成木桁架的大会堂，1994年改成佛教大雄宝殿。第三进便是东皇殿，这里供奉着本庙主祀之神东岳大帝。每年农历三月二十八日是东岳大帝的祭日，尧坝及周边的百姓要在庙里举办盛大而隆重的庙会，保佑人们无灾有福，万事亨通。每年阴历六月东皇会组织游神活动，把东岳大帝的塑像放在神轿里，人们抬着走街串巷，凡神游到之处，百姓都会受到庇佑，因此游神活动通宵达旦，哪一处都不能拉下。

第四进，也是最后一进，俗称三圣殿，又称夫子殿，殿内主供孔夫子的塑像，两边坐着武穆夫子和关羽夫子。其实三圣殿最早为观音殿，主供观世

东皇殿

音菩萨，后同祭孔圣人。再以后，东岳庙不断增建新的殿宇，神在不断迁移新殿中，从供奉一神，变为供奉多神，有的大殿内主神几经更换，观音殿也在扩建中改称三圣殿。

大雄宝殿内尼姑正在做法事

三圣殿单层三开间带前廊，它位居山顶最怕失火，清中后期殿前建起水池，称泮池。水池中间建有一座石板桥，过石桥在三圣殿门前曾有九龙进宝石，是东岳庙的风水石，镇庙石，只有获得了功名的人才能从上面走过。有一年，在举行祭拜三圣的礼仪上，李跃龙有功名，祭拜后直接从上面走了过去，周其斌跟在后面，不知不觉地也从上面走了过去。事后有人将周其斌一纸状告到成都府尹，说周其斌狂妄自大，既无功名，又无顶戴，竟从九龙“进宝石”上迈过，有辱圣贤……。听到消息后周其斌着实吓了一跳，马上找到李跃龙商量对策，李跃龙自告奋勇前去替周其斌说情，同时周其斌又出钱捐了个同知，这件事才免予追究。

1949年以后重修了三圣殿，将其改为“川主庙殿”，殿内三间通敞，正中主供川主李冰父子，左侧是火神、药王、观音，右侧是文昌和财神。左侧山墙一面供天公、天母，右侧山墙一面供祭地公、地母，以及送子观音。三圣殿北侧曾是一块菜园兼花园，庙中仅有的四棵大树就在这里。菜园右侧的辅助院作为修行人清修的场所，有经房，有居士们做斋饭和修行的厨房及僧舍。

原三圣殿，1949年后改为“川主庙殿”

“川主庙殿”前廊

东岳庙初始本是座道庙，后来陆续融会了儒教、佛教，成了一座释道儒合一的。各路神灵聚集的庙宇，百姓们对是什么神并不关心，只关心这些神是否能有求必应，因此尽管庙宇中的神殿、神灵怎么迁来变去，百姓们都照样烧香磕头，它让百姓们有了一处可以寄托精神的场所，因此备受百姓们的喜爱。这正是东岳庙自建成以来，一直香火很盛的重要原因。

三圣殿位于东岳庙的最高处，站在山顶向下俯视，整个尧坝场尽收眼底，蜿蜒的老街犹如一条巨龙，拥抱着东岳庙，远处群山相簇，山下小丘如战马奔腾涌来，大有聚众山之灵气于一庙之势。为此人们将尧坝商业的繁荣兴起，归功于东岳庙的好风水，归功于久远之前数山的尧王。

三、庙会及灯杆会

在尧坝，东岳庙作为人们精神寄托场所，它与商业街发展一样重要，甚

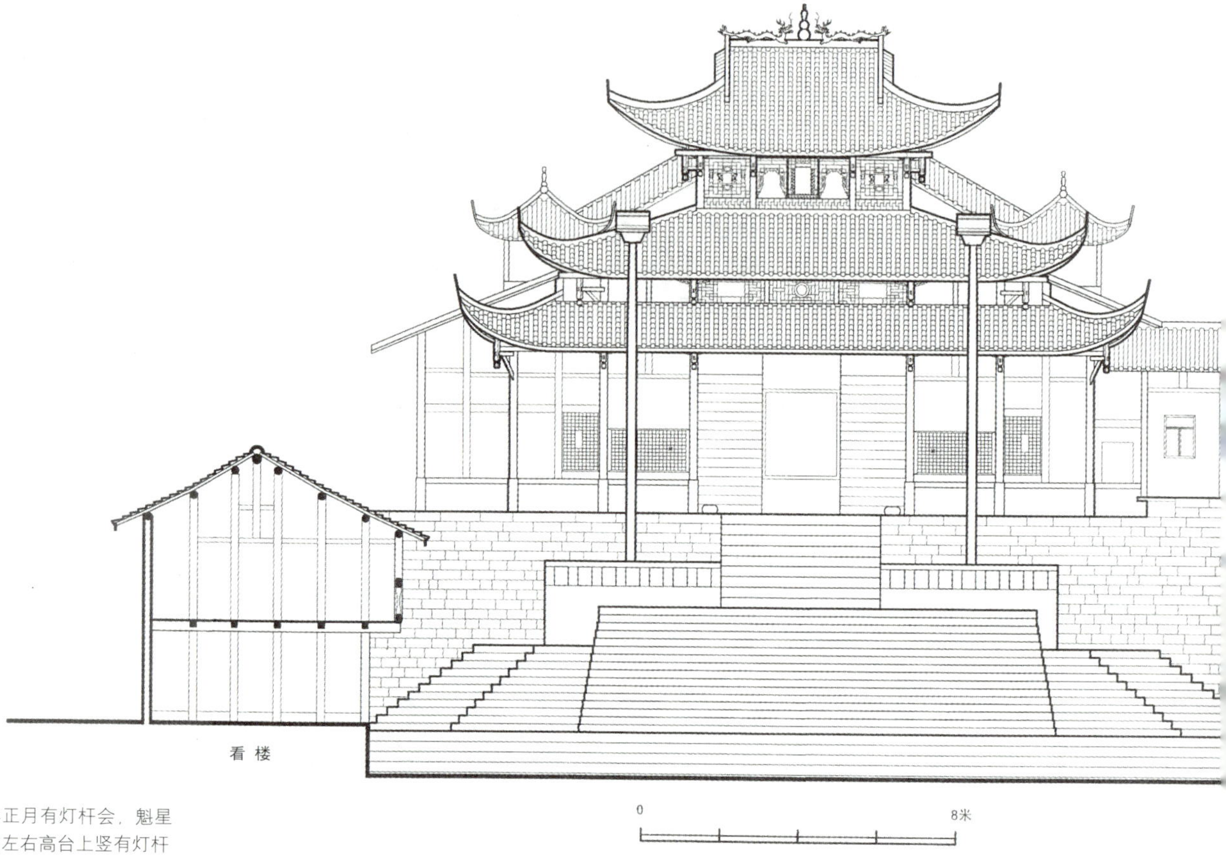

看楼

0　8米

每年正月有灯杆会，魁星阁前左右高台上竖有灯杆

挂在灯杆上的玉皇灯

至许多时候超越了乡民对物质的追求，庙宇是乡民心目中的圣殿，有求必应的各路神仙则是乡民心中的大救星，为此东岳庙不仅平日香火盛，每年敬神的活动也随之不断升级，形成了隆重的庙会，且规模越

来越大，其中在传统节日举办的庙会就有十来个，最主要的有城隍会、火神会和灯杆会。

1.城隍会　每年农历五月十七日，是奉祀城隍的节日。城隍是尧坝场的守护神，对城隍的奉祀，表达了居民们安居乐业的美好愿望。正会这天城隍要“出神”巡游，东岳庙内要演戏，最为热闹。为办城隍会每年公选出四个会首，任期一年，当年如没有办会则连任到下年办过会为止。由于城隍会是民间组织，没有固定收入，每次办会前期都要通过“打行”来筹集资金，即利用赶场开市时，向百姓半讨半要一些实物，如东岳庙前及戏台下原为大米、杂粮市场，逢场赶集，便有城隍会的组织者在各摊募集粮食，如舀上半竹筒大米、杂粮，菜摊上揽点菜，杂货点里讨些生活用品等，然后将这些实物出售，积攒起现金，作为日后城隍会活动的开支。

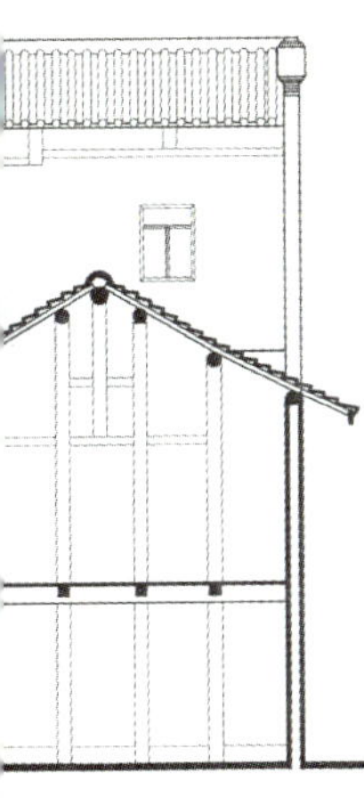
看楼

到正会那天要请戏班子唱戏，抬着硬木雕刻的城隍神塑像巡游，称“出神”。城隍的銮驾由四个青壮年男子抬，前面仪仗队化装成判官、小鬼、鸡足、无常等，戏班子的人跟在后面，装扮上各种人物形象，打着各种旗幡，鼓乐齐奏，戏班子后面是普通百姓。出神仪式对镇上来说是个大喜日，全镇老老小小来与神同游。老人们说，1934年前后城隍会最热闹时，尧坝的大街小巷都用彩色布搭起天棚子，挂上彩灯笼，整个街场红红火火，绚烂多彩。

城隍的行身[①]出来巡游，所到之处消灾解难，为让更多的人受惠，巡游线路不仅限于尧坝镇街上，只要百姓有要求，连周围的村里都要跑一遍，让百姓心里踏实、安定，因此巡游往往要一整天。到了晚上，东岳庙里开唱大戏酬谢神灵，一唱就是几天，多时要唱一二十天，每日早、中、晚三场，有时玩友们兴起开心，亲自上台唱段折子戏，或点几出花戏唱唱。

2.火神会　阴历四月十七日，是祭奠火神的节日。尧坝古街多为木结构建筑，每年街上都有火灾发生。街上的居民、商户对防火格外重视，为避免火灾，东岳庙里很早就供奉了火神。希求通过每日的供奉使火神少惹些事端。一些百姓家里也恭恭敬敬地供奉起火神，每年街上还要举行盛大的祭祀

① 菩萨的“行身”是用檀木雕成的便于抬着巡游的小神像，与之相配的还有神轿及各种仪仗。

戏台及左右看楼

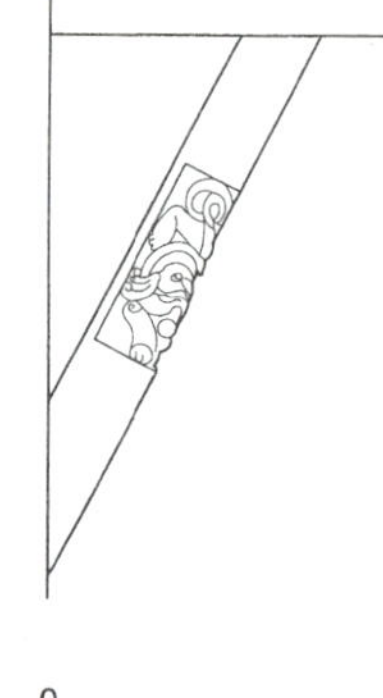

火神的仪式，在东岳庙里做五天道场，每天镇上及附近的乡民都来烧香磕头，进上供品。第四天时要将火神菩萨抬起“出神”巡游，神轿前设有仪仗，一个纸扎的瘟神船，前有龙头，后有龙尾，船后是四个人抬着的一个大火盆。巡游仪仗队途经各家门口时，各户都要抓上盐、茶、米、豆放到火盆里，或撮一铲炭灰倒入，只听火盆内劈劈啪啪一路响来，以示送火星离开，叫“扫火星”，以保尧坝一年无火灾。到第五天晚上则举行“收火”仪式，将火船抬到喻嘴河边焚化，请火神爷重新送进大殿。

3.灯杆会　除了城隍会和火神会之外，东岳庙每年正月还有竖灯杆祈福的盛大活动。灯杆会由民间自发组成，每年一次，所立灯杆就是东岳庙魁星阁前石台上的一对木灯杆。

立灯杆有一定的程序，通常过年前一两个月就开始筹办此事。魁星阁前的灯杆，每根长约15米－18米，平日卸下，正月初八前树立，根部由夹杆石固定。在杆子上下挂满灯盏，每根杆上两盏为一组，能挂16组，共32盏灯，两根灯杆共挂64盏灯。一轮灯杆由一户祈福的人家捐助，按镇上居民的信仰，捐一次灯杆就能保证一家人一年的幸福安康。镇上的老书记说，能捐上灯

东岳庙戏台正中一块雕花照面枋

0
3米

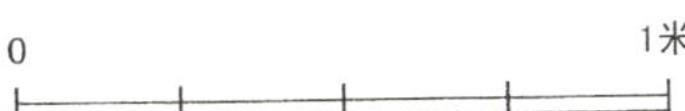

东岳庙戏台雕饰及构件大样图

戏台平阁的彩绘

杆是很幸福的一件事情。这种灯称为“玉皇灯”，是用竹子扎成灯的骨架，外糊牛皮纸，[①]里面点菜油的方形灯。

立灯杆的日子是每年的正月初八。正式立灯杆有很隆重的仪式，到正月十六倒灯杆也要举行仪式，整个会期一般持续八天。点灯杆的同时庙里的道士每日在大殿里做法事。玉皇灯内的灯油燃完，即为一轮灯杆结束。每天能点三轮灯，如果是八天时间，在灯杆会期内，也就是一年内只有24户人家有机会点灯杆求平安，但由于捐灯杆是东岳庙里收入的来源之一，因此一旦遇上年景好，捐灯杆的人家多时，庙里就会推迟倒灯杆的时间，从正月初八直到正月三十。挂玉皇灯或给灯添油很不容易，此时，捐灯杆的邻居们都会来帮忙，年轻人会爬上杆子挂灯，据说也能保佑挂灯人的吉祥，为此年轻人总是十分踊跃的参与。当然被帮助的人家在灯杆点好，法事做完后，会摆上几桌素宴，酬谢邻里们。

因为祈福者多，除了东岳庙内魁星阁前有灯杆外，以后又在东岳庙山门外、进士牌楼南侧、回龙窝、观音嘴等地方也设了灯杆，每年也行点灯杆仪式。进士牌楼南侧的灯杆称“五谷灯”，一根灯杆从上下挂九盏灯，最上一盏为红色，下面为白色。立“五谷灯”的用作是祈福灭虫、灭蛾，保一年收成的。东岳庙山门外，回龙窝、观音嘴等处的灯杆则称为“九皇灯”，均作为吉祥祈福满足更多人捐灯的需要而立，立灯杆都有仪式，只是东岳庙的灯杆最

① 牛皮纸灯的颜色为浅浅的茶色，很像旧时的作鼓面的牛皮色，透光性较好，用这种纸糊灯结实而且耐烤。因此称之为“牛皮纸灯”。

正规，仪式也最隆重。

虽说各家各户都有资格捐灯杆，但1949年前广大农户和小商贩经济条件有限，只有绅粮和镇上富有商人才有能力出油资。因此，点灯杆的活动在当时成为了一种社会地位的标志。1966年“文化大革命”开始，立灯杆被作为四旧革了命。1980年代之后，才又恢复了点灯杆的活动，这时人们的生活水平有了提高，灯油钱一次捐90元，一般人家都能捐得起，镇上的人都踊跃捐灯，也没有什么地位的差异。尧坝的老书记说，就是图个吉祥，一家平安。

四、演戏酬神与教化

游神活动之后，演戏酬神、邀福是整个庙会活动的又一高潮。东岳庙作为尧坝最重要的庙宇，乡民心中精神信仰之所，每逢演戏，尧坝周围农村及尧坝场十多里的识字场、新殿场、分水场、利合场，二十多里外的先市场的人都会来。演戏为酬神祈福，同时演戏以教化乡民，道光十五年（1835年），东岳庙《重修城隍庙碑记序》载：“……戏台则更有关风化焉。以彼梨园子弟俄而孝子忠臣，俄而大奸大恶，喜笑怒骂之间虽近于戏，然观者能退自修省，则善者可以感发人之善心，不啻天保之教忠、蓼莪之教孝也；恶者可以惩创人之逸志，不啻左牖之砭愚、右牖之订顽也，是又钊转移风俗之一助乎。故土木大兴，虽曰前功之□继而所以安神益人者，孰大于是矣。”[①]东岳庙的戏台是尧坝一带规模最大，建造最华丽的，尽管尧坝街上的周氏宗祠、李氏祠堂和王氏祠堂，以及“第一栈”内也曾建有戏台，但祠堂内的戏台主要是满足家族祭祖的需要，客栈的戏台是为招揽生意，为住宿客人服务的。而东岳庙演戏则是“全民”性的，为此

戏台与魁星阁大台阶相对，魁星阁的层层台阶自然成为看台

① 清道光十五年（1835）《重修城隍庙碑记序》。

东岳庙演戏，观众特别多，一些远道的客人为看戏或投亲靠友，或在街上栈房里住一两天，这段时间街上格外热闹。

庙会活动中的大戏场要持续半个月左右，每天早、中、午、晚四场戏不间断，一次庙会下来大概要唱60多场戏。年景好的时候，集资充裕些，就从成都大地方请来大川剧班子，年景差的时候就近请地方上的小戏班来唱。

演戏时人们坐在大台阶上，观众席从中间分隔，男左女右（贾大戎摄）

在正式演戏之前要举行清坛仪式，即将彼岸的东西清扫干净，清堂者一手拿刀一手拿枪，一边挥刀武枪，一边口中念唱：“有堂归堂，有庙归庙，无堂无庙，请上花盘”来驱除鬼神。清坛后，在后台供上戏班子随班带的“太子菩萨”，戏班人员依次顶礼膜拜，烧香叩头，保佑演出成功，然后可开始唱戏。当戏演完准备转场前，戏班子一行还要烧香磕头，感谢菩萨的关照。

东岳庙男宾楼

东岳庙的戏台设施很

东岳庙内唱大戏
（贾大戎摄）

齐全，专用于化妆的房子就有三四间，戏台后面还有存放道具的地方。川剧班子来演戏时，就住在东岳庙，戏台前大院两侧是男女“居楼”，白天唱戏时做贵宾看台，晚上散场后，则是戏班子打地铺睡觉休息的场所。

庙会的戏场是一年中最热闹的，镇上各阶层的人物都汇集在这里。尧坝爱戏的、懂戏的人多，镇上有“玩友会”，是些戏迷和票友，他们经常聚在茶馆内一起吹拉弹唱，自乐自娱，相互切磋，至今尧坝场上集贤茶馆还有玩友们常常聚会。合江县原旅游局局长贾大戎先生于2007年写了一篇《台上台下》记载演出的盛况，里面讲到“尧坝场东岳庙右边街上有个茶馆，在晚上常常会有川剧玩友的座唱，四川人叫‘唱玩友儿’，我是每次到尧坝场必去看热闹。在其中，有我认识的‘当家胡琴’宋治熔、打大钵的79岁老漆匠徐厚德、琴师62岁的理发师李天杰。还有一位叫不上名字的打鼓大爷，他的二鼓(堂鼓)打得真好，上下翻飞，有时快得看不见他的手动！恰逢闲场，几位老师一起喝茶，闲谈之中说及川剧，好像敲着了各位玩友的兴奋神经，争先恐后地抢着说，说着说着，就唱起来了。”这些戏迷、玩友，有些水平很高，敢跟专业剧团的演员叫板，因此很早就有“尧坝的戏不好唱”的说法。贾大戎先生说，“清时，老川戏班化妆粗简，但有规矩，红脸关爷，黑脸张飞，粉脸曹操，金脸是神，鬼怪难看。……川剧的服饰也很讲究，有的是传统服饰固有的，川剧各种角色所穿服装，统称‘行头’，包括盔、帽、蟒、靠，官衣，褶子，帔、靴、鞋等，演什么角色就穿什么衣服，都有一定的服饰规矩。谁要是搞错了，看戏的无论如何也不会认账。”川剧戏班中有一句行话：“宁穿破，不穿错”，很有道理。

往时每逢演戏，台下都会提前准备好草鞋和鞭炮，戏班子唱得好，观众会喝采捧场，有时还要放鞭炮表示鼓励，如果唱得不好，或出现了什么纰漏，观众会向台上丢草鞋，以示不满。有一次，一个戏班来尧坝演出，一位川剧名角唱错了一句戏词，结果被场下丢来铺天盖地的草鞋撵下了台，听说后来竟因此抑郁而死。民国二十几年，一个剧团来演戏，扮演官员的演员偷懒，换场时本该换穿靴子，他觉得长袍能够挡住脚下，就穿着草鞋上场了，一个亮相，台下眼尖的观众看出了破绽，哄哄地喊起来，随之草鞋纷纷砸到台上。戏班自知理亏，认罚，又唱了两段戏，观众还是不满意，有挑剔的观众情绪激动，上台将戏班子的锣抱起来就跑，扔到了喻嘴河里。戏班子只好收拾道具回家了。1930年，一个叫王二婆的戏班来尧坝唱戏，唱“药茶记”，戏中落难乞讨的扮演者出场时，手上的玉镯来不及拿下，玉镯露出来，台下观众看到哄了起来，嚷嚷道：“你何必乞讨，手上的玉镯能值很多钱吗？”结果可想而知，被罚了多本戏，观众依旧不依。后来戏班子走时，自己将大锣丢到了河里，发誓再也不来尧坝唱戏。这些事传出后，一般的小戏班都不敢轻易到尧坝演戏，但不少高水平的戏班子每年都争相来尧坝演出，甚至有“不到尧坝场演过戏，算不得好角色”之说。

庙里看戏采取男女分开就座，并且按照等级差别分坐，男女宾楼为最高等级的座位，是尧坝商人、袍哥大爷和绅粮们等有钱有势的、有身份的人的座。男人们坐在面对戏台左侧的男宾楼中，女人们则坐在右侧的女宾楼。男女居楼内不设座位，演戏前都由大户人家的仆人从自家搬桌椅上去，为主人事先安排好，可选楼上也可在楼下。谁去得早谁就占好位置。男女宾楼就像剧场的包间。第二等级的座位在魁星阁一层的当心间，这里正对戏台居高临下视野最好，年长者和有威望的老人通常就在此看戏。魁星阁前的大台阶是普通百姓的坐席，中央拉一根绳索将大台阶左右分开，男坐左，女坐右，直至今日依然如此。

由于每年的庙会尧坝附近各阶层的人都来此聚集，人们借看戏之机扩大自己的社交范围，结识更多不同身份地位及买卖上的同行，尤其是在贵宾楼就座的人，看戏不过是个缘由，到这儿玩乐，聊着天，喝着茶，吃着点心，互相拉着关系，谈着生意，偶尔听到戏中出彩的地方便高声叫好。有些富庶人家，借听戏为子女物色个门当户对的姻亲。其实台上的戏没能看上几眼，只是人们捧场时也跟着呼应几声，因此尧坝人管看戏叫听戏。

尧坝人爱戏唱戏，也懂戏，很多戏对百姓起着潜在的教育作用。街上的老人们说，过去读书上学的人不多，小商户为了做生意，认几个字，会打算盘算账就行了。说到受教育，尤其是传统的伦理教育以及善恶的价值观，大都是听戏听懂的。川剧剧目很多，大量的是历史故事和忠孝节义的题材。尧坝每年都上演“目莲戏”，这戏演的是目莲救母的故事，一演就是几十本、十几天，因为它宣传的是“因果轮回”，倡导忠孝节义，热闹、神奇，又有教益，自然男女老少都喜欢。人们还喜欢《水浒传》的仁义，《西游记》的善恶，《三国演义》中的智慧，当然还有安逸、幽默滑稽，讥讽小人的戏段子。如戏目《丘元帅夸富》中，讲了一个嫌贫爱富的人吹嘘自己多么富有，戏词很有趣：“娅娅婆罗树，腰腰都有斗腔粗”，“屋上麻雀如肥鸡母”，“放牛娃穿的是绸裤裤，丫鬟戴的是夜明珠”，最后吹大牛的人栽了大跟头。这个故事让观众对善恶美丑有了直观的认识，引发人们的思考与自省，戏剧教化众生的作用就这样深入了人心，代代相传。

也有反映地方风情的小丑戏《裁缝偷布》、《王婆骂鸡》；反映地方风俗的《拜新年》、《祭灶》；反映青年男女反抗包办婚姻制度的民间神话传说剧目《白蛇传》；引人发笑的鞭挞纨绔子弟的《做文章》、《画梅花》；有歌颂民族气节的《风波亭》、《柴市节》；有反映民间疾苦的《拉郎配》；还有聊斋戏、包公戏、神怪戏等等。

演戏时，场上的小商人乘机做点小生意，有卖茶水的，卖芝麻糖的，卖凉面、凉粉、汤元的，卖浑水粑的，卖烧腊下烧酒的。也有人摆出个赌博的摊子，推“马股”、推“牌九”、诈“人人宝”等，吆五喝六，看楼里也如同上演着一场大戏，热闹不停。

每天演出三场戏，白天有早戏，午戏，最热闹的属晚戏，晚戏从天黑7点多钟开始。旧时没有电灯，戏台上，台口正面及侧面三面均挂满菜油灯，约有十几盏，灯形有八角、四角的。后台也点同样的灯，还不嫌够亮时，临时加一些牛皮纸灯。到1940年以后，大量使用点煤油的马灯，它比菜油灯亮，台口正面放两盏，侧面各放一盏。台下庭院内的照明，主要靠魁星阁前大灯杆上的三十二盏莱油灯。男女宾楼上为了观众的安全、谈天、吃喝方便均挂上菜油灯。东岳庙山门东檐子上也挂有竹篾编的、油纸糊成的笆笆灯笼。演出到夜里二更天结束，二更天后，尧坝场就关栅子门了。

第二节　尧坝场上的小庙与各路神灵

一、观音庙的兴起

进尧坝场的九条石板路在进场前二、三百米处都跨小溪，溪上有石桥，桥边建观音庙，庙都为单开间，石块砌筑，面宽3米左右，进深2－3米，通常庙前有石香炉和条案，庙左右植黄桷树或大片竹林，成为每个入场口的标志性建筑。除了场口上，街内还有六七处观音庙，都是高、宽仅有几十厘米的小神龛，但香火兴盛不衰，为什么尧坝的观音崇拜如此兴盛，这里还有一个传自久远的故事：

很久以前，尧坝有个姓张的杀猪匠，人称张屠夫，三十多岁还没成家，因此他常念道自己命薄，想改变自己处境。一年，张厨子看见一些吃斋念佛的人要到南海去拜观音，南海观世音救苦救难，百姓有求必应，就想：“我何不去求求菩萨呢？”他找到那些人，想同他们一路去。吃斋拜佛的人嫌他是个屠夫，做过不少杀生的事，怕得罪了菩萨，都不同意。张屠夫没办法，就一个人悄悄地尾随在那些人的后面，爬了很多高山，过了很多河流，向南海

观音庙

方向走。有天走到一个深山老林里，天黑了在林子里穿行，不知怎么迷了路，他又饿又怕，壮着胆子向前摸索，突然前面出现了灯光，他走拢去一看，是个茅草棚棚，就走了进去。

茅草棚棚里只有一位三十岁的女人，不同意张屠夫借歇，她说："我男人姓关，很恶，如果回来见有生人，定不饶过我！"张屠夫说："关大娘，我是去南海拜观音的，我就在你家屋檐下过个夜吧！"关大娘没再说什么。时间过了半夜，也没见关大爷回来，忽然，关大娘在屋里叫唤起来："肚子疼得很哟！哎哟，哎哟！过路人，你救救我呀！"叫声越来越大，声音十分凄惨。张厨子急得团团转，猛然问道"怎样你才能好点呢？"关大娘说："往日都是关大爷用热肚皮为我熨好的。现在关大爷不在，你就帮我熨一下吧！"说完又"哎哟，哎哟"的叫起来。张厨子听后十分犹豫，给她熨肚子吧，不成体

进尧坝场路边观音庙

统，不给她熨吧，见她痛的这样惨。张屠夫急得无法，一回头看见关大娘屋角有两盒草纸，他说："有办法了，"把两盒草纸拿来垫在关大娘的肚皮上，然后仰躺在关大娘身上，给关大娘熨肚皮，过了些时间，关大娘果然肚皮不痛了。

第二天早晨起来，张屠夫打算继续朝南海走，关大娘说："你不必去了，怪远的，只要心诚就行了。"张屠夫犹豫着，关大娘再次劝说，张厨子想了想说："好吧"，起身准备回家。这时关大娘说："你帮我熨了肚皮，我没啥东西送你，就送你这两盒草纸吧。你走三百步撕一张，丢在地上，保你平安。"张屠夫按照关大娘的嘱咐，一路撕着纸走回了尧坝。

到家时只剩一张纸了，拿来仔细一看，纸上竟有个观音菩萨像，张屠夫恍然大悟，原来在老林中遇到的关大娘就是观音菩萨，便立即把观音像供奉起来。

那些吃斋念佛的人，走了好久，也没有找到观音菩萨，只好返回家来。当他们听说张屠夫见到了观音菩萨的事，惊奇又羡慕，让张屠夫牵头大家集资，在他家位置修建了一个观音庙，将那张观音像恭恭敬敬地供在里面。

不久，那些路上捡到草纸的人都发现纸上有观音像，也纷纷修起了观音庙。此后，尧坝场周围的大路小路上隔三百步左右都有了观音庙，[①]街上地段窄，人们就修成小龛来供奉，因此尧坝的观音特别多。

二、观音庙及土地龛

尧坝街内的小土地龛

住宅内供奉的猪倌圣像

自各条路上建起观音庙后，南来北往的人都会驻足烧香，尤其赶场天，观音庙前更是香火缭绕。

从利合场方向进尧坝路口的观音庙前，曾有一个十分丑陋的石刻雕像，传说此地原有一条河，经常有水鬼将过河的人拉下水，观音就变成丑陋的样子来驱鬼救人，并使不少溺水者复生。后来人们将这里的观音看成会治病的菩萨，有疑难病症的人常到这座庙来进香，用稻草编成如手或脚的样子供在庙外周围，也有将其供奉在庙前的香案上。腰痛的就在庙台下或庙旁的大树下，支上一根根树枝，象征腰，前面点上香烛和供品，据说可以解痛。有人身体不适就写个符挂在树上或庙里，向菩萨许愿，待病好了，再挂上还愿符，以示感谢。这个习俗直到今日还有。

尧坝西侧“喻嘴河”东岸的观音庙，坐东朝西，面对喻嘴河，称“望水观音”，是喻氏家族的守护神。庙为单开间，内供观音塑像，像前有石香案，上置香炉及烛台，还有一对石雕的文武人像立在左右，一株黄桷树遮住了整个小庙。过去尧坝逢三、六、九日赶场时，从鼓楼山方向来的人在此过溪后，先要在庙上烧香、祷告、许愿、还愿，才去赶场，据说可以百事顺利。

望水观音是尧坝周边最灵验的观音之一，传说很早有个书生几年中不了举，听说尧坝观音灵验，便来此进香许愿，祭上三牲，第二年果然高中。事情传出后，不少书生都来祭拜。1966年文化大革命开始，尧坝各路口及场内的观音庙统统被拆除，庙内塑像被砸毁。住在喻嘴河边的喻姓人家有些着急，

① 《中国民间文学集成·合江县资料集》四川省合江县民间文学集成编委会1988年编。

观音庙没有了，谁来守护喻姓呢？于是一些上了年纪的人在喻嘴河西岸的喻嘴山上，一处林木深处，建起一座一米来高的小观音庙，没有塑像，只嵌了一块石碑，碑头题："福寿桥"，联为："一□□□，六合大吉"，平时人们便悄悄地来这里上香祭拜。除了喻姓，他姓也纷纷来此祭祭奠。1982年以后，尧坝喻氏及其他姓氏的人筹资，在林木深处重新修缮了小庙，并将捐资者的姓名刻在石碑的背面。

除了尧坝入场口上的观音庙，街里凡丁字路正对路口的一面也都供有观音，这些称不上庙，只能叫做"龛"，通常只有1米多高，进深七、八十厘米，龛内竖一块观音的牌位，每日都有施主上香火。

从前场内唯一一座稍大一些的观音庙位于东岳庙北侧，三开间，坐东朝西，是清代末年所建。当心间内供奉观音及土地的神像，左右次间作储藏也有居士居住。每年办观音会时的游观音活动都是从这里出发，抬观音神像巡游。二十世纪五十年代，观音庙的次间改为住宅，1966年以后观音庙彻底改做住宅，使用至今。

人们敬观音、信观音，街上和各乡村都组织有观音会，[①]每年农历三月十九观音诞辰，五月十九观音成道，及九月十九观音出家，人们都要举行三天隆重的祭祀观音的盛会，像过年一样热闹。

尧坝的小庙数观音庙最多，其次就要数土地庙了。土地庙又称"土主庙"，又叫"社庙"。尧坝老街是陆续连成的，街上原有许多小地块，各有一个名字。每个小地块都有一座土地龛，里面供土地公公、婆婆的塑像。有的只是一个牌位。初一、十五香火不断。"文化大革命"时期，许多土地龛被破坏，但目前依旧能在尧坝大田里，街口上、石牌坊下，东岳庙前、黄桷树旁，见到土地庙的痕迹。

为"克服"风水的"不吉"，场内一些地方竖有"泰山石敢当"石碑。

一些居民家猪圈旁还设有猪倌圣的龛，塑猪倌圣神像，五彩遍装，请他保佑六畜兴旺。据街上老人讲，猪倌圣崇拜来源于苗族人的习俗，苗族历史上一直祭"猪母鬼"和"圈门猪"，至今这种崇拜依旧盛行。

---

①观音会"文化大革命"时期中断，现在又恢复。

第三节　尧坝周边的庙宇

在尧坝所辖范围内，还曾有许多小庙，如三殿神庙、玉皇观、贞武观、三清观等，它们曾与东岳庙一起共同守护着尧坝一方水土，保佑着百姓的平安。

白云寺　位于尧坝西2公里的鼓楼山半腰上，这里景色奇异，云烟缭绕，如在白云之上，取名白云寺。白云寺建于明弘治年间(1488—1505年)，早年为寺，如今为一座道观。明代末年，苦行僧别伦漫游至此，见这里景色奇特，便驻留修行，并于清乾隆丙子年(1756年)募化扩建寺宇，道光三年(1824年)建成如今的规模。

白云寺大殿

白云寺内的舍利塔

白云寺占地9000余平方米，前后两进，中轴建筑主要有关圣殿和大雄宝殿，关圣殿和大雄宝殿各三开间，柱子均为石柱。大雄宝殿内的石柱高10余米，前后檐柱为圆柱，前后金柱为八角柱。中轴建筑右侧是玉皇殿、南墓园和舍利塔，左侧有北墓园及惜字亭。玉皇殿建于明代弘治年间，石头砌成，三开间，三重飞檐结构，取道教“一生二，二生三，三生万物”之意。左右殿门分别刻“日”、“月”二字，下有奇异花纹烘衬，象征道教的日坛和月坛。殿内有玉帝、日月二神塑像。南北墓园是安葬古寺历代已故僧、道的地方，其中七重舍利塔内葬别伦高僧。墓园中有两棵参天红豆杉树，树高约40余米，直遏云天，需两人方可合围，冬天绿叶如盖，阳春三月脱叶，四月又复茂盛，是古寺一大奇观。寺前有五块奇石，形似蟾、似龙、似雄鹰。寺后有天生石像，高悬于山岩之上，似佛似神。旧时白云寺与尧坝东岳庙的僧、道们长期交往。今日白云寺庙宇依旧巍峨。[①]

三殿神庙　三殿神庙位于尧坝西北3公里，因庙内有三座大殿得名，第一进殿为牛王殿，供奉牛王；第二进殿为文庙，供奉孔夫子；第三进殿为主殿，供奉川主神和观音菩萨。主殿右侧有一座戏楼。三殿神庙每年要举行许多活动，如农历三月初举办文昌会，农历五月端午节举行送瘟神仪式，农历三、六、九月举办观音会，十月初一为牛王会。每次会期来者甚众，热闹非常。三殿神庙在尧坝有些名气，庙里有龙和尚、王和尚、喻和尚（喻泽洲）、周和尚（周宽怀），都会武功。周和尚双手能吊起六、七个儿童而不坠，举起三四百斤石磴后手臂能平伸。清末时三殿神庙的周和尚，在管理三殿神庙的同时，还曾受聘为15公里外山上的法王寺的知客僧，并主理法王寺的事务，直到1949年。[②]解放初期庙内神像被砸毁，利用庙址办学校和商店，"文化大革命"期间庙宇和戏台全部拆掉。

玉皇观　玉皇观位于尧坝西北1.5公里，庙内有三座大殿，第一进大殿内供奉着十八罗汉，第二进大殿供奉玉皇大帝，第三进大殿供奉观音菩萨。1949年以后玉皇观改为团结乡乡政府办公地，后又改为学校。1973年第一殿拆建为新教室，2000年拆除第二、三进大殿，建新教学楼。玉皇观现仅存大门和灯杆坝。

三清观　三清观是释、道、儒三教合一的庙宇，位于尧坝南1.5公里的"凉嘴"，是一座三合院建筑，正殿三开间，当心间供奉玉皇大帝，左次间供奉孔夫子，右次间供奉观世音。大门楼与戏楼合一，上下两层，下层为门道，上层做戏台。1949年前，三清观的香火最盛，尧坝方圆数十里之内，凡做大法事、大道场都要到三清观请道士。尧坝东岳庙每年的灯杆会，均是三清观的道士来做道场。请道士称为"接表"，仪式盛大。1949年，三清观改做民房，1966年三清观被彻底拆毁。周边还有其他小庙也都毁坏，或在庙址建新房或改为农地，仅仅留下一些名字供人们追忆，如罗汉山就是以原罗汉寺得名，庙子山也因山上有庙得名。如今一无所有！

---

① 采自《尧坝古镇》合江县尧坝镇旅游开发管理委员会，2004年4月。

② 尧坝曾吉富提供。

后记

尧坝在川南百千个场坝中本来是个不起眼的小街，尽管历史上他曾作为重要的军事堡砦，作为商贸栈口红火一时，但官方始终没有真正地重视过、关注过它，以致当我们需要了解它的过去时，官方《四川通志》、《合江县志》等文献的记载多只是片言只语，因此要了解尧坝，只有走向民间采访调研的路。2005年做完尧坝老街保护规划后，2006年春天我再次来到尧坝，走进了乡民之中。很长一段日子里，我就像守候在一位老者的身边，倾听他对往事的回忆。

像四川所有场坝一样，尧坝茶馆多，川人自古有坐茶馆的习俗，喝着茶，几个人摆起龙门阵，生活中的各种信息都在此交流。旧时茶馆里有说书唱小曲的民间艺人，将乡里、场上发生的各种人和事编成故事、小曲来表演，说的唱的是乡里乡亲的事，老百姓特别爱听，许多历史事件就这样被鲜活生动地承传了下来，印在了人们的心里，这些人和事，对那个时代的起着点点滴滴的作用，是好是坏都任由去演绎，去塑造，从而使那段历史变得有血有肉起来。

调查采访为我们认识尧坝开启了一扇大门，编织起了尧坝历史的粗略线索。然而，口述历史最多只能追述到两、三代人，再往前就很难以说清。其次，很多流传下来的历史事件经艺人们加工，传说和故事不免会夸张或带上个人情感色彩，也会因为传播者的文化及理解，出现很大差异。我在尧坝访问期间就遇到不少同一件事，不同说法的情况。如一座建筑建于何时，人们给出的结论在年代上能相差几年甚至十几年。举一个例子吧，何朗斋是尧坝场历史上的一位重要人物，民国年间他当尧坝乡长，主持修建了尧坝街，现在街上60岁以上的人都知道他，70岁以上的人大多都见过他，甚至一起共过事、喝过茶。就是这样一个人，哪年做乡长？哪年主持修建的尧坝街？就

尧坝老街现状

有多种说法，有说三十年代的，有说四十年代的，说哪一年的都有，而且每个人都认定自己说的正确。后来我听说乡里在编乡志，就找到乡政府，没想到乡里民国时期的档案早就都干净彻底地毁了，现在筹编乡志也是靠众人回

笔者访问街上的居民。(穿浅色衣服的为李秋香)。(罗德胤摄)

忆，说法也不完全统一。最后经几方查证，总算确定何朗斋是在1944年做的乡长并开始修尧坝街。这件事最终有了一个满意的结果，但实际上很多事最终无法弄清，更不可能有什么结果。又如1949年解放鼓楼山时，打入土匪窝作内应的中共地下党员牺牲多名，解放后要给他们立功受奖，其中有一位叫梁成超的人，说法始终不能统一，一说是土匪，一说是地下党，从解放一直争论到今天。为避免口述历史中可能出现的失误，主观性，片面性和以片断代替全面和整体的情况，我进行了较宽泛的调查，向不同年龄，不同职业，不同身份的人了解，从不同角度，各种历史事件间做相互印证，以保证最大限度的真实和准确，尽管这样，许多事情的真相依旧成为遗憾。

学生在测绘店铺(罗德胤摄)

由于采用了大量口述历史为依据，尧坝的写作显得十分细碎，多是最普通人生活中的所见所闻和喜怒哀乐，对它的研究，不像对一个民族、一个国家的历史那么宏观，旋律那么鲜明，但乡土性的东西好就好在他有许多细节，真实生动，不拘一格。在江西调研时，一个烧窑工跟我说，“如果经常烧观赏性的窑器，人很容易慢慢变得小器了，单薄了，最后会走向怪癖。所以经常要烧一些日用的产品，比如平常吃饭的碗、喝茶的茶杯

尧坝现已成为美术学校的实习基地，每年都有学生前来写生画画

及盛水的大缸。烧日用的产品能平衡烧艺术品的小器。”这里面蕴含着非常深的哲理，如同我们所研究的乡土建筑，建筑本身有很多概念化、程序化的不变东西，但是，日常的生活会在建筑中演绎，会生出许许多多的故事来，这些非常日常化的细节里恰恰包含了中国人、中国文化、中国社会不同地域里面非常有意义的东西，生活形成了文化和历史，建筑和建筑群也就有了个性和魅力。

从田里回来

当前面对正在迅速消失的乡土建筑及乡土生活，我们的态度应是

老街上的生活
（罗德胤摄）

积极地去发现，更多地去抢救，踏踏实实地去做每一件事，将一个个有特色、有个性的乡土村落尽可能地永远地保护下来，即使不能够完全保留下来，我们也要以最大限度地收集这些历史、文化和建筑的信息，传给后人，让他们知道简单平凡的东西是最真实、最伟大的。

在尧坝工作期间，尧坝镇政府甘学高、李晓荣等领导给予了极大的支持，我听不懂方言，镇政府就派能说普通话喻真伦、喻贞彬、先春燕等同志协助。2006年春天还派专车供我到周边地区调研，使整个研究工作得以顺利地进行。

尧坝街上的热心百姓们为我提供了大量的历史信息，感谢李柱陶、李天佑、曾吉富、胡怀德、窦其昌、李天铣、枉云霄、刘连云、周正榜、喻鸿章、姜瑞英、喻树云、罗世安、任启富、黄育之、王朝正、吴国钦、万国扬、王志安、喻真伦、麻天华等先生。在工作中，尧坝镇上还有很多人给予了帮助，在此表示感谢。感谢贾大戎、喻亨仁、赖培东先生。贾先生是我们先后在福宝场、尧坝场两地工作的搭桥人，给过我们很具体的帮助。

尧坝的研究由李秋香撰文、摄影、主持测绘，陈志华老师修订文稿，罗德胤参加尧坝场测绘辅导，测绘图由尚晋、秦达文、姜彬、孙菁芬、张力智、朱佚人绘制完成。陈金花修改并绘制部分插图。

李秋香

2008年4月于清华园

附录一：

尧坝的山[①]

花枪一打来说山，说起尧坝众多山。
有事打锣那座山，取名就叫打锣山。
打锣山西罗子山，街道背靠聚宝山。
白村有个灯杆山，三社有个屋基山。
五社还有棉花山，团山玉山黄桷山。
陈山药山假角山，鱼坝头有米贵山。
二村取名叫柳山，蛇山凉山燕子山。
三村井桥高楼山，大路边上乌帽山。
和尚弯来半边山，屋基山下高龙山。
四村方咀木鱼山，凉咀果园风坡山。
五村照坝雷公山，雷公山下月亮山。
月亮山边星秀山，星秀山前太阳山。
太阳山下老鹰山，桃山李山鸡婆山。
六村田坝插旗山，王山离山半边山。
七村曹咀燕子山，城墙上来猫鱼山。
碾子山来尖尖山，帏子山来麻雀山。
八村干坝和尚山，鱼箭滩上拜脚山。
朝门口上是团山，黄桷山前公鸡山。
九村仁弯鹅公山，岩头上面黄土山。
后村上面献宝山，献宝山下控牛山。
献宝山上娄子山，控牛山对门桃大山。
五社中间对窝山，对窝山下是糍粑山。
十一村两边马鞍山，乌龟山对门雕楼山。
土坟下边娃娃山，打锣山下是乱石山。
十二村取名狮子山，古寺上去是吴山。

① 民谣“尧坝的山”，罗世安提供。罗世安1948年生，退休前在尧坝派出所工作。

十三村又叫庄谷山，一社里头关边山。
李子弯来乌龟山，识字背后断头山。
十四村就是鼓楼山，炮台下面是转山。
多宝寺对面扁担山，地弯上面是高山。
仙顶就在群岭山，青杆坪村中象鼻山。
锅圈岩上面五尖山，九道拐上面笋子山。
猫山狗山猪儿山，牛山羊山兔子山。
隅山米山圆包山，鸭山鹅山鸡公山。
蛇山鼓山蛤蟆山，礌子山来磨子山。
筲箕山来最基（音）山，潇兜山（音）来犁头山。
还有二十四个半边山，二十四个望娘滩。
瑶王立都数百个山，连数三遍九十九座山。
自踩脚下未曾数，气死就在聚宝山。
死后就埋了八座山，谁说尧坝才百座山？
尧坝山水说不尽，一数就是三千山。

附录二：

尧坝街景[①]

花枪一响平地起，我们大家都唱起。
……
九龙聚宝尧坝场，进士牌坊场头上。
雄伟壮观古模样，永远扬名历史长。
牌坊下是大窝凼，观音咀来文昌巷。
大窝凼处往前看，好像到了场尾上。
其实它叫转拐拐，整个场还没过半。
转拐拐的那老店，原来就有豆花饭。

① 民谣“尧坝街景”，罗世安提供。

转拐拐那老店铺，原来也是粑粑铺。
转拐拐再往前走，不过百步山门口。
聚宝山下东岳庙，整天烧香人不尽。
灯杆立在庙前边，土地菩萨坐右边。
戏台修在庙中间，男女宾楼排两边。
龙眼井靠回龙窝，大染坊原李家修。
千年榕树场过半，场尾就在铺子上。

附录三：

尧坝风水[①]

道尧坝来说尧坝，尧坝山水传佳话。
昆仑发脉古楼山，三千余里下平岗。
品字三台灯杆山，18 南凹落聚宝山。
九龙聚宝尧坝场，万马归巢东岳庙。
站在山顶看八方，百个山包聚成环。
尧王要想立帝都，连数三遍九十九。
脚站那个未曾数，传到而今佳话多。
尧王古墓有八个，花心夫人下篮河。
右边有个养马槽，捡石山下现拱桥。
麻子窝走三块碑，五根柏树长一堆。
野兰桥到破三滩，软脚斜坡娄子山。
楼子山上朝东望，遍山石头好奇矿。
老虎桥下蚂蚁坟，梅花落地卧龙山。
鲁班修桥豆芽沱，牵群猪儿变石头。
滩上开了四块石，一块就有百来尺。
娄子山上调头看，前村有个狮子凼。

① 民谣："尧坝风水"，罗世安提供。

西大田来献宝山，水口出在鹅公滩。
斧子井路银河下，喻嘴两个大河坝。
街基坎下三清观，姜子牙在河坎边。
前走 24 个半边山，河中 24 个望娘滩。
官大田下龙洞沱，三溪水汇大沙沱。
左岭绕到高楼山，天生桥上瑞气祥。
十二肖像脚下摆，石龙石虎两边排。
井桥龟蛇锁水口，渔箭滩上水啸吼。
高蹬子路往内走，一个罗星锁水口。
黄狗面窝直气祥，王家祠堂老虎像。
雷打石上红光闪，牛王坝中卧麒祥。
马中岭上清风绕，三白槽面凤凰找。
丫口上面天堂神，玉皇观内有真神。
城墙上是进士府，八围城门真气处。
石锣石鼓配得全，二十八宿镇宅前。
九曲黄河双水井，城墙对着断头岭。
仙人脚板三尺三，大路边有乌帽山。
昂向对门古楼山，古楼山上一字崖。
横山横水横朝穴，金童玉女两边列。
峻峭雄伟是炮台，辛亥革命有主宰。
石笋高耸入云间，三关五塞修得坚。
弯弯落洞穿山心，直通白节二岩边。
仙顶高山摆笔架，凤凰饮水镇江坝。
双鸡双立旗门下，龙跨山似天马架。
四水河溪兀成曲，古扑民间今犹存。
鱼米之乡是宝地，人杰地灵是尧城。

附录四:

重修城隍庙碑记序

粤稽汉明帝尊崇佛教，使立寺观於中朝，而庙之制昉焉。嗣是而或建之国都，或建之原野，增华踵事代不乏人，然皆所以安神灵崇祀典也。如县属西乡有古刹名东岳者，其殿前城隍诸庙以及□□，乾隆乙卯岁（1795年），虽经九如李翁、占鳌周翁之创制，然年湮代远，不无风雨之飘摇。露染霜零，难必榱题之巩固，不事今日之重修，则前功亦几尽弃也。所以有李君耀龙、周君其宾者睹庙宇之倾颓欲倒，因戏台之阒淡，欲壮其观。然一毛终难见骥、而集腋方可成裘。爰邀集绅耆同劝善果，因莫化商贾共结善缘，幸四方不惜锱铢之较，百工时加奋励之心，不数月而庙貌果著其辉煌，楼台稪昭其丽矣。功成问序于余，余曰：是举也，其有功于神者大矣。盖古者，九式先祥，祭祀八则，首重驭神明知地鳌之擢崩，而不峻宇雕墙，则神不慰也。适值规模之简陋而不丹楹刻桷，则神不安也。今一旦大其台址，高其阙闳，不独众神有所凭依，即当享祀之日亦绰有余地也。子产不毁游氏之庙其斯意夫，至于戏台则更有关风化焉。以彼梨园子弟俄而孝子忠臣，俄而大奸大恶，喜笑怒骂之间虽近于戏，然观者能退自修省，则善者可以感发人之善心。不啻天保之教忠、蓼莪之教孝也；恶者可以惩创人之逸志，不啻左牖之砭愚、右牖之订顽也，是又钊转移风俗之一助乎。故土木大兴，虽曰前功之□继而所以安神益人者，孰大于是矣。夫岂区区焉徒壮一时之观瞻哉，兹因功德之告成爰握管以为之序。

庠生方思荣沐手敬撰。

署泸州直隶州合江县事名山县正堂加三级纪录五次王捐银壹封

署四川泸州营合江县汛厅加三级纪录五次杨捐银壹封

特授四川直隶泸州合江县儒学正堂加三级纪录五次刘、胡捐银壹封

特授四川直隶泸州合江县名堂加三级纪录五次王捐银壹封

钦赐进士第李耀龙助净银五拾两

领众总首

即选州同知周其斌助净银五拾两

大清道光十五年乙未岁夷财月下浣吉旦